这是一部论证精湛的重要著作。美国已经不再是自由市场经济的家园……在美国，采取行动的巨大障碍，是金钱在政治中无处不在的作用。其结果是寡头垄断和寡头统治的双重罪恶……特朗普在许多方面都是《大逆转》一书中所描述的、有缺陷的资本主义的产物。相反，美国需要的是另一个老罗斯福和他干劲十足的反托拉斯行动。这仍然还是可以想象的吗？所有信奉竞争性市场经济的优点的人都希望如此。

——Martin Wolf，《金融时报》首席经济学评论员

欧洲是政府主导的市场干预的发源地，然而在菲利庞看来，讽刺的今日的欧洲却找到了如何通过刺激竞争来解放市场的方法，从而保持的增长和价格的下降……《大逆转》认为，通过改革国内市场的运作美国可以获得很多好处，还可以重新获得自里根时代以来失去的活菲利庞的分析指出了让美国重新变得伟大的一条途径：恢复美国自的竞争性。

——Arthur Herman，《苏格兰人如何发明了现代世界》作者

一本关于美国经济近期困境的入门读物……它将最近那些令人展归因于竞争的衰退，而竞争的衰退在很大程度上是由于非常技公司的崛起，最重要的是由于反托拉斯政策执行不力。菲利了政客的破坏性作用，他们通过为税收和监管法律提供赞助并来保护其富裕捐赠者的利益。

——Richard N. Cooper，哈佛大学国际经济学教授

为重要的书中，托马斯·菲利庞指出，美国最紧迫的经济问义太多，而是竞争太少。这本书为我们提供了明确的指导：

大逆转

美国市场经济的
深层困境

[法] 托马斯·菲利庞 | Thomas Philippon 著

蒙长玉 段小力 译

王文剑 校

The
Great Reversal

How America
Gave Up on
Free Markets

格致出版社 上海人民出版社

各方佳评

在这部开创性的著作中，经济学家菲利庞用翔实
美国已经远不再是自由市场竞争的家园——在如4
争，甚至还不如备受诟病的欧盟，尤其是在产品市
垄断现象比比皆是。这不是自然力量的结果，而
争的削弱提高了企业利润，压低了工资，削弱了
长。美国需要让反垄断重新焕发活力。

—— 《金融时报》

本书是引人入胜的案例分析，研究了
这不仅反映了非个人的经济力量，而且2
的结论是，美国的市场竞争确实被削弱
过，作者的新颖之处在于，将这一现象
不再是其他国家的榜样，现在可能要

—— Gre

迷人的作品……在一个又一
经发展得如此庞大，以至于它们
公司来说是好事，但对几乎所
将大企业的利益与国家利益丨

—— David L

我们需要让市场为普通人服务。

——Yascha Mounk，约翰斯·霍普金斯大学高级国际研究学院教授

本书是对美国经济根本问题的及时诊断。菲利庞利用扎实的经验证据和细致的研究，断言美国经济的竞争水平已经下降。

——《国会山报》

菲利庞提出了一个令人惊讶的结论：欧洲在管理竞争性市场经济方面，要比资本主义的家园美国做得更好……菲利庞认为，美国是时候从它昔日的学生那里重新学习竞争性资本主义的优点了。

——《爱尔兰时报》

本书以证据为基础，深入探讨了不受制约的企业权力会如何损害工人、消费者和经济，同时热情洋溢地表达了对竞争性市场的支持。

——ProMarket.org

对于那些关注整个创新经济的动态，或关注围绕反垄断和大型科技公司的政治辩论的人来说，这是一部引人注目的读物……它及时地分析了美国保护自由市场竞争的监管机制所受到的削弱。

——TechCrunch.com

每一位科技从业者或对科技感兴趣的人，都应该读一读这本书——它严谨而又通俗易懂地阐述了关于行业集中的经济学原理，及其对市场、价格和产品的影响。

——TheVerge.com

大逆转

美国市场经济的
深层困境

[法] 托马斯·菲利庞 | Thomas Philippon 著

蒙长玉 段小力 译

王文剑 校

The
Great Reversal
How America
Gave Up on
Free Markets

格致出版社　上海人民出版社

各方佳评

在这部开创性的著作中,经济学家菲利庞用翔实的证据证明,今天的美国已经远不再是自由市场竞争的家园——在如今美国经济中的市场竞争,甚至还不如备受诟病的欧盟,尤其是在产品市场上,卖方垄断和买方垄断现象比比皆是。这不是自然力量的结果,而是蓄意政策的结果。竞争的削弱提高了企业利润,压低了工资,削弱了投资,侵蚀了生产率的增长。美国需要让反垄断重新焕发活力。

——《金融时报》2019 年年度最佳经济学图书

本书是引人入胜的案例分析,研究了企业集中度的上升,以及为什么这不仅反映了非个人的经济力量,而且还反映了政治选择……本书得出的结论是,美国的市场竞争确实被削弱了,这损害了消费者的利益。不过,作者的新颖之处在于,将这一现象与欧洲的经验进行了对比……美国不再是其他国家的榜样,现在可能要成为学生了。

——Greg Ip,《华尔街日报》首席经济学评论员

迷人的作品……在一个又一个行业中,菲利庞写道,少数几家公司已经发展得如此庞大,以至于它们有能力维持高价格和低工资。这对这些公司来说是好事,但对几乎所有人来说却是坏事……很多时候,两党仍然将大企业的利益与国家利益混为一谈。而美国的家庭正在为此付出代价。

——David Leonhardt,《纽约时报》专栏作家,普利策奖得主

这是一部论证精湛的重要著作。美国已经不再是自由市场经济的家园……在美国，采取行动的巨大障碍，是金钱在政治中无处不在的作用。其结果是寡头垄断和寡头统治的双重罪恶……特朗普在许多方面都是《大逆转》一书中所描述的、有缺陷的资本主义的产物。相反，美国需要的是另一个老罗斯福和他干劲十足的反托拉斯行动。这仍然还是可以想象的吗？所有信奉竞争性市场经济的优点的人都希望如此。

——Martin Wolf，《金融时报》首席经济学评论员

欧洲是政府主导的市场干预的发源地，然而在菲利庞看来，讽刺的是，今日的欧洲却找到了如何通过刺激竞争来解放市场的方法，从而保持服务的增长和价格的下降……《大逆转》认为，通过改革国内市场的运作方式，美国可以获得很多好处，还可以重新获得自里根时代以来失去的活力。菲利庞的分析指出了让美国重新变得伟大的一条途径：恢复美国自由市场的竞争性。

——Arthur Herman，《苏格兰人如何发明了现代世界》作者

这是一本关于美国经济近期困境的入门读物……它将最近那些令人担忧的发展归因于竞争的衰退，而竞争的衰退在很大程度上是由于非常强大的科技公司的崛起，最重要的是由于反托拉斯政策执行不力。菲利庞还指出了政客的破坏性作用，他们通过为税收和监管法律提供赞助并制造漏洞，来保护其富裕捐赠者的利益。

——Richard N. Cooper，哈佛大学国际经济学教授

在这本极为重要的书中，托马斯·菲利庞指出，美国最紧迫的经济问题不是资本主义太多，而是竞争太少。这本书为我们提供了明确的指导：

前　言

促使我写本书的问题,出乎意料地平淡无奇。在美国几乎每个人都可能在某一时刻问自己这样一个问题:美国的手机套餐为什么这么昂贵呢?或者更进一步说,欧洲或亚洲的消费者为什么为手机服务支付的费用更低,并且平均而言得到的服务却更多呢?

提出这样看似简单的问题,是我探究现代经济学中某些热点议题的第一步。为了找出答案,我对薪资停滞、企业游说、特殊利益集团、大型金融基金的管理、政治献金、自由贸易、技术和创新进行了研究。

这也引导我发现了欧美之间商品和服务相对价格的一些令人惊异的对比,这颠覆了人们(包括我在内)关于世界上这两个最大的经济市场中消费者地位的通常假定。

我怎么得出了这种结论?不管你信不信,这并非我的本意。都是数据的错。我先提出一个准确的清晰问题,然后追根究底。摆在我们面前的全是事实,既不多也不少。坦诚地讲,我和其他人一样,对这样的结论也感到惊讶不已。

我的目的在于,想让你与我一起回顾其中的一些步骤。跟随我们的探索过程,你不仅将会找到为何你的手机资费每个月都如此昂贵的原因,还会学到很多经济学知识。事实上,尽管本书的内容安排与传统不一样,仍可充作现代经济学的入门读物。

首先,需要对我采用的方法进行简要说明。与那些书写经济学或其他领域争议话题的人不同，我欣然承认，我并不能解答所有问题。在今天许多关于经济和社会的文章或著作中，回答的语气却是确定的和开药方式的。问题"显而易见"，可以预见的是，解决办法亦如此。

不过，我建议对这样的药方持保留态度。当你读到某些作家或评论员告诉你一些显而易见的东西时，别着急，仔细盘算一下。你几乎每次都会发现，事情其实根本不是显而易见的。

我发现，那些就经济学中的重大问题能够轻易给出答案的人，只是告诉了你事情的一半。更多时候，他们认为答案简单明了，原因在于他们要么有自己的目的，要么根本不知道自己在说什么。

因此，始终要持怀疑态度。大多数人只是简单地道听途说、鹦鹉学舌，而不查阅相关数据。事实上，一件事表面上看起来越确定，人们掌握的事实性信息往往就越小。任何人在研究一个感兴趣的问题时，首先发现的几乎总是他们知识的局限性。曼瑟·奥尔森（Mancur Olson）在《国家的兴衰》（*The Rise and Decline of Nations*）一书中辩称："因此，读者对于本书提出的论点，也不应当仅仅根据它们似乎可信且与已知事实相符，就轻易接受。有许多过去流行的理论，看上去似乎很正确，广大公众也曾经深信不疑，但最后却没有站住脚。"

这就引出了本书的另一个重要注意事项。我打算通过展示这项研究如何进行，使你的怀疑态度成为可能。这项研究对本书产生了很大影响，我据此得出相关研究结论，我也提供了足够的数据背景，你自己可以据此对我的某些发现作出判断。我将尽可能简单明了地陈述所有事实，避免提出没有任何数据证据支撑的主张。之所以这样做，我希望降低强加自己的主观观点给别人的风险。

但至少在某种程度上，我注定会失败，所以事先了解一些我的信念对你或有帮助——用经济学术语来说，我们称之为先验信念（priors），以强调如果出现了新的事实，我们就愿意改变它们。正如约翰·梅纳德·凯恩斯(John Maynard Keynes)经常对评论家说的那样，"当事实改变之后，我的想法也随之改变。您呢，先生？"

对我的先验信念最好的概括可能是，我是一名自由市场主义者。我相信，自由市场运行的效果是最优的，前提是我们对"自由"市场的含义达成一致。我相信，如果市场不受任何政治干预，如果在位企业不被人为保护而免于新进入者的竞争，那么市场就是自由的。保证市场自由竞争有时需要政府干预，但是，当政府侵占私人财产时，当在位企业被允许破坏竞争时，又或者当在位企业成功游说进而得以保护其经济租金时，市场必不自由。

就作为一名自由主义者而言，我相信降低收入不平等是值得追求的目标。我不认同收入不平等就是恶。收入不平等对于奖优罚劣很有必要，否定这一点毫无意义。但我相信，总的来说，我们经济体系中导向过度、不公或低效的不平等的力量，要多于导向过度平等的力量。这些即是我撰写本书的先验信念。我们应该对它们进行充分探讨，当然也可以对它们提出挑战。我尽量不让它们扰乱我的思考，但我不会忽视同时应用两种方法的潜在价值。

论数据、轶事与直觉

"数据！数据！数据！"他不耐烦地喊道："没有黏土我就做不了砖。"

亚瑟·柯南·道尔(Arthur Conan Doyle)，《铜山毛榉案》

我想引用科学界公认的陈词滥调作为结束语："我们相信上帝，但其他人必须提供数据。"

埃德温 R.菲舍尔(Edwin R. Fisher)，病理学教授

1978 年在美国众议院的一个小组委员会上的发言

　　如果经济学家要对社会有用——某些批评者可能会补充说，那是一个大大的"如果"——那么至少他们应该能够挑战常识，提出相反的看法，避免重复其他人所述的观点。这正是我在罗伯特·戈登（Robert Gordon）所著的《美国增长的起落》（*The Rise and Fall of American Growth*）一书中发现的令人耳目一新的地方。与技术乐观主义者认为创新从未如此迅猛的观点相反，戈登认为当前的创新浪潮并不如之前的那般具有变革性。戈登可能是对的，也可能是错的，但他愿意条理清楚地思考一个话题，并根据数据和逻辑而不是奇闻轶事和先入为主的想法来得出结论。

　　同样需要着重强调的是，聪明人往往持有不同观点，这多半是一件好事。事实上，我认为当聪明人持有不同观点时，我们更有可能学到一些让人感兴趣的东西。2014 年，微软创始人比尔·盖茨在与《大西洋月刊》（*The Atlantic*）时任总编詹姆斯·贝内特（James Bennet）的一次谈话中表示："我认为，创新正在放缓的观点，是曾经说过的最愚蠢的话之一。"为了进一步解释观点，他补充道："看看我们在如何获取能源、如何设计材料、如何制造药品，以及如何教育人们等方面，还有多少潜力可以发挥吧。"企业家更关心的是"林中的鸟"，而经济学家更关心的是"手中的鸟"。我们当然会对某种想法的"潜在"应用感兴趣，但还需要看到它在数据中的影响才能被说服。到目前为止，我们还是不相信盖茨所强调的创新潜力。除非另有数据证明，否则我们倾向于追随斯蒂芬·茨威格（Stefan Zweig），认为："巴西是未来之国，而且永远都是。"

　　要改变常理绝非易事。几十年来，美国市场在世界上最具竞争性的观点，已被经济学界广为接受。商界人士辩称，创业比任何时候都更容易，竞争无处不在，互联网使得人们可以搜索到最便宜的商品。我们无疑生活在一个竞争最激烈、创新最活跃的社会。真的吗？从某种程度上讲，这些观点反映了人类内心的普遍偏见，即认为我们比我们的祖先更聪明、更老练，我们所做的一切都"前所未有"。在我看来，这是有史以来最虚假的说法之一。事实上，我们所做的事很少是前所未有的。

例如，在 20 世纪 90 年代，蓬勃发展的股市普遍被认为达到了前所未有的水平。企业正以创纪录的速度从初创阶段转向首次公开募股（IPO）。或许我们正是这么想的。事实上，博扬·约凡诺维奇和彼得·L.鲁索（Boyan Jovanovic and Peter L. Rousseau, 2001）的研究表明，20 世纪 20 年代的 IPO 市场，与 20 世纪 90 年代的 IPO 市场非常相似：IPO 收益（占 GDP 的份额）具有可比性，企业从注册到上市的速度也很快。我们在 20 世纪 90 年代运用屏幕和电脑所做的事，其实与 20 世纪 20 年代没有屏幕和电脑的时代所做的事情并无本质不同，也好不了多少。

我们总是应该先看数据。如果我们对几十年间发生的变化感兴趣，就更应如此。我们不能相信直觉，当然也不应复述传统观点，特别是当它恰好与我们的成见或经济利益相一致时。因此，当你听到某个经理人宣称竞争从来没有像现在这样激烈，你应该像听到一个理发师说你真的需要理发那样——或者，容我再补充一句，应该像听到一个银行家说金融杠杆非常非常安全那样——对他的话持保留态度。

还有另一个引人注目、让人有切身感受的例子。你可能听说过，一个人期望在一家企业长期工作的时代早已过去。现在，我们被告知，人们需要随时准备转行。"千禧一代"*一心想着跳槽。据说，劳动力市场流动率比以往任何时候都高。虽然这个故事听起来可能让人觉得是真的，但事实并非如此。美国劳工统计局公布的数据显示，与 30 年前相比，现在的雇员在企业待的时间要更长一些。20 世纪 80 年代和 90 年代，雇员工

---

* 在 20 世纪 80 年代和 90 年代出生的人。——编者注

作的平均任期约为 3.5 年；该数字自 2000 年左右开始持续上升，直到如今的约 4.5 年。事实上，在几乎所有发达经济体中，我们观察到工作流动率均在减少，这主要是由自愿离职的急剧下降导致的。自 20 世纪 90 年代以来，劳动者流动性已经出现降低。[1]换言之，人们现在辞职的概率低于过去。

当我第一次看到这些数字时，我回忆起了我和我的祖父关于在 20 世纪 50 年代和 60 年代在法国当一名工人的讨论。就业保护力度——最低工资、失业保险、遣散费、长期合同，以及起诉雇主不当解雇的能力——远低于今天。总的来说，当时企业对员工的控制力，看上去似乎更强。我问他，作为一名工人，他是否感受到了压力。他看着我，似乎对该问题倍感惊讶。他回答说："我想我不会，如果老板或企业对你不好，第二天早上你根本不会出现在那儿，而是到街对面去工作了。"这是 20 世纪 50 年代的法国人，而不是 2019 年美国的"千禧一代"。当我们回顾美国市场竞争演变的证据时，请记住这些例子。

注释

[1] "岗位空缺与劳动力流动调查"（Job Openings and Labor Turnover Survey）数据，是最好的度量指标。该调查显示，2000 年以来，劳动力流动率呈持续下降趋势。"当前人口调查"（Current Population Survey，Hyatt and Spletzer，2013）和"纵向雇主—家庭动态"（Longitudinal Employer-Household Dynamics）数据，也显示出类似的下降趋势。Davis 和 Haltiwanger（2014）给出的较长的时间序列数据显示，从 1990 年以来就开始出现下降。

致　谢

许多人和机构的帮助，使得本书的出版成为可能。

Olivier Blanchard 在过去二十年是我的老师、导师和朋友。他教会我平等地慎重对待事实和理论，保持开放的心态并对时髦和流行的观点抱有适度的怀疑，以及在出现错误时勇于挑战常识。

纽约大学是学习经济学和金融学的好地方，斯特恩商学院为我完成这个项目提供了所需的支持和灵活性。

诸多朋友和同事帮助我凝练书中呈现出的观点。如果没有 Germán Gutiérrez 的才华和精力，我不可能写成此书。Janice Eberly 和 Chad Syverson 曾多次讨论我的论文，并提出了最有益的评论意见。Bo Cutter 是最早提出本书思想的人之一，在提出正确问题方面，他天赋异禀。

非常感谢 Gerard Anderson、Matilde Bombardini、Nicolas Crouzet、Thomas D'Aunno、Francesco Franco、John Kwoka、Irene Papanicolas、Lasse Pedersen 和 Francesco Trebbi，他们对各章初稿进行了详细阅读和评论。

我有幸向出色的合著者 Maryam Farboodi、Callum Jones、Virgiliu Midrigan、Roxana Mihet 和 Laura Veldkamp 学习。

我还受惠于诸多同行的真知灼见，包括：Ariel Burnstein、Luis Cabral、Gilbert Cette、Emmanuel Combe、Chiara Criscuolo、Jan De Loecker、Robin Dötting、Tomaso Duso、Rana Foroohar、Xavier

Gabaix、Bob Hall、Erik Hurst、Seema Jayachandran、Sebnem Kalemli-Ozcan、Thomas Piketty、Howard Rosenthal、Tano Santos、Fiona Scott Morton、Dina Srinivasan、Johannes Stroebel、Jonathan Tepper、Jean Tirole、Niclas Véron、David Wessel、Luigi Zinglaes 和 Gabriel Zucman。

感谢 Ian Malcolm 和 Mark Steinmeyer 看好我早期思想的发展前景,感谢 Rob Garver 和 Katherine Brick 对我这本枯燥书稿的编辑,感谢哈佛大学出版社团队的专业精神,感谢史密斯·理查森基金会的支持。Abhishek Bhardwaj 和 Matias Covarrubias 提供了宝贵的帮助和反馈。

目　录

本书有三个结论：第一，美国经济中大部分产业的市场竞争性都出现了下降。第二，市场竞争性的弱化，很大程度上可以由游说和竞选献金影响下的政策选择来解释。第三，市场竞争性弱化的后果是，更低的工资率、投资率、生产率、经济增长率，以及更高的收入不平等。

这是因为竞争能够降低不平等。首先，竞争可以提高工资水平，降低企业的销售利润率，因而在竞争性经济体中，相对于劳动报酬而言，股票分红所得较少。而金融资本往往比人力资本更加分配不均，所以竞争性更大的经济体，其收入不平等程度也很可能会更低。

产业集中自然会引起人们对市场受到控制的合理担忧，但它也反映出市场中领导厂商的效率在不断提高。有效率的厂商利润丰厚,但持续的非正常利润却是一个糟糕的迹象。除非涉及掠夺性定价,价格低廉几乎总是一件好事。

3 市场势力的上升 57

在美国大部分产业中,市场份额已经变得越来越集中。与二十年前相比,产业领导企业更难以被挑战和替代。与此同时,这些领先企业的销售利润率也提高了。有两种假说能够解释产业集中度的提高和销售利润率的上升,分别是超级明星企业崛起假说和国内竞争弱化假说。

4 投资与生产率的下降 77

超级明星企业崛起假说认为,效率提高是导致产业集中度日益上升的根本原因,进而预测:在集中度较高的行业,能够看到生产率的增长;随着产业领导企业越来越有效率,它们会聚集更多资源。然而我们实际观察到的投资和生产率增长模式,与该假说并不一致。

5 市场自由进入的失败 97

自由进入是一种极其重要的再平衡机制,是市场经济的关键所在。然而在过去二十年,美国经济的自由进入机制已经被削弱。不仅每年的初创企业越来越少,而且进入高利润产业的企业数量也不如以前多。市场进入率的下降,似乎可以用游说和规制来解释。

第二篇 欧洲的经验 119

6 同时期的欧洲 123

在大多数产业,欧洲和美国的生产技术相似,也面临着相同的贸易流。然而,欧洲并没有出现利润率增长、产业集中度上升和劳动收入份额下降——这些是美国特有的现象。这说明,我们需要将目光投向欧美之间的政策差异,而不是技术进步或其他外部因素。

7　美国物价过高了吗？

美国物价涨幅比欧洲高出 15%,但工资涨幅只比欧洲高出约 7%。美国物价相对涨幅的一半可以归因于持续提高的成本加成率。成本加成率与产业集中度的变化系统相关。证据有力地表明,过去 17 年,美国产业集中度的提高引起的价格涨幅超过 8%。

8　欧洲市场是如何变得自由的？

虽然欧洲的政客希望自己俘获监管机构,但他们更担心监管机构被其他国家俘获。结果,那些原本对本国自由市场并不热衷的政客,在欧盟层面却可能成为自由市场的坚定支持者。欧洲各主权国家间的博弈,会导致超国家的监管机构比单一国家的机构更具独立性。

第三篇　政治经济学

9　游说

游说活动对公共政策能够产生非常真实的影响。美国的游说支出增长迅速,绝大部分都由企业界承担。但游说在欧洲似乎不如美国那么普遍,因此游说可能是导致美国市场与欧盟市场相比竞争弱化的一个深层原因。

10　金钱与政治

企业可以利用自己的经济权力来获取政治权力,然后利用自己取得的政治权力,建立市场壁垒,损害竞争。15 世纪的美第奇家族,曾利用同罗马天主教会的借贷关系,获得欧洲的政治影响力。美国是正在变得更像中世纪的佛罗伦萨,还是变得更像一个开放社会呢?

14 监管还是不监管，这是一个问题

科技五巨头拥有大量用户数据，导致与之竞争的初创企业无法在市场上立足。数据收集也为五巨头压制其客户或供应商提供了便利。正如论者观察到的那样："如果亚马逊能看到你的银行数据和资产，还有什么能阻止它以你所能支付的最高价格向你出售贷款呢？"

15 买方垄断势力与不平等

亚马逊确实没向消费者收取高价。然而，亚马逊却利用庞大的业务规模，从供应商那里获取折扣。如果一个平台能够压低所购商品的价格，商品生产商也将不得不降低劳动者工资。因此，监管机构应该确保折扣等形式的买方垄断租金，不会成为市场进入的障碍。

16 结论

我惊讶于自由市场的脆弱性。我们将其视为理所当然，但历史证明，自由市场更多地属于例外。自由市场本应约束私人企业，但如今，美国有许多私有企业占据了市场主导地位，以至于即使服务糟糕、价格高昂、对用户隐私缺乏保护，它们也不会受到惩罚。

0

导　论

本书有三个结论:第一,美国经济中大部分产业的市场竞争性都出现了下降。第二,市场竞争性的弱化,很大程度上可以由游说和竞选献金影响下的政策选择来解释。第三,市场竞争性弱化的后果是,更低的工资率、投资率、生产率、经济增长率,以及更高的收入不平等。

　　1999 年 8 月下旬,我乘坐飞机在波士顿洛根机场着陆。当时我刚刚从老家法国抵达美国,到麻省理工学院攻读经济学博士学位。这是一个极其令人激动的时刻。我渴望见到我的新同学,并想尽快投入学习。

　　我很幸运获得了研究生奖学金的资助。尽管如此,作为一名学生,生活迫使我不得不留意我的个人财务状况。我对比价格,货比三家,以找到最实惠的交易。作为一名经济学家,我现在可以说,那个时候的我具有"价格弹性"。

　　规划好奖学金的支出很容易。首先,我需要购买一台笔记本电脑。其次,连接上互联网。最后,找到一个可以睡觉休息的地方(这很重要!),最好不要睡在研究生计算机实验室,因为我可不喜欢醒来时额头上印着 QWERTY 键盘的痕迹。

　　我已和两位同学达成一致,共同合租一套公寓,这解决了我的住宿问题。因此,我可以将精力集中于研究、买书和购买电脑等重要事情上。美国是一个很适合购买笔记本电脑的地方。电脑价格低得多,所以其他国家的人经常会请求在美国的朋友帮忙购买笔记本电脑,即使这意味着要处理不同的键盘布局。根据我自己的经验,我认为在美国购买笔记本电脑至少比法国便宜 30%。的确如此,如果我们查看官方统计数据(在本书中我们会经常做这件事），保罗·施赖尔（Paul Schreyer，2002，fig.1）研究显示，1995—1999年，美国的计算机和办公设备价格指数的下降幅度远大于法国、英国或德国。

我的另一个任务就是连上互联网。当我四处打电话，尝试给租的房子安装网络时，我才发现上网资费也比欧洲便宜得多。通常的通过56K调制解调器的拨号连接，速度非常慢，以至于你经常需要持续连接几个小时才能下载一个文件。在美国，本地通话免费，这意味着如果互联网服务提供商（ISP）在你家附近设有一个服务器，你就可以在打电话的同时保持网络连接，想连多久连多久，而无需支付额外费用。而在法国，网络按分钟收费，这要花费你很多钱。这些差异对经济产生了重要影响。尼古拉斯·伊科诺米季斯（Nicholas Economides，1999）解释道："导致欧洲互联网普及滞后的一个关键原因是，与美国不同，大多数欧洲国家的消费者在拨打本地电话时，是按分钟收费。"

房子、电脑和上网都已解决，我的最后一个目标就是去参加会议，探索这个神奇的国度。我很快意识到，与欧洲相比，在美国乘飞机旅行更加容易且更便宜。如果是在欧洲，我可能一年只坐一次飞机，通常是在夏天。在美国，即使作为一名学生，飞机票也已经便宜到我随便都能买得起的程度。

耐用商品、交通运输以及大多数服务的价格在美国都出奇地便宜。另一方面，美国的工资相当高，这意味着工人有着稳定的购买力。这一切都并非偶然，不过当时我对此浑然不知。

自由市场之地

首先，让我们来看看航空运输业。1978年以前，美国民用航空委员会(Civil Aeronautics Board)对美国的航空企业进行管制,控制着定价和飞行航线。卡特行政当局认为,放松管制将会使客户受益,因为这将促进现有航空企业间的竞争以及新航空企业的进入。事实也确实如此。1978年出台的《航空业放松管制法》(Airline Deregulation Act),逐步取消了政府对价格和航线的控制。美国政府问责办公室在1996年的报告中指出,随后15年中,即1979—1994年,小型社区机场的每乘客英里平均票价下降了约9%,中型社区机场下降了11%,大型社区机场下降了8%。较低的价格引起每年的乘客里程数持续增加。然而,近几年来,大多数人都有价格歧视、隐性收费和飞机拥挤等让人不快的经历。20世纪80年代和90年代所取得的那些成就似乎没有持续。我将在本书后面对事情发生的过程进行解释。

电信业也经历了管制放松的类似过程。正如经济学家史蒂文·奥利(Steven Olley)和阿里尔·帕克斯(Ariel Pakes)在1996年所发表的一篇颇具影响力的论文中所述,"20世纪大部分时间内,美国电话电报公司(AT&T)在电信服务市场,一直保持着完全垄断的市场地位,并通过采购行为,将其市场垄断地位扩展至电信设备产业。"1974年,美国政府司法部起诉AT&T,这一反垄断诉讼具有里程碑意义。美国司法部声称,AT&T在长途电话市场形成垄断。1982年1月,AT&T首席执行官查尔斯·布朗(Charles Brown)与司法部助理部长威廉·巴克斯特(William Baxter),就联邦政府针对贝尔系统(Bell System)长达十年的反垄断诉讼达成一致,于是一系列"子贝尔"(Baby Bells)公司在1984年诞生。它们拥有当地的电信基础设施,并在各自区域内维持受管制的垄断。新的AT&T与其他电话公司竞争,长途电话价格大幅下降。价格下降最初主要来自较低的接入费,但长途电话资费因竞争也实现了下降。1984—1996年,AT&T交换式服务的平均每分钟价格下降了62%,随着越来越多的竞争对手进入市场，AT&T 的市场份额由 1984 年的 80％以上降至 1996 年的 50％左右，美国家庭明显因此而受益。

然而，与航空业一样，在那之后的政策很少起到作用。1996 年出台的《电信法》(Telecommunications Act)旨在促进竞争，但同时也引发了并购浪潮。我们将在第 5 章、第 9 章和第 10 章对并购交易、电信企业的游说活动，以及联邦通信委员会的旋转门议题分别进行探讨。

航空运输业和电信业的案例表明，当时的竞争政策具有三个重要特点，它们将在本书中经常被提起。一是，反垄断诉讼在很大程度上是两党的事。在民主党总统吉米·卡特的领导下，对航空企业放松了管制；在共和党总统罗纳德·里根的领导下，AT&T 被拆分。

其次，监管与技术深度交织在一起。技术变革往往给现有规则带来了长期、有益的挑战。在电信业，随着集成电路和计算机技术的发展，信息的传输和处理成本出现下降。在网络的开放式结构及其数字化鼓励了市场进入和强化了市场竞争的同时，软件改进使得信息共享达到了以前难以想象的规模。微波传输是一项重大突破，使远距离通信的竞争成为可能。通过卫星和光纤的信息传输紧随其后。

正如我们将看到的，技术和监管的这种互动关系有利有弊。有利的地方在于，它促进监管规则演变，并促使监管机构对其保持关注。不利的地方在于，它使人们更难理清政策选择所带来的后果，因此更难就什么是好的监管和什么是坏的监管达成一致意见。说客们知道如何利用这一优势，编造出一些似是而非的论点，推动一些会损害消费者利益但往往难以反驳的监管。

我从这些历史案例中总结到的第三个特点是，监管机构是在存在大量不确定性的情况下作出政策决定的。在需要做出决定的时候，反垄断行动是好是坏，很少是显而易见的。记者史蒂文·科尔(Steven Coll)在谈到 AT&T 时写道:"几十年后,AT&T 被拆分事件,是会作为美国工业史上一次引人注目的惨败而被人们铭记于心,还是会作为一个伟大的全球信息时代的开创性事件而成为一种历史记忆,或者干脆会被历史所遗忘,这在 1985 年不可能得到明智的答案。"这给出了一个重要暗示:我们必须允许政府犯错。政府有时会过于宽松,有时又会过于严厉。政府应该在平均意义上保持正确,但它不可能在每一个案例中都是正确的。因此,容忍出于良好意图的错误是有效监管的一部分,前提是制定有适当的程序,且具备能从这些错误中吸取教训的反馈机制。不幸的是,近年来这种包容已变得很是罕见。

逆转

1999 年,当我到达波士顿时,据我所知,美国是一个很适合学习或中产阶层消费者生活的地方。然而,在接下来的二十年里,发生了一些完全出乎意料的事情。我前面所提到的每件事都反过来了。在欧洲和亚洲,上网、月度手机套餐和飞机票都比美国便宜得多。尽管欧美间相异的税收制度使得比较复杂化,但计算机和电子设备在欧洲的售价已经与美国大致相同。[1]

首先考虑家庭互联网接入。2015 年,非营利组织"公共诚信中心"(Center for Public Integrity)对比了美国五个中等城市和法国五个可比城市的互联网价格。调查发现,对于同类服务,美国的价格高出法国 3.5 倍。分析还显示,与美国相比,法国消费者可以在数量更多的服务提供商中间进行选择,平均为七家,而美国的大多数居民最多只能从两家公司那里获得服务。[2]

美国曾是广泛给予其民众访问万维网权限的引领者，但过去二十年其引领地位已经开始弱化。根据经济合作与发展组织（OECD）统计的家庭宽带普及率数据，2000年，美国排名第4位，但2017年降至第15位。

2017年，市场研究企业BDRC Continental联合Cable.co.uk网站，对全球超过3 351个宽带套餐的价格进行了比较。表0.1显示了调查结果排名的简要概况。在大多数发达经济体中，消费者需要每月为互联网宽带费用支付约35美元。而在美国，消费者支付的价格几乎翻了一番。这到底是怎么发生的？美国是互联网的"发明"地，20世纪90年代美国人上网收费低廉。但现在，它怎么变得如此落后，对相当基本的服务向家庭收取高昂费用？

表0.1 所选国家的2017年宽带价格

排序	国家	平均每月支付费用（美元）
37	韩国	29.90
47	德国	35.71
54	法国	38.10
……		
113	美国	66.17

资料来源：Cable.co.uk, https://www.cable.co.uk/broadband/deals/worldwide-price-comparison/。

正如哈佛大学法学院的苏珊·克劳福德（Susan Crawford）所述："纽约本应成为大城市高速网络的典范。"事实上，它却变成一个网络服务价格昂贵、上网机会不平等的另类案例。"2008年，当纽约市布隆伯格（Bloomberg）市长代表政府与Verizon电信公司重新签订协议时，要求该公司为本地区所有住宅楼提供光纤服务（FiOS）……Verizon的光纤产品的出现即将打破时代华纳有线公司（Time Warner Cable）的区域垄断。"

不幸的是,"一项 2015 年城市审计报告显示,至少四分之一的城市住宅区没有光纤服务。大约三分之一的布朗克斯区居民和 60% 以上没有受过高中教育的纽约人家里压根就没有网线。"[3]

回到本书开头的问题,我们看到,手机套餐也有与上述几乎一样的模式。经济学家玛拉·法乔和路易吉·津加莱斯(Mara Faccio and Luigi Zingales,2017)对全球移动通信行业进行了研究。他们认为,鼓励竞争的政策可以降低价格,而不会损害服务质量或投资水平。事实上,他们预计,如果美国移动服务的价格与德国持平,美国消费者每年将受益 650 亿美元。

最后,航空企业的情况最令人恼火。2017 年,《经济学人》指出,"北美的航空企业去年在每位乘客身上赚取了 22.40 美元的利润;而在欧洲,仅为 7.84 美元。"[4] 2010 年前后,上述两个地区在每位乘客身上能赚取的净利润还基本相同,但之后,美国的机票价格上涨速度明显快于欧洲。

你可能感到诧异,怎么没有看到人们的怒火呢?如果价格确实如此不同,为什么我们不知道呢?首先,即使是我们认为相似的商品和服务,要比较各国价格,实际上依然困难重重。我们将在第 7 章讨论这个问题,并搞清楚世界各地理发和法拉利汽车的价格。其次,价格上涨是逐步的,且很少引起人们的关注。

如何煮熟一只青蛙

价格上涨极少明显到能引起消费者注意的程度。有时标价不变,但却增加了隐性费用。有时价格上涨速度太慢,以至于人们需要数年才能注意到任何显著的差异。不管怎样,隐性费用能让损害消费者利益的事情不被注意到。

按照寓言，如果将青蛙扔进热水中，它会立刻跳出来；但如果将青蛙放到温水中，温度缓慢上升，青蛙就不会察觉到危险，直至为时已晚。在某种程度上，对我而言，这就是我所经历的变化中的美国经济。（确实，作为一个法国人，我明白其中的讽刺意味。）

自1999年我来到美国后的二十年中，大多数美国国内市场丧失了竞争优势。我没有注意到其中任何一个变化的发生。在开展研究的过程中，我偶然发现了事实，才意识到这些变化趋势。为什么？一是因为变化非常缓慢；二是因为诸多事情几乎同时发生：互联网泡沫、"9·11"事件、伊拉克战争、房地产泡沫、2008—2009年金融危机、2010—2012年欧元区危机、油价波动、民粹主义得势、贸易摩擦的风险等。纵观这段动荡不安的历史，寡头垄断导致的市场集中乃至成本加价率的上升，一直都在缓慢而持续地发生。直至现在，回首往昔，一切终于一览无余。

请注意，我探讨的是美国市场，而不是美国企业，它们在全球市场上表现得非常好。在这个意义上，它们是有竞争力的。但美国国内市场已被寡头垄断所主导，美国消费者支付的价格也高于应支付的水平。这是如何发生的？为什么会发生？对美国的家庭、消费者和劳动者来说，这意味着什么？回答这些问题时，我们先来看一下经济学和政治学中许多重要的争论议题。

以下是我们将要解决的一些具体问题：

※ 较高价格是否存在于所有产业，还是仅仅出现于航空业和电信业？

※ 在全球各地中的欧洲，是如何变得比美国更像一个"自由市场"的？

※ 企业盈利而不是在破产的边缘徘徊，难道不是更好吗？

※ 规模大就好吗？市场集中是好事吗？如果谷歌、苹果、Facebook和亚马逊真的具有与众不同之处，那么不同之处是什么呢？

※ 我们应该担忧隐私，还是担忧竞争？抑或它们是同一枚硬币的两面？

※ 市场势力对收入不平等、经济增长、工资和就业有何影响？

※ 自由市场为什么如此脆弱？说客到头来怎么会掌握如此大的权力？

这份清单涵盖的议题，其范围似乎令人难以置信地宽泛。虽然我们提及的这些话题多样且复杂，但重要的是要明白，它们都是由少数几股潜在的力量造成的。我希望能说服你，经济分析能阐释清楚所有这些问题。毕竟，科学的目的就在于把复杂问题简化为几个基本问题。

经济学的研究方法

经济学是研究在个体或群体间配置有限资源的科学，分析的经济单位可能是企业、家庭、城市、国家或许多国家。决定资源配置的方式千差万别。可能存在一个集中市场，如证券交易所，也可能有许多为当地提供服务的市场，如理发店或干洗店等，还可能根本不存在市场，如企业的内部促销。

资源配置的目标可能是提高效率（实现对资源的生产性利用的最大化，促进经济增长），也可能是实现公平正义（限制不公正的不平等，将收入重新分配给群体中最贫困的个体）。其中的关键在于，资源有限。因此，无论经济体系如何被组织，都必然要作出选择，艰难的选择。

归根结底，经济学的主要争论就是关于经济增长和收入不平等：它们如何产生？应该如何处理它们？

我们将要得出的结论

本书的三个主要论点如下所述：

1. 美国经济中大部分产业的市场竞争性都出现下降。度量市场的竞争性并不容易，因为我们只能找到并不完美的替代度量指标。后面，我们将研究价格、资本利润率和市场份额。没有一个度量指标是完美的，但把它们结合在一起进行分析，就可以得到一个令人信服的结论。

2. 市场竞争性的弱化，很大程度上可以由游说和竞选献金影响下的政策选择来解释。我们研究了美国企业在过去二十年中用于游说监管机构、参议员、国会议员和关键委员会成员的资金，以及为联邦和州选举提供的政治献金。我们将揭示这些手段是如何扭曲自由竞争市场的：在不同时期、不同州和不同产业，企业游说和竞选献金导致市场进入壁垒的出现、保护大型在位企业的法规的推出、反垄断执法力度的减弱，以及中小企业更弱的发展。

3. 市场竞争性弱化的后果是，更低的工资率、投资率、生产率、经济增长率，以及更高的收入不平等。我们将探讨各个产业竞争性的下降，如何影响到普通美国人的钱包和银行账户。我们还将揭示为什么更低的竞争性，会抑制那些我们传统上认为同经济增长相关的事情：投资、技术进步和工资上涨。

你准备好了吗？那我们开始吧。

注释

[1] 美国的价格为税前报价，而法国的价格包含了增值税。法国还有一些特定税。例如，法国对 iPhone 和 iPod 征收税款，用于补贴作家和作曲家。这项税款会让 16 GB 内存的 iPhone 成本额外增加 10 欧元，这一涨幅对于 64 GB 内存的 iPhone 会高达 18 欧元。

[2] Center for Public Integrity, "US internet users pay more and have fewer choices than Europeans," April 1, 2015, updated May 28, 2015.

[3] Susan Crawford, "Bad internet in the big city," *Wired*, February 28, 2018.

[4] "在美国，每座英里的机票价格高于欧洲。当航空运营成本降低时，美国消费者没有获益。自 2014 年以来，航空燃油的全球价格——航空公司最大的成本之一——已经下跌了一半。这引发了欧洲航空公司间的价格战，但在美国，票价几乎没有变化。"参见"A lack of competition explains the flaws in American aviation," *Economist*, April 22, 2017。

第一篇

市场势力在美国的攀升

首先我们探讨过去二十年美国经济的演变历程。在此过程中,我们还将看一看经济学家是如何看待竞争、市场集中和反垄断调查的。你将了解到中国加入世界贸易组织(WTO)所带来的影响、首次公开发行(IPO)和并购交易,以及年轻企业的成长。我们将介绍投资的基本规律、无形资产的概念,以及生产率的演变过程。

1

经济学家为何偏爱竞争……为什么你也应该如此

这是因为竞争能够降低不平等。首先,竞争可以提高工资水平,降低企业的销售利润率,因而在竞争性经济体中,相对于劳动报酬而言,股票分红所得较少。而金融资本往往比人力资本更加分配不均,所以竞争性更大的经济体,其收入不平等程度也很可能会更低。

在经济学学术界，关于经济增长与收入不平等有很多争论。我们试图弄清楚各国经济增长的方式和原因，以及收入在各国国民中如何进行分配。换言之，我们关注两个基本问题：一是如何将蛋糕做得尽可能大；二是怎么分蛋糕。

经济学家之所以研究上述问题，原因在于他们想知道，哪些因素会促进经济增长，哪些因素会对个体收入分配产生影响。至少从亚当·斯密开始，我们就明白，竞争就是这些影响因素中的一个。

经济增长

个经济体可以通过两种方式实现经济增长：增加劳动力或者提高劳动者的人均产出。从罗马帝国到工业革命这段时期，人口增长缓慢，生产率停滞。工业革命之所以能得名，就在于它实现了生产率前所未有的增长。第一次工业革命始于 18 世纪的英国，促使经济由农业转向制造业，这涉及新机器（纺纱机）、新能源（煤、蒸汽）和大工厂中新的劳动分工。随着国家更加富强，农业产出更高，人口也增长了。因此，1700 年以后，劳动力人口的增加和生产率的提高共同推动了总体经济增长。

我们应该考虑哪种类型的经济增长率：总体还是人均？此问题没有简单的答案，这要视所涉问题而定。假如我们关注的是衡量一个国家的世界影响力（如 GDP），那么总体经济增长就显得至关重要。例如，当对比中美之间的相对国际影响力时，我们通常会使用中国 GDP 总量与美国 GDP 总量进行比较。但如果想了解中国普通消费者的感受，那么我们应该使用以购买力平价（PPP）换算得到的人均 GDP。购买力平价汇率的计算及使用方法，在第 7 章有相关介绍。有时，GDP 本身并不是正确的衡量指标。以俄罗斯为例，由于军事实力强大，俄罗斯在北半球的国际影响力与其相对较小的经济体量之间呈现出巨大反差。

然而，如果我们关注的是幸福感和生活水平，人均经济增长率就最为重要。它通常也是分析经济政策及法规后果的恰当方式。这将是本书研究的重点内容。

表 1.1 显示了美国经济的人均 GDP 增长率。可以看到，美国人均经济增长率在过去二十年持续下降。GDP 是指一个国家（地区）所有常驻单位一年内所生产的全部商品和服务的价值总额。将美国 GDP 除其人口，更能突显出美国家庭生活水平的广泛变化。

表 1.1　美国人均 GDP 增长率

	20 世纪 50 年代	20 世纪 60 年代	20 世纪 70 年代	20 世纪 80 年代	20 世纪 90 年代	21 世纪 00 年代	2010—2017 年
平均增长率（%）	2.4	3.1	2.1	2.1	2.0	0.8	0.6

资料来源：美联储经济数据库（FRED），人均实际 GDP，连续复合变化率。

20 世纪后半叶，美国经济年均增长率约为 2%。其中，60 年代的增长率超过了平均水平。然而，在过去 18 年里，经济增长率出现大幅下降。

关于经济增长率下降的原因,经济学家展开了激烈争论,其焦点主要集中在三个影响因素上:就业、教育和技术创新。关于就业问题,美国劳工统计局追踪了壮年劳动者(25—54 岁)就业率的下降情况(Krueger,2017)。就业率在 20 世纪 90 年代末达到峰值,为 85％;2015 年降至81％以下。这看起来变化很小,但它代表着经济体损失了数以百万计的劳动者。简而言之:当劳动力减少时,经济增长就会放缓。

教育部统计数据显示,20 世纪 70—90 年代,高中生毕业率和大学生毕业率的提升相对有限,2000 年以来已经基本停滞(Goldin and Katz,2008)。在 30 岁以下的美国人中,十分之一没有高中学历,近一半的人没有任何类型的中学以上学历,这表明教育仍有进一步提升的空间。由于教育能使工人的生产率提高,教育的缓慢改进也导致了总体经济增长率的下降。

尽管长期经济增长主要是由技术贡献的,但技术的这种作用正趋于减弱。当我们说技术进步放缓时,简单地说就是指,企业平均而言不再如过去一样,能够有效地降低单位生产成本或提高产品质量。为估算技术进步率,经济学家提出了全要素生产率(TFP)增长率概念,它衡量的是用更少的资源(或相同的资源)提供更多产品或服务的程度,换言之,它度量了可以在资本和劳动力投入所容许的范围内扩大产出的程度。经济理论表明,技术进步是实现经济长期增长的唯一可持续来源。全要素生产率增长率下降始于 2000 年,并且这一情况目前在富裕国家普遍存在。2008—2009 年的大衰退可能对这种负面趋势起到了推波助澜的作用,但它并不是这一趋势的始作俑者(Cette, Fernald and Mojon,2016)。

西北大学经济学家罗伯特·戈登认为,1870—1970 年生产率的大幅提高不大可能重演。以电力和内燃机的使用为主要标志的第二次工业革命，具有广泛深远的影响。在他看来，计算机和通信技术根本没有那么重要。当然，这并不是说人们就可以无所事事而不需要努力工作。创新速度依然很快，但创新对整体经济的影响相对要小。诚然，有些技术乐观主义者认为，人工智能将改变我们的生活——我们将在本书后面内容中对此争论作进一步讨论——但公平地讲，人工智能是否能够带来真正看得见摸得着的广泛好处，还有待观察。

导致生产率提高有限的另一个重要影响因素，是企业部门萎靡不振的投资率。技术创新往往体现在新设备和新软件上。尽管美国企业利润高、融资成本低，但近年来并没有对资本进行较大升级。我们将在第5章探讨这一谜题。

不平等

过去四十年，除了经济增长放缓之外，收入不平等也出现加剧。概括地讲，中产阶层与贫困阶层之间或富裕阶层和中产阶层之间的收入差距在拉大。两种情况可能兼而有之，但现实中并不总是同时发生。20世纪70年代和80年代，我们观察到不平等加剧主要发生在中产阶层与贫困阶层之间。这种不平等与上过大学的劳动者和未上过大学的劳动者之间的工资差距密切相关，这一情况被称为大学溢价。

从表1.2可以看到，20世纪80年代和90年代教育工资溢价上升很快。1980年，上过大学的工作者比仅上过高中的工作者可以多挣40％，2000年这一比例上升至近70％。如果我们比较更极端的情况（上过研究生与未上过高中的对比），上述比例差不多翻了一番，从92％上升到179％。然而，在2000年以后，教育溢价则几乎保持不变。

表 1.2　劳动收入、教育与不平等

	1980 年	1990 年	1992 年	2000 年	2010 年	2015 年
不同教育阶段每小时真实工资的演变（以 2015 年美元计）						
没有文凭	14.19	12.84	12.47	13.03	13.22	13.56
高中	16.33	15.99	15.87	17.2	17.77	17.98
上过一些年大学	18.8	19.29	19.16	20.84	21.47	21.59
四年制大学	22.85	25.32	25.18	28.98	30.49	30.93
研究生	27.27	31.43	31.66	36.4	39.7	39.48
教育溢价（%）						
大学/高中	40	58	59	68	72	72
研究生/没有文凭	92	145	154	179	200	191

资料来源：Valletta(2016)。

20 世纪 90 年代和 21 世纪最初十年，我们还观察到富裕阶层（包含超级富裕阶层）和中产阶层之间的收入差距也在上升。托马斯·皮凯蒂和伊曼纽尔·赛斯（Thomas Piketty and Emmanuel Saez，2006）估计，收入前 1% 的人群的收入份额翻了一倍多，从 70 年代末的 10% 以下增加到如今的 20% 左右。〔美国收入前 1% 的人群，包括医生或律师等高工资的专业人士，他们的年收入约 40 万美元。收入前 0.01% 的人群则包括勒布朗·詹姆斯（Lebron James）或奥普拉·温弗瑞（Oprah Winfrey）这样的超级富豪。〕

因为下面几个原因，最好将收入不平等和经济增长放在一起进行分析。首先也是最明显的是，我们想知道每个人是否都能从经济增长中获益。当增长放缓和不平等加剧时，中低收入阶层的实际生活水平就有可能出现停滞甚至下降。近年来，这种情况在美国已经出现。表 1.2 显示，过去 40 年中，没有受过多少教育的工人的实际收入几乎没有增加。对于其中的一些人而言，实际收入还减少了。

将增长和不平等放在一起进行分析的最重要原因在于，它们并不是孤立的、毫无联系的经济现象，而是互有关联，有时相互促进，有时相互制约。增长可能会降低不平等，而不平等既可能促进、也可能阻碍增长。

增长与不平等关系的相关争论，围绕着激励的思想展开。当经济学家谈论激励时，他们指的是追求物质（货币）利益的动机。人们努力工作是因为他们预期自己的努力（投资）会增加他们的收入。为了维持经济体系运行，需要在（事前）努力和（事后）收入之间确立联系。这是否意味着，一定程度的收入不平等是必要的呢？这是否意味着，收入越不平等，就越能够更好地创造激励？答案可能是也可能不是，激励与不平等之间的关系很微妙。

童话故事《金发姑娘和三只熊》可以用来解释激励理论。挣钱不能太容易，但也不能太难。挣钱太容易，人们就会变得懒惰。假如不努力还能挣到很多钱，那么人们就不会努力工作。反过来，挣钱如果太难，人们会变得灰心丧气。

如果我们把该理论应用到公司员工管理上，我们就会发现它可以解释绩效薪酬。只要员工间的绩效有差异，就会导致收入不平等，但这并不能证明过高的收入不平等是合理的。尽管工作挣钱天经地义，但这并不意味着挣钱越多就总是意味着工作越努力。重要的是激励措施的合理平衡。

但我们怎么才能知道某一给定的不平等程度是合理的呢？我们怎么确定不平等程度是不是太大了呢？当然，我们永远无法知道确切答案。搞清楚现代经济体系中的激励机制是很复杂的。不过，有一个关键影响因素在某种程度上会给我们以信心，这个因素就是竞争。

竞争与增长

经济学家偏爱竞争有几个原因。第一个原因是竞争可以降低价格，因为对于一个企业来讲，增加市场份额最直接的方法就是制定比竞争对手更低的价格。当一家企业降低所售商品的价格时，有两个好处。第一个最明显的好处是消费者可以省钱，他们能够用这些钱购买更多的相同商品，或者其他商品。实际上，他们倾向于同时做这两件事。如果健康保险费变便宜，你可能会购买一个保险范围覆盖更广的保险方案，也可能会为你的孩子多买一件玩具。第二个间接的好处是，需求扩张会引起企业生产规模的扩大，以及对投资和劳动力需求的增加。一般来说，比较两个经济体，竞争更激烈的经济体往往商品价格更低、产量更大、就业更多且投资更多。因此，竞争提高了我们的生活水平。

人们不仅仅关心价格，服务质量对他们来说也很重要。如果看一下美国客户满意度调查，我们会发现一些明显特点。互联网服务提供商看起来是美国最不受欢迎的企业。我们已经指出，美国的这一行业高度集中，价格也高于其他大多数发达国家。这肯定不是偶然的。

竞争市场中，企业不仅通过降价，还通过提供大量优质商品和服务来吸引消费者。竞争使消费者有更多选择，原因在于企业迎合不同人群的需求，并试图通过差异化使自己的产品与竞争对手的产品区别开来。[1]

我最喜欢举的例子是巴黎的出租车，它充分展现出竞争的积极作用。首先，关于价格：我在郊区长大，朋友们和我经常周五或周六晚上乘火车或地铁进城。不管怎样，我们通常凌晨1点或2点要返程回家，有时会错过最后一班地铁，但从来不坐出租车。如果我们错过了地铁，就会步行数英里回家。出租车很难打到，而且要价也贵，我们付不起。

其次，竞争还关乎服务业创新：当现有出租车公司被迫与新的打的平台竞争时，他们突然发现瓶装水和手机充电功能受客户欢迎，而且这些基本服务不需要投入较大开支。它们不是什么高科技创新，但确实提升了客户体验。优步（Uber）及其同类平台可能存在许多不足之处（如不遵守劳动法、加剧交通拥堵），但它们也显示了竞争的基本优点：没有什么能像新竞争对手的威胁那样改善客户服务。

竞争促进投资并推动企业进行创新，要么提高产品和服务的质量，要么通过各种途径尽降低成本。从经济学角度来看，高质量和低成本，如同一个硬币的两面，都可以视为技术进步。但是在发达经济体中，竞争和创新之间的关系复杂，受到产权、专利和市场结构的影响。这就是为什么我们需要构建一种好的经济理论，并深入研究相关数据，这正是我们后续各章所要做的。

竞争与不平等

竞争会促进增长，也会降低不平等。促进增长的原因在于，它能增加产出和就业。[2]而降低不平等的原因在于，竞争可以提高工资水平，降低企业销售利润率。因此，在竞争性经济体中，相对于劳动报酬而言，分红所得（股息、股票回购）较少。金融资本（金融资产的所有权，大部分是股票和债券）往往比人力资本（劳动能力和教育）更加分配不均，所以竞争性更大的经济体，其收入不平等程度也很可能会更低。

讨论竞争与不平等之间复杂关系之前，有必要事先对经济学中的租金概念进行界定。租金是指资产（人力或实物，有形或无形）所有者收取的支付额中,超过再生产或再创造该资产的成本的部分。例如,一件以10美元成本生产出的商品,因专利保护而卖到15美元,那么专利持有者应收取的租金就是5美元。

有些租金因人为限制而产生。例如,严格的执业资格法规会限制劳动者进入某些职业,这使得已从业人员免受竞争,他们从而能收取较高价格。当经济学家谈到"寻租"时,他们指的是个人或团体试图使公共政策偏向自己,借以建立或增加对他们有利的这种人为优势。这个词不一定有道德含义。人们寻求保护自己的租金合乎理性。这并不是说他们是坏人。但"寻租"行为往往会导致弊政。

租金和不平等相互影响,这意味着竞争并不总是能降低不平等。竞争会使一些收入共享协议难以维持。例如,企业可能同意与工人分享它的部分租金。但竞争会降低这部分租金,并间接损害一些工人的利益。同样,对人才的竞争还可以把某些群体的收入推至非常高的水平。

然而,总的来说,很难找到国内竞争会损害中等收入阶层和贫困阶层利益的令人信服的案例,相反,要举出大量竞争有益的例子(廉价的零售店和航空公司、电信业竞争等)轻而易举。大体上讲,国内竞争会创造效益,这些效益会在国民中进行再分配。可以确定的是,国内竞争会引起租金再分配,其中一些人受益,而另一些人受损。但在不同的地方或社区,竞争会同时减少和创造就业机会。然而,我的关键论点在于,在一个国家内部,应存在一种分散收益与损失的机制。这并不能保证国内竞争会改善每个人福利,但至少一段时间后,会使这种情况更有可能成为现实。

来自国外的竞争则是完全不同的议题。它使国内消费者受益,但也可能会损害国内厂商及其雇员的利益。标准经济理论认为,贸易收益大于损失,因此原则上讲,应该有一种有助于改善每个人生活水平的办法。

实际上，它并不总是那么可行。尽管国外竞争给国内消费者带来的好处，可能大于它给本地厂商及雇员造成的损失，但没有自然而然的方式来重新分配这些收益和损失。各国尝试过各种各样的贸易调整方案，但大多数收效甚微。此外，吸引人才和资本投资的跨国竞争，还可能导致累退税制。这与我们为对冲贸易冲击的影响所需要的机制恰好相反。

我在纽约大学的两位同事，斯潘塞·G.莱昂（Spencer G. Lyon）和迈克尔·E.沃（Michael E. Waugh），在 2018 年的一篇论文中，对该问题提出了一些有趣的新见解。我们知道，贸易风险敞口造就赢家和输家。莱昂和沃研究了社会在维持贸易收益的同时如何降低贸易损失的问题。他们发现，累进税制很有用，累进的最优水平随着贸易风险敞口的增加而提高。这里的机制是什么呢？正如我们已经解释的，贸易通过降低价格和增加现有商品的种类而使消费者受益。对于劳工来说，情况更为复杂。他们中的大多数人不受贸易影响，但那些直接与外国劳工竞争的就业人员的利益受到了严重损害。这种不平等现象的出现，成为围绕国际贸易的公共辩论的核心。莱昂和沃指出，累进税政策是补偿劳工薪水降低和就业机会减少的有效方式。

自由市场为什么脆弱

在本章开头我们指出，经济学关注的是有限资源的配置问题。在某种抽象、直观的层面上可以看到，经济资源的有限性与竞争的价值之间，存在着深刻联系。在资源有限的条件下，浪费资源有害无益。那么，如何确保资源得到有效利用呢？其中一个答案就是，促使人和组织围绕这些资源展开竞争，最大程度确保这些资源掌握在那些最看重其价值的经济个体手中。作为现代经济的核心，价格机制是组织竞争的有效方式。反过来，当竞争减弱时，资本主义就失去了很大吸引力。

更广泛地讲，我们可以认为竞争促进了经济自由。在竞争性劳动力市场中，工人有辞职并找到更好工作的自由。当雇主之间竞争时，他们会给员工提供更多选择：不同的工作种类、不同的工作时间和不同的福利。劳动力市场的竞争是防止雇主虐待和欺凌员工的最好办法。

我们应该担忧失去竞争吗？毕竟，如果竞争有那么好，那它为什么还会受到威胁？难道我们不都赞同竞争是有益的，并应该共同捍卫它吗？

在五十多年前的著作中，曼瑟·奥尔森（Olson，1971）解释了为什么自发地捍卫竞争是不可能的。奥尔森之前，通常的看法是，如果我们有共同利益，那么我们将会通过集体行动去实现它。不幸的是，这一论点存在漏洞。要理解集体行动的逻辑，我们首先要知道孰得孰失。就竞争的情况而言，孰得孰失一目了然。竞争破坏了租金，是寻租者的死敌。

关键在于租金通常是集中的。当一家占主导地位的企业游说阻止竞争对手进入市场时，它是为了保护自己的租金，也许还包括其他几家占主导地位的企业的租金。市场上的赢家寥寥无几，他们有很多利益需要维护。另一方面，如果游说成功限制了竞争，那么有大量经济个体的利益很可能会被损害。购买该产业产品的消费者会受到直接影响。而且，高价格会减少消费者的实际可支配收入，他们消费其他商品和服务的能力会变低。由此，大多数相关产业被间接影响。然而，这些成本隐性且分散。消费者可能从不清楚市场进入受到限制这件事，加之分担的间接成本很小，所以对于每个人而言，进行反抗都不划算。所以，被寻租者损害利益的家庭和其他企业，不大可能组建自己的游说团体进行反击。如果有其他人力图游说支持市场自由进入，他们肯定乐享其成。但作为个体，他们自己几乎没有动力去这样做。奥尔森的核心观点就是：特殊利益集中的产业为保护它们的租金，更容易组织起来进行斗争，而分散的广大经济个体的利益则被压制。问题实质是搭便车，而且搭便车的动机会随着群体规模的增大而增强。

精明的读者可能意识到，同样观点也适用于国家之间的自由贸易。国际贸易也会创造分散的赢家和集中的输家。失业和工厂倒闭可能常见于媒体报道。贸易使商品价格变得便宜，其创造的就业机会遍布许多地区和产业。这就是为什么要保护自由贸易的原因。

但是，正如前文所说的，国内竞争论点要比国际自由贸易论点更具有说服力，因为自由贸易的好处在国民中更难被共同分享。当贸易将生产转移到海外时，这些工作岗位就真的消失了。国内竞争则不然。

最后，我想说的是，在国内实行自由竞争的理由，同经济学中最有力的那些论断一样令人信服。不幸的是，竞争的优点也正是它的缺点：优点在于好处受众广；缺点则是受益者分散，受损者集中。这就是为什么我们看到许多游说活动旨在限制竞争，而很少主张保护竞争。我们将在本书的后半部分深入探讨这一问题。

但现在，让我们来看看如何度量竞争程度。

注释

[1] 捆绑销售模式与竞争会产生令人惊讶的效果。Gregory S. Crawford、Oleksandr Shcherbakov 和 Matthew Shum(2018)发现，有线电视市场存在"质量"过剩问题。他们辩称，这主要由于来自高端卫星电视提供商的竞争：如果没有卫星电视提供商的竞争压力，有线电视垄断企业将会降低服务质量。质量过剩意味着选择有线电视的消费者更偏好规模更小、质量更差、价格更低的有线电视捆绑模式。

[2] 我之所以写"增长",原因在于大多数人在想让国家变得更富强时,想到的都是增长,但这需要作出一些澄清。在标准经济模型中,市场竞争会影响 GDP 水平,但不会影响 GDP 的长期经济增长率。试想一下,政策改变会引起国内市场竞争加剧。这导致经济增长率出现暂时的提高。之后,GDP 将长期维持在高于政策未改变时的经济水平,但由于人均收入的长期增长率仅取决于技术进步,GDP 最终会以与之前相同的速度增长。如果竞争促进了技术创新,那么它将对经济增长产生长期影响。这是一个争论激烈的议题。有证据表明,竞争会导致更多的创新,但目前还没有就其影响大小达成一致意见。我们将在第 4 章探讨竞争、投资和生产率之间的关系。

2

无效集中，有效集中

产业集中自然会引起人们对市场受到控制的合理担忧，但它也反映出市场中领导厂商的效率在不断提高。有效率的厂商利润丰厚，但持续的非正常利润却是一个糟糕的迹象。除非涉及掠夺性定价，价格低廉几乎总是一件好事。

　　为评估一个行业的竞争程度,经济学家会关注三个主要变量:集中度(也就是说,这个行业究竟是由许多小企业主导,还是由几个大企业主导)、企业利润,以及消费者支付的价格。每个变量包含着有用信息,但都不是一个完美指标。总之,它们依然可以让我们对市场的状况形成一个相当清晰的认识。

　　市场集中有点像胆固醇,有好处也有坏处。当产业在位者的目的,是为了扩大定价的市场势力,当其被允许采取合谋或合并行为,来阻止竞争对手进入时,坏的情况就会发生。当产业领导者变得更有效率且市场份额扩大时,好的情况就会出现。在经济学中,产业集中通常是一个坏信号,但并不总是这样。作为衡量竞争程度的一个指标,它需要被谨慎看待。它应该与利润和价格结合,共同对竞争程度进行评价。

　　接下来,我们先讨论一下市场势力的概念。然后回顾几个放松管制的案例,在这些案例中所有的指标都有相同的变动方向。最后对较难解释的案例进行研究,并探讨一下沃尔玛和亚马逊的扩张过程。

　　市场势力的概念在本书扮演核心角色。我的核心观点是:整个美国经济的市场势力出现了普遍扩张,而且这种扩张已经损害到了美国消费者的利益。因此,我们需要知道市场势力扩张的原因以及引发的后果。

为此，我们来看看几种具有代表性的典型市场结构。

市场势力 vs.需求弹性

市场势力是经济学中一个重要概念。它衡量的是一家企业牺牲消费者利益，以提高价格和增加利润的能力。显然，只有当相关消费者没有可选择的现成替代品时，才会出现这种情况。如果消费者有可选择的替代品，他们会对任何价格的上调行为作出反应，转而选择另一家企业的产品。在经济学中，我们说市场势力取决于需求弹性。

为了理解市场势力与需求弹性之间的关系，考虑如下例子。假定你想从 A 地飞往 B 地，平均每人的飞行成本为 200 美元。这个成本包括飞行员工资、燃料附加费、起飞权和着陆权费用、机场税、检疫检查费，以及飞机折旧。飞机票价应该定多少呢？如果这条航线上有几家航空公司竞争，价格可能接近于 200 美元。至少从长期来看，价格不能再低了，否则航空公司就会亏损。为了弥补航空公司的固定成本，价格应该定得高一点。我们假定销售利润率为 5％，那么竞争性价格就是 210 美元，对于这条航线而言，从每位乘客身上获取的平均利润将会是 10 美元。

现在假定仅有一家航空公司提供直飞航班。它肯定会使飞机票定价超过 210 美元。但具体要多收多少呢？这取决于涨价后乘客流失的速度。引起乘客流失的途径可能有三种：人们可以选择另一家提供中转航班的航空公司；也能乘汽车或坐火车；也可以决定取消行程。航空公司涨价时顾客流失的速度，被称为需求弹性。

假设航空公司涨价 1％，乘客数量减少 2％，那么我们就可以说需求弹性为 2。这个弹性取决于乘客的其他选择。如果他们能找到便宜、便捷的中转航班，需求弹性就大，垄断航空公司的直飞票价超过 210 美元几乎不可能。如果没有便捷的中转航班，需求弹性就小，垄断航空公司的直飞票价可能会远高于 210 美元。

市场势力与社会福利

现在，让我们从竞争性产业展开论述，来说明一下市场势力与社会福利之间的关系。在图 2.1A 中，纵轴表示价格，横轴表示商品数量。

需求曲线衡量的是消费者愿意支付的最高价格。想象一下，在某个汽车市场，按照购买意愿将消费者从高到低进行排序。当价格正好可以界定出边际消费者的购买意愿——人们在这个价格水平下对买不买车无差异。如图 2.1A 所示，处于边际消费者左侧的所有消费者愿意支付更高价格，当然他们也很愿意少付一点；处于边际消费者右侧的所有消费者则放弃购车。价格对他们来说太高了。

你还可以这样设想，这种商品是巧克力，且只有一个消费者。她喜欢吃巧克力，愿意花较高价格去买一定量的巧克力，而不是不买。随着消费数量的增加，她的欲望逐步得到满足，她为额外的一盎司巧克力掏钱的意愿也会下降。从我们的角度看，不管是看成许多消费者购买一单位商品（如一辆汽车），还是看成一位消费者购买几单位商品（如若干盎司的巧克力），都是等价的，都会形成向右下方倾斜的需求曲线，我们都可以用这样的需求曲线作相同的福利分析。你可以挑选你喜欢的例子。为简单起见，我将继续拿汽车的例子来讲解。

下一步是确定价格。显然，这取决于厂商供给商品的竞争状况。如果该产业是竞争性的，价格必定等于多生产一辆汽车或多生产一盎司巧

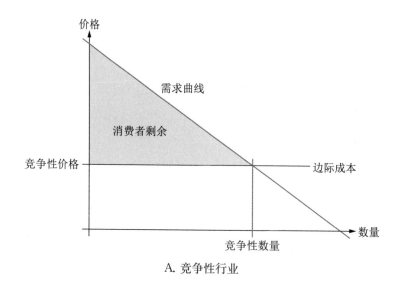

A. 竞争性行业

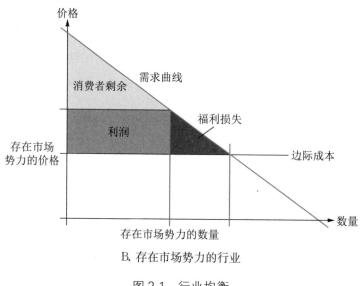

B. 存在市场势力的行业

图 2.1　行业均衡

克力的边际生产成本。为何？因为如果价格高于成本，至少有一家公司会有动机通过降低价格来吸引新消费者。除非价格与成本相等，否则厂商会彼此持续降价。当它们收支平衡时，降价行为即停止。这就是我们所说的竞争性产业。在此竞争性价格条件下，运用需求曲线就能弄清楚有多少人想购买此种商品。图中横轴所显示的数量，就是边际消费者对应的竞争性需求量。

图 2.1A 中的灰色三角形表示消费者剩余。这理解起来相对容易。需求曲线上的每一点代表着消费者的支付意愿；它衡量了她对汽车的评价。当评价高于价格时，她就获得了由需求曲线与价格之间的差额来精确衡量的剩余。三角形代表的是边际购买者左边所有消费者获得的剩余之和。自然，边际消费者的剩余为零，这等于说在现行价格条件下买车或不买车对她而言无差异。

为简单起见，在该例中，我们假定边际成本与产量无关：图 2.1A 中边际成本曲线是一条水平线。当价格等于每辆车的成本时，厂商没有超额利润，也不再有增加产量的动机。消费者剩余可以准确衡量这一经济中的总福利。设想更现实的经济情况——边际成本呈现出先降后增的变动趋势，这并不改变我们上述分析所得到的结论。

图 2.1B 显示了当厂商拥有市场势力时的同一个经济体。现在价格高于边际生产成本。更少的人买得起车，需求量也低于竞争性市场。消费者剩余用较小的三角形来表示。可以看出，与之前相比，它要小得多。边际消费者及其左边的一些消费者已经买不起车了，其他消费者则都要支付更高的价格。

然而，这两个三角形之间的差异并不全是福利损失，因为浅灰色的矩形代表着厂商利润。在前述竞争性情形下的分析中，厂商利润为零，但现在为正。这些利润没有损失。它们被支付给股东，并在经济中流通。当然，利润归股东所有，而消费者支付高价，他们不一定是同一个人。在写这本书的时候，我和纽约大学的政治学家霍华德·罗森塔尔（Howard Rosenthal）通过电子邮件交换了看法。在其中一封电子邮件中，他完美地抓住了这个问题，写道："在这里我收到的电信账单和我在巴黎住时收到的电信账单，差异显而易见。但我喜欢 AT&T 和 Verizon 通信公司的股利支票。"我们需要进一步考虑价格上涨的收入分配效应。在本书后面的内容中会重新探讨这一主题，但现在的重点是讨论由小黑三角形表示的效率（或福利）损失。

既然竞争对福利有利，那么显而易见的问题是：我们如何将图 2.1B 转变为图 2.1A？采取什么措施才能使一个产业更具竞争性？我们能让消费者得益吗？让我们对一些具体的行业案例进行研究吧。

航空业和电信业的管制放松

在导论中我们讨论了航空业和电信业的管制放松问题，卡特政府放松了航空业管制。低价引起每年飞行的乘客里程数持续增加。1984 年，AT&T 被拆分为七家"子贝尔"本地电话公司。与航空业类似，长途电话服务竞争的加剧使消费者获得了巨大利益，长途电话费大幅下降。随着更多对手加入市场竞争，AT&T 的市场份额由 1984 年的 80％以上，降至 1996 年的 50％。

欧洲很久以后才开始放松电信业管制。法国的案例为竞争有益提供了一个有说服力的证据。Free Mobile 是 Iliad 集团的无线移动服务提供商，而 Iliad 是由法国企业家格扎维埃·尼埃尔（Xavier Niel）创立的电信公司。该公司于 2011 年获得了 4G 牌照，并成为法国三大现有电信巨头的重要竞争对手，影响立竿见影。2011 年以前，法国消费者每月不得不在智能手机支出上，花费 45—65 欧元，而且数据流量有限，通话时间也仅有几个小时。Free Mobile 公司提供无限通话时间、无限短信和彩信，以

及无限数据流量服务，每月只需支付 20 欧元。其客户数量迅速增长，从
2012 年第一季度的约 260 万，增长到 2014 年第一季度的 860 多万。到目
前为止，Free Mobile 公司所占市场份额约为 20%，它的目标是达到 25%。

给消费者带来的利益是深远的：现有的 Orange、SFR 和 Bouygues
三家电信公司作出反应，纷纷推出了各自的折扣套餐，价格同为 20 欧元。
Free Mobile 公司进入市场 6 个月内，法国消费者的手机移动开支下降了
40%。之前，法国无线电话服务的相关支出比美国高，但现在价格非常低
廉，服务质量也得到了提高，在这两个国家打过电话的人都能证明。

这些案例清晰易懂：政府行动（如放松管制和反垄断诉讼）促进行业
内竞争，所有指标都朝着同一方向改善。至少开始时，我们看到更低的价
格、更少的利润和更小的产业集中度。

然而，还有其他一些案例表明，三个指标（产业集中度、价格和利润）
的变动方向并不完全相同。例如，当信息搜寻成本和运输成本降低时，消
费者能够更容易从低成本厂商购买产品，即使市场竞争激烈，集中度也会
提高。芝加哥大学经济学家查德·赛弗森（Chad Syverson, 2004），在对
生产预拌混凝土厂商的研究中，记录了这种效应。他发现，"当厂商密集
集聚在同一市场时，消费者更容易在厂商之间进行转换……结果，相对效
率较低的厂商更难盈利。"竞争压力迫使效率低下的厂商退出市场，而效
率较高的厂商的市场份额随之上升。因此，在这种情况下，竞争会引起更
高的集中度。

有效集中：20 世纪 90 年代的沃尔玛

让我们考虑一个零售业案例，具体来讲就是沃尔玛的扩张。20 世纪

90年代，沃尔玛对美国零售业产生了巨大影响，那个时期零售业的改善，对总体经济增长产生了巨大影响——经济效率在20世纪90年代前五年和后五年之间的增长，有三分之一都可以归功于零售业。[1]

图2.2显示了沃尔玛的市场份额和销售利润率。简单而言，沃尔玛的市场份额是指沃尔玛的销售额（营业收入）占零售业销售总额的比例。请注意我们所定义"零售业"的含义。图2.2中所显示的市场份额是指沃尔玛在大型综合超市（general merchandise store）类别中所占的市场份额。如果你想知道经济学家确定的厂商行业分类，你可以参看本书附录A，它解释了那些你想知道但又不敢问津的行业代码。20世纪90年代，沃尔玛的市场份额急剧增长，由不足5％提高至近60％。销售利润率是指利润额与销售额之比。假定销售利润率为5％，意味着沃尔玛每销售1美元的商品，可以赚取5美分。在某一时期，沃尔玛的销售利润率略有下降，从6％—7％降到4％—5％。引起这一轻微下降的原因在于其销

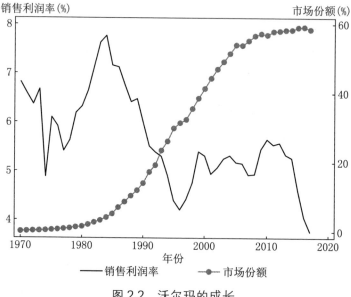

图2.2 沃尔玛的成长

售收入的惊人增长。销售利润率是一个均值,其扩张可能意味着销售利润率较低的产品的销售额增长。

　　沃尔玛的成长提高了零售业的集中度。这对消费者而言是个好消息吗?图 2.3 显示了零售服务价格指数与一般消费者价格指数之比的变动情况。如果在本地超市购买商品的价格更低,那么这一比例就会下降。从 20 世纪 80 年代中期到 21 世纪头十年中期,零售服务价格在二十年间出现了显著下降,这与沃尔玛的扩张密不可分。这一下降意味着美国家庭在零售业购物上节省了大约 30% 的开支。

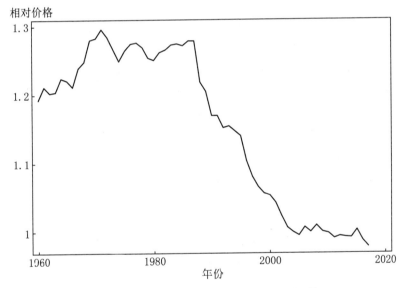

图 2.3　零售价格指数与一般消费者价格指数之比

资料来源:美国经济分析局(BEA),分产业 GDP;美联储经济数据库(FRED),个人消费支出平减指数(PCE)。

　　我们很难拒绝这样的结论:这种下降趋势意味着美国经济出现明显改善。但如果说经济学教给了我们什么教训的话,那便是:总有一些混杂因素存在。在本例中,联邦最低工资在 20 世纪 80 年代期间出现降低。

零售业相当大一部分劳动者所得工资,基本上维持在或低于当地最低工资水平(例如,在杂货店,这一比例高达四分之一),而且零售业还是美国最低工资劳动者的第二大雇佣部门。因此,当最低工资降低时,我们能够预期到零售价格也会下降。经济学家花费时间和精力来精确衡量这些影响。托拜厄斯·伦金(Tobias Renkin)、克莱尔·蒙蒂亚卢(Claire Montialoux)和迈克尔·西根塔勒(Michael Siegenthaler)在2017年的一篇论文中研究发现,最低工资每变动10%,会引起零售价格变动0.2%—0.3%(Renkin, Montialoux, and Siegenthaler, 2017)。1979—1995年实际最低工资(即剔除通货膨胀影响的最低工资)下降了约三分之一。这仅能预测零售价格一个百分点的下降幅度,与图2.3中我们观察到的两种价格指数之比的变动情况相比,显得微不足道。

这一时期零售价格下降的主要原因何在?很明显,零售业变得更有效率,消费者享受到节约成本带来的好处。沃尔玛先进的供应链管理系统在这一变化中扮演着一个关键角色。通过其供应商管理库存系统,制造商负责管理自己产品在沃尔玛仓库的库存。供应商可以直接监控自己的产品在沃尔玛超市的库存情况,并在某一超市库存不足时及时进行补货。这项技术降低了库存管理成本,效率提高带来的好处以物价低廉的形式传递给消费者。经济学家阿里·霍尔塔奇苏(Ali Hortaçsu)和查德·赛弗森在2015年的一篇论文中指出,超市和电子商务提高了零售业的生产率(Hortaçsu and Syverson, 2015)。

沃尔玛的成长为我们提供了一个有效集中的案例。它的销售利润率保持不变甚至下降,最重要的是价格降低了。消费者从沃尔玛的扩张中受益。对沃尔玛的劳动和管理做法进行争论和质疑当然是合理的,但毫无疑问,沃尔玛对美国消费者有利。

在我写这些内容时,Sears百货已经申请破产,这显示出美国零售行业仍然充满竞争性。《华尔街日报》（*Wall Street Journal*）的苏珊娜·卡普纳（Suzanne Kapner）报道称："在 20 世纪的大部分时间里，Sears 控股公司定义了美国零售业，它的商品目录和百货商店为千家万户带来了玩具、工具和电器。"2018 年 10 月中旬，Sears 破产时，还拥有 687 家门店和约 6.8 万名雇员。"几十年前，沃尔玛公司就已经取代了它，成为美国最大的零售商。后来，其首席执行官非正统的发展战略以及后来崛起的亚马逊公司使 Sears 陷入发展困境。亚马逊是一家从在线海量商品销售业务中获取利润的网购平台企业。"[2]

美国零售业表明，单单产业集中度并不是一个衡量竞争性的可靠指标。它还需要借助于其他指标，如利润和价格。后面，我们还将讨论就业和投资问题。

用数家大厂商度量产业集中度

当一个产业存在几家大厂商时，我们如何评估产业集中度？图 2.2 中，我们仅考虑沃尔玛的市场份额，一条图线简单明了。但在一个由数家大厂商主导的产业中，这种方法不可行。我们可以在图中标识出他们各自的市场份额，但这会使图很杂乱。即使有很多家厂商，最好还是能用一个数字来度量产业集中度。这就是赫芬达尔—赫希曼指数（HHI）所起到的作用（具体见专栏 2.1）。

专栏 2.1　运用赫芬达尔—赫希曼指数度量产业集中度

赫芬达尔—赫希曼指数（Herfindahl-Hirschman Index，HHI）是市场集中度的一个度量指标。设想某行业含有 N 家厂商。记第一大厂商

所占市场份额为 s_1，第二大厂商为 s_2，以此类推。HHI 表示为市场份额平方和。

$$HHI=(s_1)^2+(s_2)^2+\cdots+(s_N)^2$$

为什么要对市场份额平方呢？市场份额简单相加之和总是等于 1，根据定义，它无法给出更多的有用信息。假定所有厂商占据相同市场份额 s，那么很显然 $HHI=s$。含有 10 家规模相同厂商的产业 HHI 为 0.1。总的来说，$1/s$ 代表厂商数量，$1/s \times s^2 = s$，所以厂商规模相同时，HHI 总是等于 s。当厂商规模不相同时，s^2 意味着大厂商的权重更大，这种处理方法很有道理，因为我们确实关心市场势力问题。

让我们看看这个例子。首先，完全垄断行业（厂商的 $s=1$）的 HHI 为 1。这是 HHI 最大值。由一家占有一半市场份额（$s=0.5$）的大厂商和许多供给剩余市场的小厂商组成的产业，其 HHI 接近于 0.25。这与含有 4 家规模完全相同厂商的产业的 HHI 几乎一样。因此，HHI 使我们能够比较不同市场结构的产业。

如果你阅读了相关法律条文，你会发现 HHI=0.25 被写为 HHI=2 500。原因在于通常用原始值（0.25）乘以 10 000，转化为用基点数度量的 HHI。因此，我们通常不说 HHI=1，而是说 HHI=10 000。

基于反垄断执法目的，美国司法部将 HHI 评分等于或低于 1 500 的市场定义为竞争性市场。HHI 评分介于 1 500—2 500 的市场，被定义为适度集中（moderately concentrated）。高于 2 500，美国司法部就认定为高度集中（highly concentrated）。自然而然，在高度集中市场中反垄断关切最多，而且司法部认为，在高度集中市场，任何使 HHI 指数提高 200 基点以上的并购行为，都有可能违反反垄断法。（现在，很明显使用基点要便利些：200 基点比 0.02 度量起来方便。）

让我们再来看看航空业,图 2.4 显示了美国全国的产业集中度指数 (HHI)。20 世纪 80 年代随着新航空公司进入市场,该指数出现下降, 21 世纪航空公司的并购又促使其上升。从历史上看,它一直维持在 0.1 左右,但 21 世纪新一轮并购浪潮之后,上升到了 0.14。美国国内四大航 空公司分别是美国航空(2016 年 7 月—2017 年 6 月的国内市场份额为 18.6%)、西南航空(18.4%)、达美航空(16.8%)和美国联合航空(14.8%)。 第五大航空公司要小得多,为捷蓝航空(5.5%)。

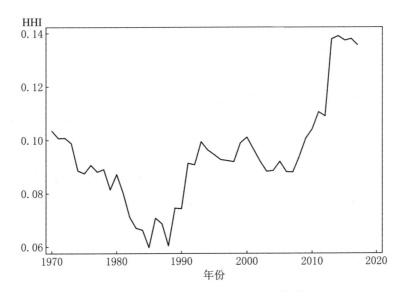

图 2.4　美国航空运输业的 HHI 指数

资料来源:标普数据库 Compustat 中的美国企业数据。

图 2.4 显示了全国层面上美国航空企业的 HHI 指数。但全国层面 的格局,是我们应该考虑的相关市场吗? 人们从一个城市飞到另一个城 市;他们并非在各城市之间的平均水平上飞行。在航空业,对市场自然而 然的定义,是两个城市之间的航线。由于航空公司所飞航线仅是所有航 线的一部分,因此航线一级的产业集中度要高于全国水平。但高多少呢?

美国政府问责办公室（GAO）基于 2012 年的数据，2014 年发布了一份研究报告，将所有航线按航班流量由高到低划分为五个等份。这项研究是在几次世人瞩目的航空公司并购之后、美国航空和全美航空合并之前进行的。2012 年乘客人数约为 4.1 亿人次，因此五分之一乘客人数约为 8 200 万人次。第一个五等份（最高航班流量组）只包含 37 对城市，但它们都与繁忙机场间人流密集的航线相关，如纽约至洛杉矶，或者华盛顿特区至波士顿。第三个五等份（中等航班流量组）有 237 对城市。第五个五等份（最低航班流量组）包含有 9 379 对城市和诸多小型机场。第一个五等份的 HHI 约为 0.32，第三个五等份的 HHI 约为 0.40。如果我们将其与图 2.4 中全国层面的 HHI（2012 年的 0.11 左右）进行比较，我们会发现，地域层面上的 HHI 大约是全国层面 HHI 的 3 倍。

正如专栏 2.2 所述，我们在解释全国层面集中度指数时需要谨慎小心。这是产业组织经济学中由来已久的争议话题。卡尔·夏皮罗（Carl Shapiro，2018）不相信行业层面的证据："以一种系统方式度量总体经济的市场集中度是极其困难的，系统方式是指它既要有一致性，又要有意义。"采用恰当的细分水平对 HHI 进行估计困难重重。正如我们在航空业中所看到的，夏皮罗认为，许多被经济学家视为全国市场参与者的行业部门，通常都具有地域性（比如餐馆、超市、有线电信和医院）。夏皮罗还辩称，集中度的上升可能只是"反映了这样的事实，即过去二十年，大型全国性厂商在总收入中所占的市场份额越来越大。"

专栏 2.2　何为相关市场？

以美国零售业为例，我们看到 1995—2008 年产业集中度持续上升。全国层面的 HHI 从 0.03 上升到 0.06。然而，就竞争而言，美国零售业并不构成同一市场。它是由诸多地域市场组成的，这些市场服务于当地居民实际购物。显然，芝加哥市中心零售超市的集中度，与坦帕市家庭的购物经历没有什么关系。

假定某一国被划分为两个区域，存在四家彼此独立且市场份额相等的零售商，每个区域分别有两家。再假定人们只在他们生活的地区购物。显然，每个区域才是需要考虑的合适市场。每个区域都有两家规模相同的零售商，因此两个区域的 HHI 都为 0.50，但对于有四家规模相同零售商的国家而言，其 HHI 为 0.25。全国层面的度量指数缺少实际意义，正确的 HHI 为区域层面的 HHI——0.5。现在假定来自第一区域的零售商与来自第二区域的零售商发生合并。由于合并一开始就发生在没有竞争关系的厂商之间，因此区域内竞争并不会发生改变。每个区域的 HHI 仍为 0.5。然而，目前其中一家厂商的市场份额变为 0.5，而另两家厂商的市场份额仍为 0.25，全国层面的 HHI 则上升至 0.375。从全国指数变化来看，我们可能会错误地得出市场集中度提高的结论。

这一批评是恰当的。反垄断经济学家需要同极其细化的数据打交道，因为他们需要克服困难的举证责任。我们应该认真考虑一下他们的担忧。另一方面，我们不能因缺少一个完美的度量指标而就此放弃。在这本书中，我的方法从来不是仅从一个度量指标得出结论。如果我们发现产业集中度有上升迹象，应立即参看其他指标，如利润和价格。我们在本书后面的内容中，还将讨论对产业集中度度量方法的其他批评，特别是在考虑国外竞争时。

例如，从图 2.4 中可以看到，2010 年之后，航空业的产业集中度急剧上升，这一变化足以引起我们的兴趣，但并不能得出竞争弱化的结论。我们必须首先弄明白，航线层面的集中度是否也在上升，我们发现这种情况确实存在。我们还能进一步发现，价格和利润率也在一同升高。那么，可以得出这样的结论：产业集中度的这种变化很可能会损害美国乘客的利益。然而，即便如此，上述结论也不完全是正确的，因为从理论上讲，服务质量的提高引起价格上升的情况，是合情合理的。就航空公司的情况而言，大多数读者都会对这个想法嗤之以鼻（我在撰写时也是这种感觉），但在其他行业，这确有可能存在。另一种解释是，安全规定增加了航空公司的固定运营成本。这也可以解释集中度上升问题。然而，对于这种解释，我们可以看一下欧洲的情况，欧洲的安全规定同样严格，但在那里我们看不到更高的集中度或更高的价格。简言之，美国航空公司的案例非常直观明了，它说明弱化反垄断会给消费者带来负面后果，这样的讨论听起来可能过于谨慎。然而，一般来说，兼听有益。

亚马逊 vs. 沃尔玛

现在让我们回到零售业，着重讨论一下亚马逊的成长。我们已经清楚，随着沃尔玛市场份额的增加，零售价格出现急剧下降。但 2005 年这种向好情况就停滞了。这种情况与网上购物的发展，特别是亚马逊的成长恰好重合。当我们现在讨论零售业时，我们依然会想到沃尔玛、家得宝和 Target，但也会提及亚马逊。

亚马逊的成长并未引起价格浮动。这意味着亚马逊的扩张不是为了降价。相反，亚马逊致力于改善购物体验。这可能会导致更高或更低的有效价格，那么我们如何在亚马逊的世界里进行价格比较呢？

假想你想花 50 美元买一个工具。你可以驾车到当地的五金店，咨询一下业内人士然后购买。你也可以在亚马逊购物平台上花 45 美元买到类似工具，但你不确定哪一种最适合自己。如果这两种选择对你而言无差异，这意味着本地商店推销员的专业技能给你带来的价值为 5 美元。相当于，这家商店售卖的不仅是工具，而是捆绑销售的工具和专业建议。鉴于亚马逊购物平台没有采用捆绑销售，其商品价格其实并不便宜。

反过来，如果与在实体店购买一件价值 17 美元的玩具相比，你更倾向于从亚马逊购买一件价值 20 美元的玩具，你可以问自己一个问题：实体店商品的价格要多低才值得自己驾车去购买呢？比如说这个价格就是 15 美元，这意味着你享受到的方便以及节省的时间值 5 美元。从这个角度看，实际上亚马逊购物平台帮你省去 5 美元，相当于到实体商店里花 15 美元购买玩具。由于这家商店商品售价为 17 美元，人们可能会说，实际上亚马逊比实体店要便宜 2 美元。

这些案例表明计价是一个复杂问题。因为商品质量和附加功能多样，价格对比困难。专栏 2.3 解释了统计机构所构建的质量调整价格。

专栏 2.3　质量变化的价格调整

经济学家偏爱价格。我们喜欢对价格进行估算、比较并整理成指数。

为什么我们如此在意价格指数呢？原因在于它们可以向我们展示出生活成本的变化。如果你的收入和生活成本同时上涨 10%，你的生活水平并不会真正得到改善，没有真正的提高。

编制出准确的价格指数是一项非常重要的工作。从社会保障到医疗保险，再到员工出差每英里费用报销，许多广泛使用（且造价昂贵）的政府项目都要使用价格指数，将其作为制定预算和付款率的指导指标。如果价格指数计算失误，我们就会得到错误的结论，并制定出错误的政策。

1996 年，博斯金委员会（Boskin Commission）得出结论：美国消费者价格指数（CPI）高估了通货膨胀率约 1 个百分点，这在很大程度上主要是由质量变化和新产品的引入引起的。考虑到当时年通货膨胀率为 2.9%，这种高估是一种非常严重的错误。价格指数编制为什么这么难呢？

CPI 由美国劳工统计局统计编制。它每月采集数千个零售网点的数万种商品和服务价格。然后计算出"平均"价格变化。在本月商品和上月商品不变的情况下，价格统计与整理相对容易。我们可以先计算出每种商品价格变化的百分比，然后得到平均值，再根据每种商品的支出份额进行加权。但当一种新商品引入市场时，价格统计与整理会发生什么样的改变呢？或者当一种旧商品退出时呢？再或者当现有商品中的一种发生重大变化时呢？

准确反映质量变化是一项困难的任务。CPI 统计背后的思想，是按照时间顺序计算出所购同一篮子商品和服务的购买成本。假如你上月花费 100 美元买了一篮子商品，而本月需为同一篮子商品支付 101 美元，那么通货膨胀率为 1%。事实上，产品不断新陈代谢，通常买不到完全相同的一篮子商品。

新产品纳入 CPI 统计范围的速度很慢：汽车在 1935 年才纳入指数，空调在 1964 年纳入指数，而手机在价格下跌很久以后，才在 1998 年纳入指数。问题是，CPI 会忽略（大的）初始引入效应并高估通货膨胀率。

当劳工统计局数据采集人无法获取 CPI 样本中某种商品的价格时（如该零售网点已停止销售商品），他们会找一种最接近于缺失商品的替代商品。然后，劳工统计局会根据质量和特性的变化对价格进行调整。它可以使用制造商的成本数据，或用特征回归方法对质量调整进行量化处理。特征回归是用来推断消费者购买商品或服务的意愿的统计模型。当劳工统计局无法估算出准确的质量调整时，它会采用同一地理区域内相似产品的平均价格变化，来估算价格变动。最后，劳工统计局有专门方法来估算房屋价格（租金和房屋所有者的等价租金）和医疗保健服务价格（CPI 中医疗保健服务部分只包括实付费用）。

博斯金委员会研究报告发布 20 多年后,如今情况怎么样呢? 可以说好坏参半。劳工统计局改进其质量调整流程,而且也十分重视新商品,在质量或特性变化相对较小的情况下,其用于估算替代商品价格的某些方法效果较好,但对于明显改变消费者行为的新创新商品而言,这些方法效果较差。因此,我们仍有可能高估通货膨胀率。

在谷歌和 Facebook 等互联网平台提供"免费"商品和服务的情况下,上述问题变得更为严重。幸运的是,芝加哥大学的查德·琼斯(Chad Jones,2017)等顶尖经济学家,已经开始研究这一问题,并给出了值得考虑的解决方法。通货膨胀的估算与生产率增长的度量紧密相关,我们将在第 5 章继续讨论这一问题。现在,需要注意的是,度量不准还没有大到足以从根本上改变生产率下降的结论的地步。

数字化平台经常提供一些免费服务(如谷歌地图),这给商品计价带来了新的挑战。当然,这些服务并不是真正的免费;它们只是新型捆绑销售的一部分,其中最有价值的是对个人数据的获取。正如硅谷的人们所说,"如果不付钱,你就不是顾客,而是待售的商品。"

如果我们考虑到网上购物的便利性而调整了价格,那么很可能亚马逊也为降低价格作了贡献。然而,在分享这些好处方面,存在差异。沃尔玛给低收入消费者带来的价值更高。亚马逊则更有利于可支配收入和时间机会成本较高的中等收入以上家庭的利益。在前例中,网购商品的质量调整,是节省的时间与小时工资的乘积。最近,一个经济学家团队对电子商务的收益进行了量化(Dolfen et al.,2019)。到 2017 年,电子商务支出达到了消费支出的 8%。相关研究人员估计,电子商务带来的收益,相当于永久性地刺激消费增长了 1%,即每个家庭增加了 1 000 美元的消费支出。其中一些收益归于节省的旅行成本。收入更高的持卡人获益更多，所处市县人口密度更高的消费者获益也更多。

显然，亚马逊非常适合工作忙的高收入家庭。

另一类相关观点认为，亚马逊的销售利润率似乎并不是特别高。其销售利润率与零售业平均水平大致相同。如果有差异的话，似乎也要低一点。更重要的是，亚马逊进行了大量投资。在后面的章节中，我们将更加详尽地讨论投资问题，但现在必须指出，当竞争度较弱时，投资动机也会较弱。就竞争而言，亚马逊投资多的事实很明显是个好迹象。

这是否意味着没有什么可担忧的呢？并不完全是。亚马逊的价格策略是动态的，而非静态的。亚马逊以低价获取市场份额。正如开放市场研究所（Open Markets Institute）莉娜·M.卡恩（Lina M. Khan）所解释的那样，人们担心的是，它之所以不惜牺牲利润，只是为了在诸多市场中确立主导地位，然后再利用市场势力谋取高额回报（Khan，2017）。但我们是否有证据表明，这种情况正在发生呢？

产业经济学的两个概念——牺牲品定价和掠夺性定价，可以对这一问题进行解释。牺牲品定价是指，厂商为吸引及带动消费者购买其他利润较高的商品和服务，而采取亏本销售某种商品的策略。这在零售业较为常见。而掠夺性定价则是指，厂商为排挤竞争对手而采取不可持续的低价策略。仔细想想，你很快会意识到，实践中两者很难区分。

卡恩分析了电子商务公司 Quidsi 的案例，该公司拥有 Diapers.com以及其他一些网站。2009 年亚马逊表达了收购 Quidsi 的兴趣，但 Quidsi予以拒绝。不久之后，亚马逊通过降低其购物网站上纸尿裤和其他婴儿用品价格，在"亚马逊新妈妈"（Amazon Mom）会员计划中提供大幅商品折扣，与 Quidsi 大打价格战。Quidsi 因缺少足够的资金与亚马逊竞争，最终导致 Quidsi 所有者决定卖掉这家企业。他们收到了沃尔玛和亚马逊各自给出的报价，并在 2010 年底接受亚马逊收购。联邦贸易委员会根据《克莱顿法》(Clayton Act)第 7 条审查了此次收购。尽管该次交易很明显触碰了红线,但联邦贸易委员会最终决定不追究此案。一年后,亚马逊收窄了价格折扣。

这似乎可以说是掠夺性定价。但对消费者有害吗? 很难回答,因为我们不知道现在的价格是否高于收购前的价格。这表明掠夺性定价的案例很难界定。显然,监管机构必须对这种情况保持警惕。

集中并不总有害

我们已经看到一些经济学家用来研究竞争度的指标:市场份额、产业集中度、利润和价格。我们已经明白,没有一个指标是完美的。产业集中自然会引起人们对市场受到控制的合理担忧,但它也反映出市场中领导厂商的效率在不断提高。有效率的厂商利润丰厚,但持续的非正常利润却是一个糟糕的迹象。除非涉及掠夺性定价,价格低廉几乎总是一个好迹象。

当实施反垄断调查时,我们希望看到更低的价格。那么,我们由此能否得出反垄断调查有利的结论呢? 答案是很有可能,但并不是一清二楚的,因为至少从理论上讲,也可能存在竞争过度问题。竞争加剧后,投资和创新能力会下降,竞争过度就会出现。当管制放松时,我们希望看到新的厂商进入市场。这是否意味着放松管制是个好办法呢? 同样,答案很可能是肯定的,但我们也可以想象出会存在问题的情形:厂商如果进入市场太多,利润减少量就会超过消费者收益。这些都是微妙的实证问题,我们需要参看广泛的经济指标。你猜对了:我们需要数据,更多数据!

在第 3 章、第 4 章和第 5 章中,我们将回顾过去二十年来美国经济的总体变动趋势，分别考察厂商的市场进入和退出、市场份额、并购、利润、股票回购以及投资等。

注释

[1] Olivier Blanchard(2003)在对 Basu 等人（2003）的讨论中解释道："从 20 世纪 90 年代的前五年到后五年，美国全要素生产率（TFP）增长的三分之一都完全来自零售业。"麦肯锡全球研究院（McKinsey Global Institute）的一项研究（Lewis et al.，2001）关注引起 90 年代全要素生产率增长的因素。关于日用商品（占全要素生产率增长加速的 16％），研究发现"沃尔玛通过不断的管理创新，直接和间接地促进了生产率加速增长，这些创新提高了竞争强度，推动了最优做法的广泛传播。"1995 年以后，批发贸易部门对生产率增长作出了很大贡献。关于药品批发，研究发现，"生产率增长一半的加速，都是由仓储自动化和组织优化推动的"。

[2] Suzanne Kapner, "Sears reshaped America, from Kenmore to Allstate." *Wall Street Journal*, October 15, 2018.

3

市场势力的上升

在美国大部分产业中，市场份额已经变得越来越集中。与二十年前相比，产业领导企业更难以被挑战和替代。与此同时，这些领先企业的销售利润率也提高了。有两种假说能够解释产业集中度的提高和销售利润率的上升，分别是超级明星企业崛起假说和国内竞争弱化假说。

1998年1月29日,美国司法部负责反垄断调查的乔尔·克莱因(Joel Klein),在纽约州律师协会发表演讲时宣称:"现如今我们的经济比过去任何时期都更具有竞争力。"此言不虚,但可惜的是,对于美国家庭而言,这一判断还缺乏远见。这并不是批评克莱因。他不可能预见到美国市场结构的演变。而且在经济学历史上,更尴尬的预言比比皆是。耶鲁大学著名经济学家欧文·费雪(Irving Fisher),在美国采购代理商协会的月度晚宴上发表了一篇演讲,他认为"股价已经到达了看起来会永久保持的高位"。作为关于股价的一般性表述,这已经相当愚蠢。然而,更要命的是,他是在1929年10月15日发表这一观点的。[1]

在第2章,我们对各种度量竞争性的方法进行了概述。搞清楚了它们的意义、用处和局限性。现在让我们看看如何运用它们去分析问题。

市场份额的集中度

自然,本节从讨论产业集中度开始。它有两个基本度量指标:一个是大厂商的市场份额,最大那一家厂商、前5家和前8家厂商的市场份额

（集中度分别记为 CR_1、CR_5 和 CR_8），任何一个都可以用；二是第 2 章讨论过的赫芬达尔—赫希曼指数（HHI）。使用这两个指标，我们将能够发现产业集中度在美国大多数行业都出现了上升。

美国人口普查局估算出按照产业划分的营业收入集中度。2016 年 4 月，由奥巴马总统首席经济学家贾森·弗曼（Jason Furman）担任主席的经济顾问委员会指出，"1997—2012 年，在大多数产业中 50 家最大的厂商所占的市场份额出现了上升"（Council of Economic Advisers，2016）。图 3.1 引用和扩展了上述研究成果。它显示出美国经济中的产业集中度在提高，其中，所使用的 CR_8 是基于制造业和非制造业经济普查数据计

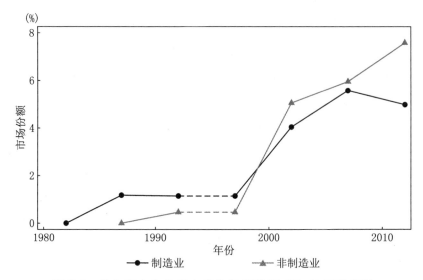

图 3.1 前八家大企业集中度的年度数据：CR_8 的累积变动

注：集中度被定义为每个产业中 8 家最大的企业所占的市场份额（按销售额计算）。参看 Autor 等人（2017）按照一致的产业划分标准，整理得到的集中度时间序列数据，从中可以看出类似的变动趋势。

资料来源：美国经济普查数据库（Economic Census），美国产业集中度在 1997 年之前是基于标准产业分类体系（SIC），在 1997 年之后基于 NAICS。制造业的数据采用的是 NAICS 的第 6 级（1992 年为 SIC 的 4 位数行业），因为 1992 年仅有这一细分行业的数据可用。非制造业的数据是基于 NAICS 的第 3 级（1992 年为 SIC 的 2 位数行业）。

算得到的。我们有更多关于制造业的详细数据，可以对 360 个制造业产业进行分析[可以细化到北美产业分类体系（NAICS）的第 6 级；北美产业分类体系在本书附录 A 有相关解释]。在制造业，前 8 家大厂商的集中度（CR_8）由 50％上升到 59％。在非制造业，北美产业分类体系的第 3 级包含有 70 多个产业。在这个更广义的定义下，CR_8 数值要小一些，但增长幅度很大，由 15％提高到了 25％。[2]

经济普查包括了所有美国公司，所以它代表了最全面的数据来源。然而，它也有一些局限性。它不包含财务信息，而且它是基于机构会计。另一个数据源是 Compustat 数据库，即标普全球市场财智（S&P Global Market Intelligence）提供的企业财务信息数据库。与经济普查不同，Compustat 数据库只覆盖部分经济数据：它只包含上市（或曾上市）大企业的数据。相较于经济普查，它的数据涉及范围要小，但具有更完善的史料，并整合有丰富的企业财务信息。Compustat 数据库使我们可以检验研究结果的稳健性并展开深入研究。马蒂亚斯·科瓦鲁维亚斯（Matias Covarrubias）、赫尔曼·古铁雷斯（Germán Gutiérrez）和我的研究（Cova-rrubias, Gutiérrez, and Philippon, 2019）发现，无论采用 HHI 指数还是采用 CR_8 指标，基于 Compustat 数据库和经济普查数据都能得到类似结论：产业集中度在上升。[3]古斯塔沃·格鲁利翁（Gustavo Grullon）、叶连娜·拉金（Yelena Larkin）和罗尼·迈克利（Roni Michaely）在一篇论文中（即将发表）首次指出，由 Compustat 数据库得到的产业集中度在上升。他们发现，美国超过四分之三的行业的集中度在提高。此外，他们进一步指出，集中度上升幅度最大的行业中，企业获得了更高的销售利润率。我们将在本章后面部分进一步研究利润率问题。

当使用产业集中度作为度量竞争性的指标时，需要注意的一些问题，我们在第 2 章进行了讨论。第一个问题是，行业层面的指标可能无法准确地衡量出相关市场的集中程度（回想一下单个航线的集中度与航空公司的全国平均水平的区别）。第二个问题是，产业集中度可能与市场势力没有直接关系，也许仅仅意味着产业的某种动态变化，例如产业领导企业和落后企业之间越来越大的效率差距（20 世纪 90 年代的沃尔玛），或者在衰落产业发生的企业合并。

阐述假说

尽管产业集中度的上升已经被充分证明，但对其原因尚无一致结论，其可能引起的后果更是众说纷纭。贾森·弗曼在担任总统经济顾问委员会主席时认为，产业集中度的提高意味着存在"经济租金和竞争壁垒"。戴维·奥托、戴维·多恩、劳伦斯·卡茨、克里斯蒂娜·帕特森和约翰·范里宁（David Autor, David Dorn, Lawrence Katz, Christina Patterson and John Van Reenen, 2017）的观点几乎完全相反，他们认为，产业集中度的提高体现了"赢家通吃的特征"，"产品市场竞争加剧，引起消费者对价格和质量的变动更加敏感"就是证明。

产业集中度的度量指标具有启发性，但它们本身并不能告诉我们竞争确实减少了。为了进一步研究和深化理解，提出一些假说是有用的。这毕竟是科学研究的一般做法。因此，下面列出了解释数据的六个假说：

● **无中生有假说**

由于产业划分太宽泛，加之市场具有地域性，度量产业集中度的方法毫无意义（反垄断专家的观点）。

● **国内竞争弱化假说**

美国许多产业的竞争程度出现下降（本书观点）。

- **超级明星企业崛起假说**

产业集中度反映了产业领导厂商生产率的提高。

- **低搜寻成本假说**

互联网使价格比较更容易，导致赢家通吃后果。

- **全球化假说**

国际竞争促使国内产业整合。

- **无形资产假说**

无形资产的增长解释了产业集中度、利润和投资的演变过程。

把无中生有假说当作一种解释，初看起来似乎有些奇怪，但我认为，把这样一种可能性牢记于心是有益的：我可能只不过是在制造更多的背景噪声罢了。每当听到专家讨论股市时，我不由地想起这一问题。他们对市场走向及其引起的原因各有观点。他们激烈地争论某一特定模式的意义，并提出理论，对本质上的随机波动进行合理解释。无知鲜能使人们不谈论新闻，因此作为抑制过度自信的一种途径，我们不妨姑且接受该假说。在这一假说分析框架下，度量产业集中度的指标被视为噪声，它们既不能预测也不能解释实际结果。

其余的五种假说并不相互排斥。国际竞争（来自墨西哥、中国和日本）已经明显影响到一些产业。有些企业显然持有惊人的无形资产。亚马逊我们已经讨论过了。我们还将在第13章和第14章研究苹果、Facebook、谷歌和微软。因此，正确的解释很可能是这些假说的综合，对于不同产业和不同时期，几种假说的重要性各不相同。可能还存在其他假说，但我认为它们都可以归结于这五种假说的某种组合。

超级明星企业崛起假说的提出，源自第2章所讨论的20世纪90年代沃尔玛的发展历史。这一观点认为，产业集中是件好事，它往往与更快的生产率增长密切相关。低搜寻成本假说与超级明星企业崛起假说有关,但概念不同。它主张,消费者变得更有价格弹性是由于在线购物工具的应用。需要注意的是,该假说意味着弹性变大后,竞争增加而销售利润率(在销售额之上的收益)下降。销售收入集中度提高的原因在于,在销售利润率较低的情况下,企业需要更大的规模才能弥补固定的进入成本。在 2017 年一篇著名论文中(Autor,Dorn,Katz,Patterson,and Van Reenen,2017),奥托、多恩、卡茨、帕特森和范里宁认为,超级明星企业崛起假说,可以对美国整体上和多数产业中的劳动收入份额的下降作出解释。我们还将对这一问题进行讨论。

相反,国内竞争弱化假说主张相反的立场,即市场进入壁垒的提高使市场在位者市场势力增大,最终弱化了国内竞争。这是我在本书中对大多数(但不是所有)行业竞争减弱所提出的解释。如果该假说正确,那么下一个问题是:为什么?

全球化并不是一个真正的假说,而是一个事实。更准确地说,它是一个量化问题:它能解释我们所观察到的大部分现象,还是其中很小一部分? 是否有一些行业,全球化是其中的主要驱动力,而在另一些行业中则不是? 在全球化假说下,我们预期国际竞争会对销售利润率形成下行压力,迫使国内企业要么退出市场,要么进行合并。很明显,一些制造业如纺织业遵循了这种规律。贸易经济学家罗伯特·芬斯特拉(Robert Feenstra)和戴维·温斯坦(David Weinstein)在 2017 年一篇论文中估计了全球化对成本加成率的影响,结果发现,受到国际竞争影响的产业,其成本加成率通常会下降。另一个需要谨记的重要事实是,全球化是双向影响的。国际竞争的另一面是,成功的国内企业也可以在全球范围内进行扩张,变得比母国的规模更大。芬兰电信企业诺基亚在 21 世纪最初十年的崛起,就是一个完美的案例。在鼎盛时期,诺基亚的规模达到了赫尔辛基证券交易所市值的三分之二,企业几乎占全国研发费用一半和芬兰出口额的 20％。[4]因此，在比较企业总收入（包括国际销售收入）与国内GDP 时，我们应谨慎行事。

最后，无形资产假说包含几个观点。无形资产本质上是非物质的。它们包括知识产权，如专利和版权，也可以延伸到模糊资产，如品牌识别度等。经济学家尼古拉斯·克鲁泽和贾尼丝·埃伯利（Nicolas Crouzet and Janice Eberly，2018）认为，产业领导企业往往就是擅长创造无形资产的企业。事实上，他们认为这就是这些企业变成领导者的原因。无形资产理论的吸引人之处在于，它通过提高生产率（促使超级明星企业崛起）和制造市场进入壁垒（弱化国内竞争）对产业集中进行解释。为了验证这一观点，我们将在第 5 章详细研究企业和产业的无形资产投资。网络效应和信息技术生产率差异的增大，也可以扩大大企业的有效经营规模，从而提高集中度。

市场份额的维持

专攻产业组织和反垄断的经济学家，对使用产业层面的 HHI 指数来度量集中度颇有微词。事实上，我们在第 2 章已经指出 HHI 的局限性，并讨论了相关案例，在其中用 HHI 度量产业集中度可能会得出有关产业状况的误导性结论。另一方面，完全忽视产业层面的市场份额也不可取，因为在很多情况下，它们确实可以提供有用信息。

马蒂亚斯·科瓦鲁维亚斯、赫尔曼·古铁雷斯和我共同提出了另一种度量竞争程度的动态方法：不再关注于某个时点市场份额的集中度，而是关注市场份额的长期稳定性。

我们的直觉是，在激烈竞争的产业中，领导厂商会受到挑战。为了说明这点,假定某一产业有 5 家企业。在任何给定的年份,都有一家企业占主导地位,市场份额为 60%,而其余 4 家企业的市场份额均只为 10%。这看起来是具有较高集中度的产业。HHI 为 4 000,明显高于 2 500 的"高度集中"阈值,但现在设想一下,如果大约每隔两年,领导企业会被其中的一个追随企业所替代。这可能是因为 5 家企业持续积极创新且相互激烈竞争,平均两年就有一家企业获得成功。这种动态更替将彻底改变产业集中局面。可以说,该产业实际上竞争激烈,因为领导厂商的主导地位是暂时的。最大企业的庞大市场份额转瞬即逝。行业领先者不断变动。

为验证这一观点,古铁雷斯和我计算了两种度量指标:一个反映领先企业的更替,另一个反映市场份额的重新洗牌。第一个度量指标计算如下:假定当前某企业处于产业领先地位,无论按利润还是按市值,都排名产业前四,那么它在未来三年内掉队的可能性有多大呢?图 3.2 显示了

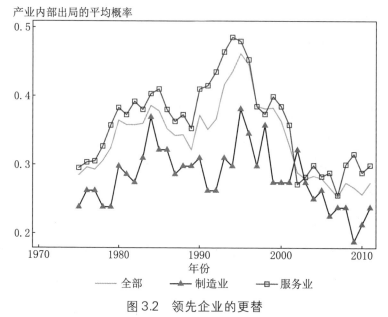

图 3.2 领先企业的更替

注:具体详见正文。

我们的计算结果。可以看到,20 世纪 90 年代,被替代的概率约为 45%,而当时能够保持领先地位三年以上的概率基本上不超过 50%。如今,三年内被替代的概率仅为 30%。与二十年前相比,现在的市场领导企业不必那么忧心忡忡了。

第二个度量指标的思路类似,那就是排名变动。我们按照市场价值或某一特定年份的销售收入,对企业进行排名。五年后再次计算并进行排名。然后我们计算出两次排名序列的相关系数。如果两次排名序列之间的相关系数为 1,则意味着五年内企业的相对排名,没有发生变动。如果为零,则意味着产业内部排名发生了彻底变动。因此,我们可以将排名的变动情况表示为 1 减去排名相关系数。图 3.3 显示,在过去二十年,排名变动出现减少。市场份额更加稳定。你能更容易预测五年后哪一家企业处于领先地位。答案就是:与现在的企业一模一样。

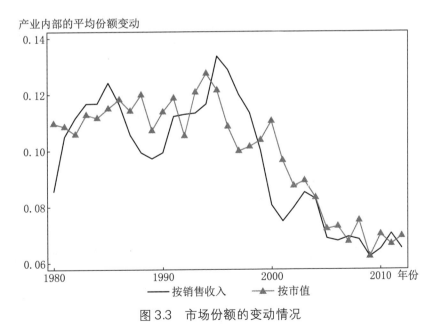

图 3.3　市场份额的变动情况

注:具体详见正文。

图 3.2 和图 3.3 得到的结论与大多数经济学家关于竞争的观点并不一致。如果回溯前述六个假说，可以这么认为，图 3.2 和图 3.3 排除了低搜寻成本假说作为一种理论解释的可能，因为该假说的预测结果正好相反，低搜寻成本假说下，生产力或创新的微小变化会导致市场份额的大幅波动。与此不同，我们看到市场份额更具有持续性和稳定性。

图 3.2 和图 3.3 与国内竞争弱化假说一致。如假定领导企业的比较优势持续时间更长，那么这两个图也支撑超级明星企业崛起假说和无形资产假说。然而，还不清楚这种情况为何出现。我经常听到如下论点：无形资产比有形资产具有更高的规模报酬递增，但我还没有看到有足够的证据来证明这一点。事实上，后面我将表明，过去二十年规模报酬基本上没有发生太大变化。但在这里，我们可以只简单认可，图 3.2 和图 3.3 可能与明星企业日益稳固的领先地位相一致。

让我们继续分析利润率。超级明星企业崛起假说和国内竞争弱化假说预示着利润率会不断提高。面临国际竞争的企业，在全球化假说下，其利润率将出现下降。无中生有假说预测产业集中度和利润没有系统的关系。因此，研究销售利润率可以帮助我们解析这些假说。

销售利润率和股息支付

现在让我们详细分析一下美国企业的利润。与之前一样，有几种方法和几个数据源可以构建它们：销售利润率与资本利润率，以及国民账户与企业财务账户。专栏 3.1 对主要概念进行了解释。

专栏 3.1 资本利润率、销售利润率、股息及股票回购

举如下一个典型企业案例。假定这家企业年初股本(资产)为 100 美元,年收入为 150 美元,总营业利润(收入)为 15 美元。在经营过程中,资本折旧率为 5%。企业投资 7 美元,其中 5 美元用于重置折旧资本。

资产	总销售收入	总利润	折旧	税额	总投资	股息
100 美元	150 美元	15 美元	5 美元	3 美元	7 美元	5 美元

这家企业的销售毛利润率(gross profit margin)为 10%。它是两个流量的比例:总利润(15 美元)与总销售收入(150 美元)之比。扣除折旧后,净利润为 10 美元。净销售利润率为 6.67%。

$$销售毛利润率:15/150=10\%$$

$$销售净利润率:(15-5)/150=6.67\%$$

$$资本净利润率:(15-5)/100=10\%$$

该企业的资本利润率(profit rate)为 10%。它是指扣除折旧后的净利润(10 美元)与年初资本存量(100 美元)之比。公司按 30% 税率缴纳利润税。因此,缴税和折旧后,剩余 7 美元收入。

缴税和重置折旧资产后,企业必须决定如何处置剩余收入。它既可以投资,也可以增加股本,或者给股东分红。企业决定支付 5 美元。企业的股息支付率(payout rate)为 5%。它是股息(5 美元)与股本(100 美元)之比。股东可以通过两种途径获得收益。他们基本上都可以得到股息,企业给每个股东开一张支票。如果假定的企业有 100 股流通股,那么每股可以收到 5 美分股息。股东通常不喜欢现金付款。因各种税收和财务问题,他们更倾向于获得资本收益。企业可以支付 5 美元回购企业股票,而不是邮寄 100 张面值 5 美分的支票。股价上升,股东获得完全相同的

收益。在所举的简单案例中,股票回购与股息无区别,在更复杂、更现实的案例中(如股票期权授予管理者),这两种方式则有一定区别,但从股息和股票回购基本等同的假定进行分析还是很有用的。

最后,该企业除重置折旧资产 5 美元外,还增加投资 2 美元。此时,其总投资额为 7 美元,净投资额为 2 美元。企业净投资率为 2%。这意味着该企业总股本增长 2%,明年年初资产将达到 102 美元。资产越多,下一年度雇佣的劳动者和生产的产品就越多。正如第 4 章中所讨论的,这种净投资率显然对实际经济增长至关重要。

图 3.4 显示了基于美国国民账户得到的企业税后利润占 GDP 的比例。GDP 中利润份额随着经济周期变动,你会发现,在大多数经济衰退时期,如 2000 年或 2008 年的第四季度,利润份额处于低谷。但你也会看到,自二战结束至 20 世纪末,50 多年来利润份额稳定在 6% 或 7% 附近,用术语来讲就是"平稳"。然而,过去二十年,利润增长速度超过了经济增

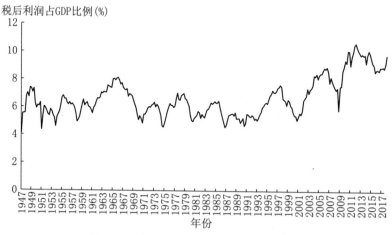

税后利润占GDP比例(%)

图 3.4　企业税后利润占 GDP 的比例

注:企业税后利润涉及存货估价调整和资本消耗的季节性调整。
资料来源:美联储经济数据库(FRED)。

长速度,税后利润份额上升到了大约 10％。这表明情况发生了某些实质
改变。如果从企业财务数据计算销售利润率,我们也会得出类似结论。
古斯塔沃·格鲁利翁、叶连娜·拉金和罗尼·迈克利,利用 Compustat 数
据库和证券价格研究中心(Center for Research in Security Prices)数据库
的合并数据,进行了相关研究(Grullon, Larkin Michaely, forthcoming),
结果表明,1970—2000 年折旧后(税前)营业利润与销售额的比例约为
10％, 2000 年后上升到 12％。

　　分析利润的另一种自然而然的方法,就是将利润与资产进行比较。
我们可以通过观察支付给投资者的利润份额,来进一步完善利润度量指
标。图 3.5 显示了 Compustat 样本中美国法人企业的总支付率,包括股

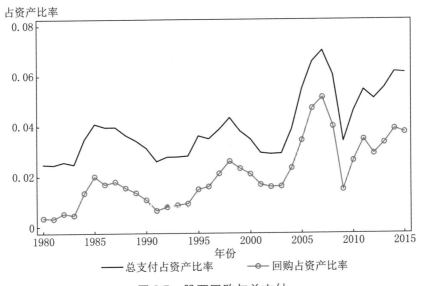

图 3.5　股票回购与总支付

　　注:我们所使用的 Compustat 数据库样本,包含所有美国注册企业的年度数据。
如果将外国企业纳入样本,所得结论仍大致相同。1982 年,美国证交会(SEC)修改第
10b—18 条规定,允许企业在公开市场上不受监管限制地回购其股票。之后,回购数
量大幅增加。

息和股票回购。回购比率的提高,推动总支付比率大幅上升。前者的提高幅度是如此之大,以至于企业现在每年都要回购其 3% 的资产账面价值。

现在,我们有两个事实:市场份额更加集中和稳定;以及利润率上升。下一个自然而然的问题是,这两个事实是否存在关联:在集中度更高的产业,利润率更高吗?答案是肯定的。利润率的上升与集中度的提高存在系统性联系,正如格鲁利翁、亨德和韦斯顿(Grullon,Hund,and Weston,2018),以及古铁雷斯和菲利庞(Gutiérrez and Philippon,2017)所指出的那样:在集中度提高的那些产业,企业的销售利润率也在上升;而集中度稳定的产业中的企业,则没有出现此类情况。这意味着,尽管我们的集中度度量指标存在某些缺陷和局限性,但它依然能够反映真实信息,而且也证伪了无中生有假说。

国际贸易又如何呢?图 3.5 与全球化构成推动美国总体经济增长的主要动力的说法不符。简而言之,那些在国际竞争中举步维艰、被迫合并的企业,不会增加股东分红。股息支出增加的事实表明,众多企业觉得它们有充足的资金可以使用。当然,这并不意味着全球化对所有的产业冲击都不大,尤其是那些在很大程度上受到来自中国的国际竞争冲击的产业。

来自中国的冲击

产业 HHI 指数是针对国内企业的全国性度量指标。它因界定范围太宽或太窄而受到批评。我们已经讨论了其中一种批评,即当市场具有地域性时,产业 HHI 指数的界定范围过于宽泛。另一个更有意思的批评是,在全球化的世界里,一国国内的 HHI 指数界定范围又显得过于狭窄。当外国竞争企业打败国内企业时,竞争明显加剧,但以存活企业计算的国内集中度指标,却可能会提高。这的确是一个严肃的问题。

典型的例子就是经济学家现在所指出的来自中国的冲击。中国于 2001 年 12 月 11 日加入世界贸易组织。这一事件既是冗长入世谈判结束的标志,也是中国融入世界经济的重要一步。达龙·阿西莫格鲁(Daron Acemoglu)及合作者(Acemoglu, et al., 2016)认为,来自中国的进口商品的竞争,是导致 21 世纪最初十年美国制造业就业机会减少的主要因素。

20 世纪 90 年代早期以来,美国对中国的商品进口持续扩大,而且 21 世纪初还经历了快速增长,增加的进口通过不同途径对美国各行各业产生了影响。其中一个影响对我们来说特别有趣。2000 年以前,中国的市场经济地位还不被认可。根据 1930 年的《斯穆特—霍利关税法》(Smoot-Hawley Tariff Act),非市场经济国家的进口商品,会被征收较高的关税,即非正常贸易关系(non-normal trade relations, non-NTR)关税。自 1980 年开始,美国历届总统都给予正常贸易关系关税,但相关关税豁免每年都需经过美国国会重新批准。如果国会未能延长豁免期,关税将重回至 20 世纪 30 年代的水平。正如贾斯廷·R.皮尔斯和彼得·K.肖特(Justin R. Pierce and Peter K. Schott,2016)在一篇有影响力的论文中所述,这将给未来关税税率带来极大的不确定性,并减少中美企业之间的投资。某些产业受到的影响更大,因为 20 世纪 30 年代这些产业的重置关税税率非常高。我们称这些产业面临着较大的正常贸易关系缺口,即正常贸易关系关税税率与重置关税税率之间的差距。

2000 年,中国被给予永久性正常贸易关系(PNTR)地位,并于 2001 年 12 月生效。永久性正常贸易关系消除了中美之间关税的不确定性,对正常贸易关系缺口较大的产业尤其有利。事实上,皮尔斯和肖特(Pierce and Schott，2016)的研究表明,对于正常贸易关系缺口较大的产业,来自中国的进口增长幅度和美国就业人数减少幅度都比较大。

现在,让我们研究一下中国的进口竞争对美国制造业的影响。按照中国进口的冲击程度——一般用进口渗透率来表示,对产业进行划分。图 3.6 显示了经过标准化的、在高中国进口渗透率和低中国进口渗透率的产业中企业的数量。中国的进口竞争具有很强的替代效应。这两组数据过往都有着相同的变动趋势,包括互联网泡沫时期,但在 2000 年以后开始出现分离。到 2015 年,对中国开放度较低的制造业行业中的企业数量与 1991 年持平;而在对中国开放度较高的制造业行业中,这一数字下降了 40%。

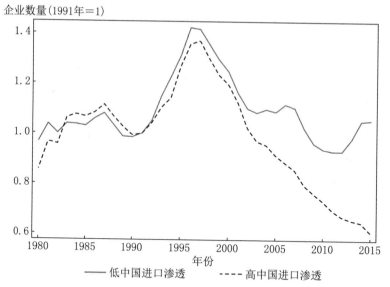

图 3.6　来自中国的冲击：受中国影响的美国制造业活跃企业的数量

注:年度数据。根据 1991—2011 年的进口渗透率,制造业各行业被分为"高"(高于中位数)和"低"(低于中位数)两种类型。1991 年标准化为 1。

资料来源:企业数据来自 Compustat 数据库;进口数据来自联合国 Comtrade 数据库。

图 3.6 仅显示了制造业部门,其雇佣的人口占总就业人口的比例较小(且在不断降低)。但该图清晰地表明,对于有些产业部门而言,全球化假说是恰当合理的。因此,我们需要考虑这一点。

度量竞争程度的理想指标应能覆盖整个经济体,同时应兼顾国际竞争。[5]一旦我们控制住国外竞争因素的影响,我们发现美国制造业的产业集中度较为稳定(Covarrubias,Gutierrez,and Philippon,2019)。就整体经济而言,我们仍发现产业集中度有所上升,但考虑到国外竞争这个因素,产业集中度的上升幅度实际上没有那么大。

贸易和竞争相互影响的方式多种多样,有些还很有趣。在第 5 章我们将看到,国外竞争有时如何被用来为国内可疑的并购经济行为辩护。

产业集中、固化与利润

我们揭示了两个重要且相关的事实。在美国大部分产业中,市场份额已经越来越集中、越来越固化。与二十年前相比,产业领导企业更难以被挑战和替代。与此同时,它们的销售利润率也提高了。

我们把各种理论归结为几种假说。分析所使用的数据,使我们能够聚焦于三种假说:国外竞争促使产业集中、产业领导企业效率持续提高(也可能是无形资产的作用),以及国内竞争弱化。我们已经证明,全球化能够有力地解释,在制造业以及受到国外竞争影响较大的产业所观察到的变动趋势。然而,在其他经济领域,我们只能将超级明星企业崛起假说、国内竞争弱化假说和无形资产假说作为解释的主要经济理论。

有两种假说能够解释产业集中度的提高和销售利润率的上升,分别是超级明星企业崛起假说和国内竞争弱化假说。它们对经济增长和社会福利的预测截然不同。如何把它们各自的逻辑梳理清楚？本书分两章展开。在第 4 章，我们将分析投资和就业。在第 5 章，我们将研究厂商的市场进入、退出以及合并，以便解释清楚产业集中是如何发生的。

注释

[1] 1929 年 10 月 16 日发表于《纽约时报》的那一份关于晚宴讨论会的报道，非常值得一读。

[2] 图 3.1 使用了美国人口普查局的统计数据（可从官网获取）。David Autor 等人（2017）查阅了美国经济普查的相关详细资料，并对数据进行了补充，美国经济普查每 5 年进行一次，对选定行业的所有机构进行经济调查。他们收集了 1982—2012 年的行业数据（制造业、零售业、批发贸易、服务业、金融业、公用事业和运输业），并采用相同方法对 388 个制造业产业和 288 个非制造业产业进行了分析，计算得到上述行业的 CR_4、CR_{20} 和 HHI，这些指标表明所有行业的集中度都明显提高。

[3] 1995 年以后，由这两种数据库得到的集中度，都清楚出现了普遍的提高，但在时间上有所不同。在经济普查数据中，这种变动大部分主要发生在 20 世纪 90 年代，而在 Compustat 数据库中，变动趋势主要出现在 21 世纪最初的 10 年，并且 HHI 在 20 世纪 90 年代早期出现下降。这反映了上市公司数量的快速增长。

[4] 诺基亚实际上比芬兰历史还长。诺基亚成立于 1865 年。被瑞典统治 700 余年和被俄国统治 109 年之后，芬兰才于 1917 年获得独立。

[5] 关于制造业，Feenstra 和 Weinstein（2017）构建了一个度量指标。对于美国，他们使用经济普查数据得到的 HHI，对于外国，则使用进口数据。我们将 Feenstra 和 Weinstein 的时间序列数据进行扩展（至 2015 年），并加入制造业之外其他产业的相关数据。后者既没有经济普查数据，也缺乏国外 HHI，所以我们不得不使用标准普尔数据库。我们从标准普尔数据库导出 HHI 的"原始"数据，基于标准普尔数据库的国内产业覆盖面以及进口数据，对 HHI 的原始数据进行调整。具体处理详见 Covarrubias、Gutierrez 和 Philippon（2019）。

4

投资与生产率的下降

超级明星企业崛起假说认为，效率提高是导致产业集中度日益上升的根本原因，进而预测：在集中度较高的行业，能够看到生产率的增长；随着产业领导企业越来越有效率，它们会聚集更多资源。然而我们实际观察到的投资和生产率增长模式，与该假说并不一致。

　　第 3 章的分析表明，2000 年以来，美国产业变得越来越集中。产业领导企业的市场份额更加稳固，其销售利润率也出现上升。所有未受到外国竞争严重影响的产业，即剔除掉半数制造业之外的大多数经济部门，都存在这种情况。

　　我们认为主要有两种解释。一种可能的解释是，产业领导企业的效率持续提高。这或许能说明市场份额和利润率为何会上升。按照超级明星企业崛起假说的观点，产业集中是件好事。另一种解释认为，国内竞争弱化，产业领导企业的领先地位更加牢固。它们的市场份额未受到威胁，因此可以定高价。按照国内竞争弱化假说的观点，产业集中是件坏事。

　　这两种解释并非相互排斥，从某种意义上讲，产业领导企业可以在实现更高效率的同时，使其市场领先地位更加稳固。但这两种解释对效率、经济增长、社会福利和经济政策却有着截然相反的含义。到目前为止，我们所使用到的数据，还无法使我们区分开一种解释和另一种解释。我们需要获取新的相关数据。在本章中，我发现企业的投资决策可以为产业集中度和利润率上升背后的驱动因素提供某些线索。

　　按照乐观的解释，产业集中是效率越来越高的领导企业导致的结果。为了将这种个别成功扩展到整个经济体，成功的企业需要集聚更多的资源。需要增加就业岗位和扩大投资。他们能做到吗？

持续处于低位的企业投资

图 4.1 显示，相对于企业利润而言，投资近年来一直处于较低水平。图 4.1 展现出净投资（投资支出减去折旧）与净营业盈余（总盈余减去折旧）之比的变动情况。净投资对经济增长至关重要，原因在于它度量了资本由某一年到下一年的变化状况。

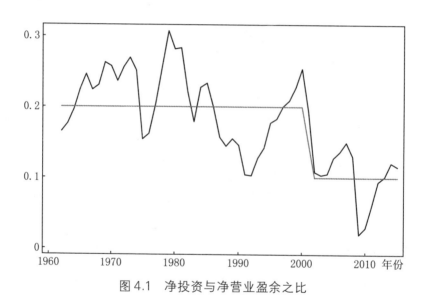

图 4.1 净投资与净营业盈余之比

图 4.1 中包含有许多信息，因此，我们需要使用第 3 章的案例，对这些数据的意义进行解释。回想一下，我们所设想的企业的财务信息如下：

资产	总销售收入	总利润	折旧	税额	净投资	股息
100 美元	150 美元	15 美元	5 美元	3 美元	2 美元	5 美元

　　对于这家企业，我们计算得到总营业盈余（总利润）、折旧、净营业盈余、总投资、净投资分别为 15 美元、5 美元、10 美元（15 美元－5 美元）、7 美元、2 美元。净投资占净营业盈余的比例为 20%。

　　我们可以将相同的逻辑应用于分析整个美国经济。表 4.1 概括了 2014 年企业部门的经常项目。开始第一行为总增加值，它是总收入减去中间投入（材料）和能源成本（电力成本等）的余额。2014 年美国企业部门的总增加值为 11.8 万亿美元，其中法人企业贡献了 8.6 万亿美元。我们将总增加值表示为 PY：它是商品和服务的平均价格（P）与已售商品和服务数量（Y）的乘积，在经济学教科书中，Y 这个字母还用来表示实际增加值或实际 GDP。企业部门使用总额为 21 万亿美元的资本生产出该增加值。该资本用"重置成本"来衡量，也就是说，耗费 21 万亿美元用于更换美国企业部门的所有工厂、仓库、电脑、车辆和设备。生产会使生产设备、建筑和车辆发生磨损。设备及其软件也可能因过时而需要报废。这些损耗和报废的总和，统称为固定资本消耗（CFK），或简称为折旧。年底更换折旧资本耗费 1.6 万亿美元。最后，企业要花费资金用于支付员工

表 4.1　2014 年企业部门资金流动

项目名称	2014 年价值（亿美元）		
	法人（1）	非法人（2）	企业（1＋2）
总增加值（PY）	86 410	31 470	117 880
固定资产（K）	148 570	61 260	209 830
固定资本消耗（CFK）	12 860	2 790	15 830
净营业盈余（$PY-Wages-Tax-CFK$）	16 140	16 970	33 110
总固定资产形成额（I）	16 100	3 540	19 640
净固定资本形成额（$I-CFK$）	3 250	560	3 810

注：固定资产按重置成本测算。

的工资和福利，还要缴纳生产税。剩余的净营业盈余约为 3.3 万亿美元。他们用其中的 3 810 亿美元进行资本积累。这个数字即为所说的净投资。

2014 年净固定资本形成额（3 810 亿美元）占净营业盈余（33 110 亿美元）的比例为 11.5%。从图 4.1 可以看到，1962—2001 年这一比例平均为 20%。2002—2015 年的平均比例仅为 10%。换言之，在第一个时期，企业每 1 美元利润要提取 20 美分，以增加资本总额的方式，重新投入企业经营活动。

在我们简化的示例中，净投资为 2 美元，初始资本总额为 100 美元，企业下一年的资本总额增长至 102 美元，资本增长率为 2%。该增长率很重要。当资本总额增大时，劳动力的生产率也会提高，劳动力需求及其工资随之增加。从长远来看，GDP 和资本总额的增长速度会趋向一致。

而近年来，企业每 1 美元利润中，仅有 10 美分多一点会用于增加投资。因此，生产性资本增长缓慢。基于美国商务部经济分析局（BEA）给出的固定资产表（见 BEA 网站上的表 4.2），我们可以看到，1962—2001 年，法人企业资本存量的年均增长率为 3.7%，而 2002—2012 年的年均增长率仅为 1.9%。从图 4.2 可以看到这种下降趋势。

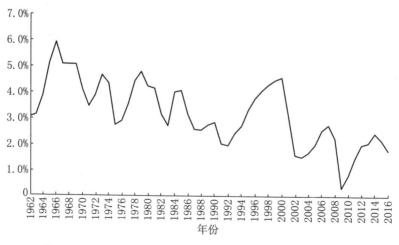

图 4.2　资本增长持续放缓：法人企业资本存量的增长率

如何解释这一事实？这一定是坏事吗？或许那只是企业传递的、经济目前不需要过多资本的市场信号。我们能说清楚吗？是的，我们是可以，但首先需要了解一些理论背景。

企业为何投资？

投资的目的就是为了形成（或更替）一种有价值的长期资产。这实际上是经济统计中投资的准确定义。[1]当需要更多的长期资产时，企业就会进行投资。这可能有两个原因：一是企业注意到持续增加的产品需求；二是企业想要创新。

当产品需求增加时，企业通常会加大马力生产：员工劳动时间更长，设备使用率更高。当产品需求进一步增加时，企业需要提高资本总额，雇佣更多的劳动力。

企业投资除了扩大生产能力，满足日益增长的产品需求，还用于增加产品种类和提高产品质量。这两种投资提升和增加了企业未来的盈利能力和利润。但现今的成本合适吗？我们如何权衡未来不确定的利润，与当前已知的开支呢？这就需要财务管理发挥作用了。

投资要在未来利润与当期开支之间进行权衡。因此，其融资成本至关重要。就本质而言，投资是一种跨时期决策。为获取未来不确定的收益，你必须作出当期投资多少的决定。为了评估投资价值，需要对未来不确定的收益进行贴现。在金融市场可以这么做。

请看如下示例。现在你投资一个项目，用100美元购买了一笔资产，你认为它每年将带来12美元的利润，且年折旧为6美元。第一年之后，如支出6美元更替资产折旧部分，你的净收入为6美元。第二年重复上述过程。该笔资产每年产生 6 美元净收入。这项投资的年收益率为 6%。是否应该投资这个项目呢？这取决于你的融资成本。设想一下，你借了 100 美元用于购买资产。如果贷款利率低于 6%，那么就可以进行投资。假定贷款利率为 5%。你每年偿还 5 美元，扣除利息后的年净收入为 1 美元。在 5% 的利率水平，该项投资的净现值（NPV）为正。按 5% 的利率贴现的 6 美元永久收入的现值为 6/0.05＝120 美元。NPV 为 120－100＝20 美元。NPV 受到融资成本的制约。如果融资成本为 7% 而非 5%，净现值为负。按 7% 的利率贴现的 6 美元永久收入的现值为 85.7 美元。净现值为－14.28 美元，你不会进行投资。

因此，作出投资决策，要求在对未来不确定的现金流进行复杂贴现的同时，还要与购买资产的当前成本进行权衡。在数千家企业、数千亿美元的现金流和投资成本条件下，怎么才能为整个经济作出决策？怎样才能提前一年、两年、五年、十年，甚至二十年，作出预测呢？

这听起来像是一项相当艰巨的任务，而且确实是这样。但如果你采用正确方法认真思考，并作出某些假定，你会发现，会计师以及证券交易员所运用的方法，会给我们以启发。这便是诺贝尔奖得主詹姆斯·托宾（James Tobin）的真知灼见。这个"以正确方法思考问题"的指标，被称为托宾 q，在专栏 4.1 中有相关解释。

专栏 4.1　托宾 q 与投资的基本规律

让我们回到前述简例，以重置成本计算，企业资本总额为 100 美元。今年企业支付红利 5 美元，将 2 美元用于净投资。假设企业资金筹集仅限于股本：共发行 100 股，投资者的每股价值为 1.10 美元，因此企业市值为 110 美元。股东拥有企业股本并获取未来的全部利润。

托宾 q 是指企业市值（110 美元）与资本的重置成本（100 美元）之比。

因此,对于这家企业而言 q 值等于 1.1。按照托宾的观点,只要 q 值大于 1,企业就应该进行投资。当 q 值大于 1 时,资本新增 1 美元的市场估值超过 1 美元。通过投资增加股本,企业会产生价值。

企业应该投资多快才合适呢? 企业可以决定在 1 年内将股本扩大至 110 美元,但这需要大量投资,并会引起混乱。安装新设备成本高、耗时长,因此明智的做法是分数年实施投资计划。一般来说,年投资率应遵循如下公式:

$$净投资率＝(q-1)/投资时间期限$$

该方程就是投资的基本规律。案例中这家企业的投资时间期限为 5 年。由于 $q-1=0.1$,投资时间期限为 5 年,投资率为 0.1/5＝2%。企业会缓慢成长,它不想引起较大的调整成本。

首先,企业第 1 年的投资率为 2%。第 2 年(假设没有其他变化)q 值将是 110/102,因此投资率变为 0.08/5＝1.6%。第 3 年 q 值为 110/103.6,投资率又变为 1.2%,企业需要超过 4 年的时间,才能达到 105 美元的账面价值。实际上,它永远不会达到 110 美元,但会随着时间会越来越接近。

到目前为止,我们假定该企业只发行股票融资,但当同时发行股票和债券时,托宾的观点依然适用。在这种情况下,需要将股票价值和债券价值加总,得到总的市场价值。那么,假定企业已发行 80 美元的股票和 30 美元的债券。债券持有人和股东共同享有企业的资本和未来利润。企业的市场总价值仍然是 80＋30＝110 美元,托宾 q 值同样是 1.1。

在实践中,托宾 q 多大程度上能够解释投资行为? 这主要取决于三个因素。第一,必须准确地度量出资本总额和投资额,尤其是无形资产,例如可以采用 Peters 和 Taylor(2016)的计算方法。其次,托宾 q 理论假定市场是理性的,或者至少作出投资决策的管理者和购买股票的投资者,能够就企业的真实价值达成一致。市场泡沫（20世纪90年代末的互联网初创企业，以及近年来的加密资产）破坏了这一假定。第三，也是最相关的，托宾q理论假设企业在竞争性产业中经营。如果企业拥有市场势力，只有当q值大于1时就才会投资。它们会限制产量以维持较高的产品价格，使托宾q值维持在1之上。换言之，竞争的弱化将引起托宾q值与投资之间的差额越来越大。这恰恰是我们在数据中所观察到的。

至少就传统投资决策理论而言，托宾的洞察是：企业的市场价值代表着所有我们想要了解的企业信息的综合。如果财务管理人员履行好本职工作，那么，我们可以度量出企业固定资产的重置成本。如果投资者投资合理，那么就可以衡量出企业基于固定资产产生的市场价值。市场价值与重置成本的差额就是企业的净现值。托宾q值是市场价值与重置成本之比。如果q值大于1，企业应扩大生产规模，因为增加1美元资本支出的市场价值等于q美元。托宾q值蕴含着诸多信息。特别是，托宾q值反映了对未来不确定的利润和融资成本的预期。融资成本直接反映在市场价值上。如果发生经济危机，投资者出现恐慌，你会立即看到融资成本上升，市场价值下降，投资随之减少。如果投资者持乐观态度，那么结果截然不同。

不断扩大的投资缺口

让我们应用上述理论来分析投资。图4.3显示了q值和投资率的变动情况。托宾q值作了适当调整，以便放在同一图中进行分析。可以看到，正如投资的基本规律所述，两种时间序列数据高度相关：它们同时上下波动,但 2000 年之后,你会看到投资率似乎低于托宾 q 值预测的数值。实际上,如果统计一下各年份投资率和 q 值之间的缺口,可以发现,截至 2015 年,资本总额比托宾 q 值预测的数值低 10% 左右。[2]

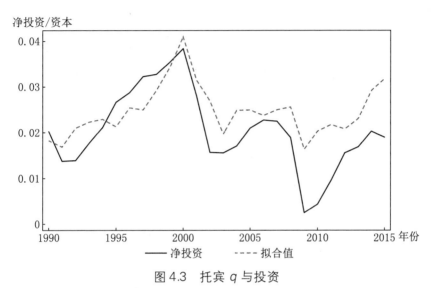

图 4.3 托宾 q 与投资

注:托宾 q 是指非金融类私营企业的市场价值与其资本重置成本之比。净投资是总投资减去对资本重置成本的折旧。拟合值为每年年初根据 q 值预测得到的投资额。
资料来源:美国经济分析局(BEA)。

上述事实很有趣,因为这恰好是竞争弱化假说所预测的结果。原因很简单。当某个产业的 q 值大于 1 时,就意味着还存在经济租金。假如该产业是竞争性的,这些租金应该趋于消失:要么被现有企业用于扩张(如我们的例子中的企业),要么新企业进入市场。随着时间的推移,资本总额会增加,q 值将趋近于 1。另一方面,如果该产业缺乏竞争性,那么投资将不会增加太多,q 值也将维持在 1 以上。如果美国经济中国内竞争减少,那么 q 值和投资之间的缺口,预期会越来越大,这与图 4.3 显示的完全相同。图 4.4 支持了美国国内竞争弱化假说。

总的来说,我们看到托宾 q 值和净投资之间的缺口越来越大,但我们还能进一步进行深入分析。正如在前几章已经讨论过的，某些产业的集中度要比其他产业更高。如果竞争弱化假说是正确的，那么我们可以预期，投资—q 值之间的缺口主要会来自集中度上升的产业。

图 4.4 正好显示了我们所述的情况。根据 HHI 指数变动状况，可以将产业划分为两组：一组包含 10 个 HHI 指数上升最快的产业；另一组包含 10 个 HHI 指数上升最慢的产业（事实表明，这一组的 HHI 基本保持不变）。然后，我们估算两类产业的 q 值和投资，并计算累积缺口。图 4.4 显示了历年累积缺口比例。我们可以看到，集中度低的产业的缺口比例基本上等于零，而集中度高的产业的缺口比例超过 20％。平均而言，与前面提到的 10％ 的总累积缺口比例基本一致。关键在于，全部缺口完全来自集中度高的产业。

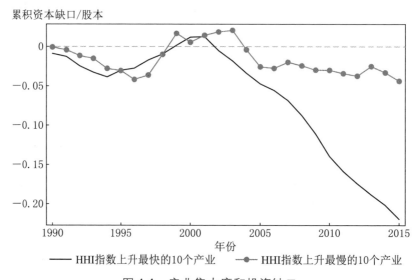

图 4.4 产业集中度和投资缺口

注：年度数据。我们采用的是经进口调整后 HHI 指数相对变化最大和最小的 10 个产业。图中显示了相应产业理论预测的累积资本缺口（占股本的百分比）（Gutierrez and Philippon，2017）。

图 4.4 与超级明星企业崛起假说的基本观点不一致。历史证据表明，发展成功的企业和产业都维持着更多的投资。如果集中度代表着效率，那么我们将会看到，集中度越高的产业投资也越多。图 4.4 显示，在跨行业对比中，我们正好看到相反的结论。

在赫尔曼·古铁雷斯与我的合作研究中，我们还揭示出，产业集中度与投资存在负相关关系。我们发现，当产业领导企业的销售利润率提高时，其投资和资本所占份额出现了下降。这与超级明星企业崛起假说的观点相反。该假说认为，随着产业领导企业越来越有效率，它们会聚集更多的资源。高效率企业一般通过增加资本和雇佣劳动力进行扩张。然而，近年来这些企业所做的事情恰恰相反。这正好是竞争弱化假说所预测的情形，而与超级明星企业崛起假说相左，除非投资和生产率都被严重错估。让我们来看看出现后面这种情况的可能性。

无形资产投资

到目前为止，我们的讨论假定投资能够准确度量，或者至少我们的度量质量不会随着时间降低。存在两种类型的投资：有形资产投资和无形资产投资。在第 4 章，我们指出，尼古拉斯·克鲁泽和詹妮丝·埃伯利提出的假说认为，无形资产投资对我们目前所讨论的变动趋势可能会作出部分解释。有些公司可能长于积累无形资产。这可能会给他们带来高额利润，并使他们免于竞争威胁。

有形资产投资很容易度量：更多机器、更多电脑、更多工人、更多仓库、更多工厂、更多运输工具。但度量创新投资要困难得多。企业既可以投资新产品和服务的开发，也可以投资现有产品和服务的系统改进。这些投资开支中的某些部分，会被单独核算为"研发"科目；而其他许多开支则不会。

当我们度量投资时，我们面临着区别有形资产投资和无形资产投资的重要问题。目前，资本中一大部分属于无形资产。这涉及专利、软件、化学配方、数据库、艺术价值、雇员的特殊训练、设计、工艺和品牌识别度等。然而，无形资产不仅仅是指信息技术。某些无形资产（如软件和数据库）需要依附于计算机；另一些则嵌入人心、组织和品牌之中。无形资产也是传统夕阳制造业的重要组成部分。

经济学家善于度量有形资产投资。有形资产通常购买自其他企业，而非自产。如果一家企业需要一辆新的载重汽车，它会从制造商那里购买，而不是自造。因此，我们有现成的市场交易价格来度量投资成本。此外，我们不难同意，它应该被资本化而非费用化。投资交易的目的也很明确：载重汽车是一种有价值的长期资产，因此它显然归于投资的范畴。

相反，无形资产投资的度量要困难得多。以软件为例。如果一家企业购买了一款软件，交易过程与载重汽车类似。显然，这属于一种投资行为。但假如企业雇佣员工来编写软件，那么，从形式上讲它属于人工费用。统计机构注意到了这种问题，所以它们对企业进行统计调研，并根据企业内部程序员的工资开支，制定自产软件投资的度量指标。容易想见，与外购相比，很明显这一指标并不可靠。

21世纪初，以卡罗尔·科拉多、丹尼尔·西奇尔、查尔斯·赫尔滕和约翰·霍尔蒂万格（Carol Corrado，Daniel Sichel，Charles Hulten and John Haltiwanger，2005）为首的诸多经济学家，致力于改进无形资产的度量方法。粗略地说，他们将无形资产划分为三类：计算机化的信息、创新性资产和经济能力。可以准确计入投资的计算机化信息，包括软件和数据库开发，但一些数据库开发成本可能不会计入官方数据中。研发、专利、矿产勘探权和艺术知识产权都属于创新性资产的范畴，只是一些设计和其他产品开发成本可能会被官方数据漏掉。而诸如员工培训、市场调查和业务流程等经济能力,可能无法或根本没有被统计。

无形资产投资的度量质量,因类而异。例如,在经济能力领域,能度量的东西很少。原因很容易理解:这些大多是公司内部的努力,难以搞清楚它们对长期资产形成的贡献度。计算机化的信息通常能被准确度量,但不容易精确地获得内部开发的成本信息。

表 4.1 和图 4.1 中给出的投资数据,包含了有形资产和无形资产。两类投资的总和数据呈现出下降趋势。投资的构成也发生了重要变化,无形资产比重增大,而有形资产比重减小。如果我们分别对这两类投资进行研究,可以发现,虽然近年来有形资产投资和无形资产投资都出现下降,但无形资产投资的下降程度并不那么严重。[3]

数据表明,2000 年以来,无形资产投资率的下降程度,要低于有形资产投资率。美国商务部经济分析局的固定资产表显示,2000 年以来知识产权产品(IPP)的增长率出现下降,如图 4.5 所示。1962—2000 年,知识产权产品资本存量的年均增长率为 6.2%;2001—2016 年,仅为 3.9%。与此对应的建筑物存量的年增长率,由 4.9% 降至 2.9%;设备存量由 2.6% 降至 0.9%。

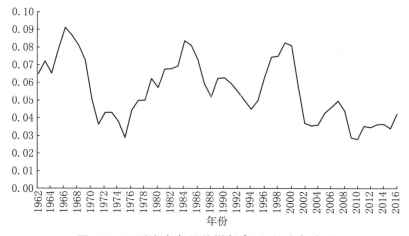

图 4.5　无形资本存量的增长率:知识产权产品

　　无形资产投资的下降幅度没有有形资产投资那么大。此外，相关研究者所使用的无形资产的定义，比美国经济分析局统计表所界定的范畴更宽泛，导致得到的降幅较小。然而，这种偏差不大可能推翻我们的研究结论。其中一个原因是，随着时间的推移，统计机构一直在改进无形投资的度量指标。与二十年前相比，现如今我们对知识产权产品资本的度量更准确。而且，如果你认为政府机构在度量无形资产投资时过于保守，可以在企业层面选择自己的无形投资的定义。古铁雷斯和我已经开展了这方面的工作，而即使采用最激进的度量指标，我们仍然发现存在投资缺口。[4]

　　我们找到了支持无形资产假说的证据。投资重心已经向无形资产转移，无形投资的投资缺口低于有形投资。然而，无形资产投资获得的巨大发展，出现在 20 世纪 90 年代。近年来，无形资产投资虽不像有形资产投资那样增长乏力，但还远没有达到拉动经济发展的程度。

生产率

　　超级明星企业崛起假说，最直接的推论是，产业集中度的上升与生产率的快速提高紧密相关。按照该假说，产业集中反映了规模报酬递增。因此，主要推论就是，随着行业领导企业生产率的快速提高，产业集中将引起整个行业生产率的上升。这种情况曾经出现过。在第 2 章，我们探讨了 20 世纪 90 年代零售业的案例。这一时期，零售业趋于集中，生产率同时得到较大提高。

　　20 世纪 90 年代已去。新兴超级明显企业真的如戴维·奥托、戴维·多恩、劳伦斯·卡茨、克里斯蒂娜·帕特森和约翰·范里宁（Autor, Dorn, Katz, Patterson, and Van Reenen, 2017）所推测的那样，是过去二十年推动产业集中度上升的主要因素吗？为检验这一观点，马蒂亚斯·科瓦鲁维亚斯、赫尔曼·古铁雷斯和我（Covarrubias，Gutiérrez，and Philippon，2019），研究了 20 世纪 90 年代和 21 世纪最初十年不同产业集中度与全要素生产率（TFP）的关系。我们使用的是经贸易调整后的集中度度量指标，控制了国外竞争和出口的影响。

专栏 4.2 及其表格概括了我们的计量分析结果，并对计量模型中各个数值进行了解释和讨论。我们发现，过去二十年，产业集中度和生产率的关系发生了改变。20 世纪 90 年代（1989—1999 年），这种关系呈正相关。集中度上升幅度较大的产业，往往也是生产率提高幅度较大的产业。现在情况不一样。事实上，我们发现，在 2000—2015 年间，产业集中度和生产率呈负相关关系（但存在一定的噪声）。

专栏 4.2　统计模型

表 4.2 给出了五个模型的回归结果，右边为整体经济，左边为制造业。

表 4.2　回归结果

生产率增长率	(1)	(2)	(3)	(4)	(5)
	制造业			整体经济	
时　　期	1997—2002 年	2002—2007 年	2007—2012 年	1989—1999 年	2000—2015 年
经济普查 CR_4 增长率	0.13* [0.06]	0.01 [0.05]	−0.13 [0.17]		
标准普尔数据库 CR_4 增长率				0.14* [0.06]	0.09 [0.07]
数据集与细化程度	北美产业分类体系第 6 级			KLEMS 项目	
时间固定效应	Y	Y	Y	Y	Y
观测量	469	466	299	92	138
R^2	0.03	0.00	0.02	0.07	0.09

注：上表显示出全要素生产率和前 4 家企业集中度的变化。系数下方括号内的数值为对应的标准误。具体详见 Covarrubias，Gutiérrez 和 Philippon（2019）论文。

让我们看看表 4.2 的右边,对其中的数值进行解释说明:第(4)列表示涵盖 1989—1999 年整体经济的模型 4。在该样本中,系数 0.14 表示前 4 家企业所占的市场份额每上升 1‰,生产率平均提高 0.14%。系数下方括号内的数值为对应的标准误,它衡量的是估计精度。系数 0.14 的标准误为 0.06,这意味着估计区间介于 0.08(0.14−0.06)和 0.20(0.14+0.06)之间。当系数为标准误 2 倍以上时,系数加上一个星号*,表示有足够把握确信系数显著为正。用实证经济学的话来讲,可以说该系数在统计意义上显著不为零。第(2)列显示系数为 0.01,标准误为 0.05:这意味着在该样本中产业集中度和生产率在统计意义上不存在关系。

表 4.2 中下方提供了更多的背景信息,例如数据集和观测量。时间固定效应(Y=是)意味着:在任何一个给定年份,回归控制了使所有产业向同一方向变动的外部冲击的影响。这一点很重要,因为美国经济在这一时期内,并不是静止不变的(现在也不是):存在经济繁荣和萧条、股市泡沫、恐怖袭击、房地产泡沫和金融危机。因此,我们要确保计量结果是由美国国内产业之间的对比引起的。最后,R^2 检验了模型的拟合优度:0.07 表示模型大约能够解释数据变化的 7%。毫不奇怪,还有其他很多因素会影响生产率的提高,而且数据也可能存在着大量度量误差。

这种转变过程,对于整体经济以及可用数据更详细的制造业(北美产业分类体系的第 6 级,相关解释见本书关于产业分类的附录 A),都同样成立。1997—2002 年两者呈显著的正相关,但在那之后这一关系就不存在了。事实上,2007—2012 年,两者关系似乎呈负相关,但存在一些噪声。

总之,20 世纪 90 年代的经济事实支持了超级明星企业崛起假说,但 21 世纪最初十年却否定了该假说。然而,我们最后需要担心的问题是:

我们准确度量生产率了吗？

　　技术乐观主义者通常对经济放缓（生产率和投资放缓）的解释是，我们错估了谷歌和 Facebook 等企业所提供的免费产品以及用以支撑其使用的无形资产投资。这个故事听起来像是真的，但有证据表明，这种影响很小。最可靠的研究结论是，度量错误不太可能是当前经济增长乏力的原因。正如查德·琼斯（Chad Jones，2017）所解释的那样："伯恩等（Byrne，2016）和赛弗森（Syverson，2017）的研究结论是，经济放缓相对于这些'免费商品'部门的重要性而言，是如此之大，错误度量只可能解释其中的一小部分。"[5]我要补充的是，世上没有免费的午餐。回想一下第 2 章提到的那句硅谷格言："如果不付钱，你就不是顾客，而是待售的商品。"在第 13 章，我们将深入探讨苹果、亚马逊、谷歌、Facebook 和微软的商业模式和它们对经济增长的贡献度。然而，数字经济的度量是活跃的研究领域，我们很可能在不久的将来会得到更好的估计。例如，埃里克·布林约尔松（Erik Brynjolfsson）与合作者（Brynjolfsson, et al.，2019）最近称，正确计算 Facebook 的免费服务，可能会使美国经济增长的衡量指标提高 5—10 个基点（0.05％—0.1％）。

投资与生产率增长乏力

　　投资和生产率增长模式与超级明星企业崛起假说不一致，后者认为效率提高是导致产业集中度日益上升的根本原因。如果产业集中度的上升反映了效率的提高，那么在集中度较高的行业，我们应该能够看到生产率更大的增长。我们在 20 世纪 90 年代看到了一些这样的趋势，然而在 21 世纪头十年却出现了相反的情况。生产率的变动与企业投资选择具有一致性。行业领头企业的投资份额和资本份额都出现下降，其销售利润率则表现出上升趋势。集中度较高的行业的领导企业没有投资冲动，它们往往选择提高股东分红，那么生产率增长乏力也就不足为奇了。

注释

[1] 这里说的是净投资。在稳态（利润和工资稳定不变，无经济增长）条件下，企业每年需要更替折旧资本。折旧率处于5%—10%，具体取决于产业类别和资本种类。在表4.1中，2014年的折旧率为15 830/209 830＝7.5%。虽然它重要，但这并非我们的兴趣所在。我们想知道，企业为何以及如何成长。因此，我们关心的是净投资。

[2] Gutiérrez和Philippon(2017)检验了关于投资乏力的八种可能解释，涵盖了度量误差和金融约束等假说，发现检验结果一致支持的解释有三个：上升的产品市场集中度（国内竞争弱化假说）；治理的收紧和大行其道的短期思维；持续增加的无形资本（它本身解释起来复杂难懂，涉及度量问题、效率提升和进入壁垒等）。

[3] 更多关于无形资产的信息，可以参看Haskel和Westlake(2017)所著文献。

[4] 这与Haskel和Westlake(2017)所写著作中的图5.6一致："事实证明，纳入之前未度量的无形资产，会提高投资与GDP的比率，但不会对投资的变动趋势产生重大影响。"他们的结论是："对无形投资的错误度量不能解释大部分投资问题。"

[5] David Byrne, John G. Fernald和Marshall B. Reinsdorf(2016)作如下解释："对IT相关的产品和服务的错误度量，还发生在经济放缓之前，而总的来说，没有证据表明情况已经变得更糟。"此外，诸如免费的互联网服务等创新活动，也无法解释企业部门全要素生产率的放缓。

市场自由进入的失败

自由进入是一种极其重要的再平衡机制,是市场经济的关键所在。然而在过去二十年,美国经济的自由进入机制已经被削弱。不仅每年的初创企业越来越少,而且进入高利润产业的企业数量也不如以前多。市场进入率的下降,似乎可以用游说和规制来解释。

　　在前几章我们已经看到,20 世纪 90 年代后期以来,美国大多数产业变得越来越集中,产业领导企业的领先地位更加稳固,其销售利润率也出现上升。

　　但产业集中实际是如何发生的呢? 产业集中源于两种主要力量之间的均衡:新企业的进入和成长,以及在位企业的退出和合并。产业集中与企业出入市场之间的关系很容易进行解释。

　　我们将研究这两种力量。在此过程中,进一步分析反垄断尤其是并购审查问题。市场进入方面,假定每年增加 n 家企业。市场退出方面,假定每年在位企业中有一小部分破产。现在请思考一下:尘埃落定之后,在该经济体中,我们还能观察到几家企业? 或者用经济学的术语来讲,均衡状态下企业数量为多少? 当在给定时间(比如一年)内进入市场的企业与退出市场的企业的数量相等时,企业数量就达到了均衡状态。N 表示均衡状态时存活企业的数量。为了使进入市场与退出市场的企业数量相抵,我们必须使进入企业数量(n)等于退出企业数量($d \times N$),进出相等时有 $n = d \times N$,均衡状态时企业数量为 $N = n/d$。

　　现在可以设想一下,所有企业都具有相同的规模。那么,$\mathrm{HHI} = 1/N = d/n$。这是所能想象的最简单的关系。它表明集中度是市场退出率 d 与进入企业数量 n 之比。某一产业可能会因为进入率下降,或者市场退出率上升,或者两者兼而有之,而变得集中。

在上述简单例子中,所有企业无差异,产业集中度只取决于进入市场的企业数量和市场退出率。现实中,企业规模和增长速度千差万别,因此,集中度取决于新兴企业能否迅速成长,以及大企业是否会退出市场。新兴企业成长的经营战略以及在位企业的市场退出方式(如合并与破产)也至关重要。无论如何,新企业进入和在位企业退出是要首先研究的最根本的影响因素。

市场进入和市场退出

一系列度量企业动态变化的指标表明,美国企业活力在持续下降。图 5.1 显示了机构和企业的市场进入率和市场退出率。机构(establishment)

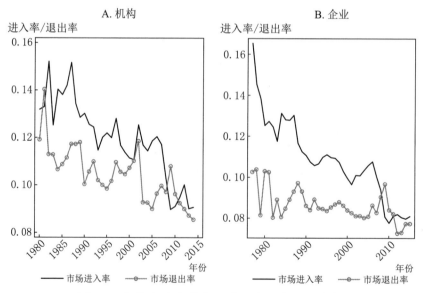

图 5.1　机构和企业的市场进入率和市场退出率

资料来源:美国人口普查局,商业动态统计数据库(US Census Bureau, Business Dynamics Statistics)。

可以是一家商店或工厂,而企业(firm)则通常拥有多个机构,因此员工规模各不相同。

图 5.1 显示,市场进入率和退出率呈下降趋势。瑞安·德克尔、约翰·霍尔蒂万格、罗恩·贾明和哈维尔·米兰达(Ryan Decker, John Haltiwanger, Ron Jarmin, and Javier Miranda, 2014),将这种变化解读为企业活力降低。近年来这种情况尤为严峻。他们同时指出,20 世纪 80 年代和 90 年代,所有产业都出现了活力下降情况,包括传统上高速增长的信息技术产业(Decker et al., 2015)。

通过分析市场进入者的性质,可以确定这些变动重要与否。如果市场进入率下降源于新的个体零售商店的减少,而不是雄心勃勃的初创企业进入率的降低,那么这种下降对经济而言可能没有那么重要。正因如此,麻省理工学院研究专家豪尔赫·古兹曼(Jorge Guzman)和斯科特·斯特恩(Scott Stern)等在 2016 年的一篇论文中谈到,市场进入率的下降并非如想象的那么糟糕。他们指出,初创企业的早期融资依然活跃。他们对创业质量的度量结果,与图 5.1 中下降的进入率有所不同。他们的研究显示,创业质量在 20 世纪 90 年代和 2000 年以后分别出现上升和急剧下降,随后稳定在比 1990 年以前更高的水平上。

另一个可能可以抑制我们悲观情绪的因素,就是成功创业者的年龄。在排名前 0.1% 的新生公司(在 1 000 家公司中增长最快的公司)中,可以看到,创始人的平均年龄为 45 岁(Azoulay et al., 2018)。20 多岁的科技创业者的流行形象,其实并不准确。即使在高科技产业和创业中心,情况也是如此。为什么这是个好消息? 因为这意味着人口老龄化没有引起成功的新创企业的减少。

另一方面,如图 5.2 所示,近年来很少有企业进行首次公开募股

（IPO）。许多进行早期融资的初创企业，大都选择被并购，而不是上市。这对市场竞争和经济增长有着重要的影响，因为收购一家初创企业可能成为在位企业获取未来市场竞争优势的一种途径。一家大的在位企业，可能会想要收购一家目标初创企业，然后将其产品束之高阁。伦敦商学院的科琳·坎宁安（Colleen Cunningham）与耶鲁大学管理学院的弗洛里安·埃德雷尔（Florian Ederer）和马松（Song Ma），将此称为"杀手级并购"（Cunningham, Ederer, and Ma, 2018）。他们着重讨论了新药上市前的并购和开发，发现存在严重的反竞争效应。当新药与收购方现有产品组合发生冲突时，该药品被开发的可能性就很小，特别是当市场竞争较弱时，这种情况更为明显。这并不是反垄断的传统关注领域。现有研究大多关注同一市场上产品存在竞争关系的企业横向并购，而基本上忽略了与创新和上市前产品相关的并购问题。

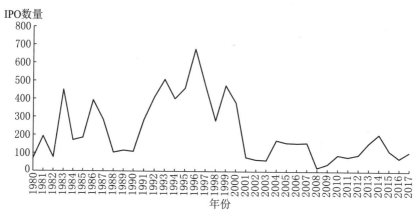

图 5.2　美国每年 IPO 数量：1980—2017 年

资料来源：Ritter（2019）。

　　总之，企业退出和进入市场的数量都出现了下降，但后者下降幅度更大。这种变化在机构的平均寿命上表现尤为突出。图 5.3 显示了美国企业的老化状况。我们可以将"年轻企业"定义为成立不超过五年的企业。1980 年,年轻企业占企业总数的一半,占各类机构总数的 40%,占就业人数的 20%。如今,上述比例要小得多,年轻公司大约只雇佣了美国劳动力的 10%。

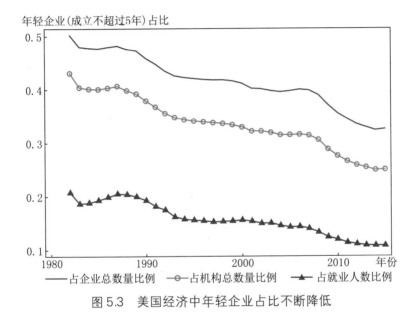

图 5.3 美国经济中年轻企业占比不断降低

并购

从图 5.1 中我们可以看到,传统意义的市场退出(即公司机构退出市场)实际上在下降,因此没有引起集中度上升。而并购在这次美国产业重组中扮演着至关重要的角色,它是机构退出市场的一种特殊方式。这些机构并不会关停,但是独立的公司数量却会减少,市场竞争往往也会变弱。图 5.4 显示了 1950—2016 年间历年的并购交易的数量。

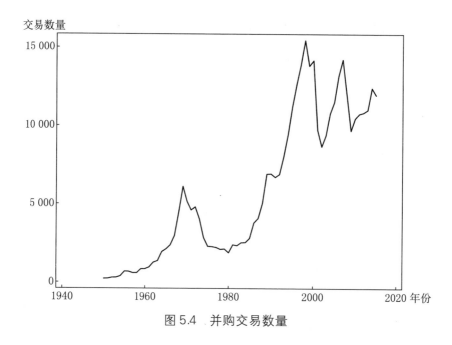

图5.4　并购交易数量

　　并购(M&A)交易数量的增加有几个原因和后果。正如《经济学人》在2016年3月报道的那样："自2008年以来，美国公司参与了美国史上规模最大的一轮并购潮，总值高达10万亿美元。与之前旨在建立其全球性商业帝国的并购交易不同，这些并购的主要目的在于对美国产业进行重组，从而提升并购公司的市场份额和降低成本"。[1]

　　并购的另一个直接后果是上市公司的数量持续减少(见图5.5)。备受关注的并购交易通常会涉及上市公司。并购交易数量的增加，意味着上市公司的数量减少。按人口比例计算，40年内美国少了一半的上市公司。1976年，美国有4943家上市公司(在美国的证券交易所上市的公司)。到2016年，上市公司数量降至3627家。正如勒内·斯塔尔茨(René Stulz)所指出的那样："1976—2016年，美国总人口由2.19亿增至3.24亿，由此美国平均每百万人的上市公司数量由23家减少到11家。"[2]

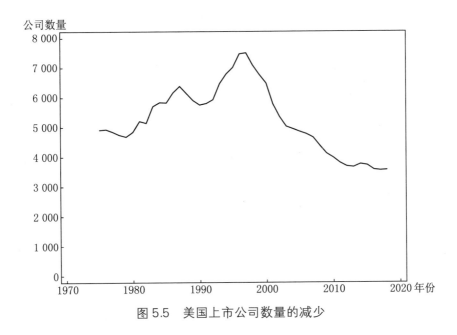

图 5.5　美国上市公司数量的减少

上市公司数量的下降始于 20 世纪 90 年代末期。1980 年左右,美国大约还保有 5 000 家上市公司,1997 年达到顶峰,约为 7 500 家。自那时起上市公司数量下降了一半以上,主要原因就在于大量的并购交易。这种下降具有普遍性:涉及所有产业。正如斯塔尔茨指出的那样,几乎没有其他国家经历过上市公司数量如此巨大的减少。

这自然会引出一些问题。在美国,并购交易的数量是否太多了? 这些并购交易是在什么时候、基于什么原因批准的?

并购审查

大企业间的并购交易,通常由美国司法部(DoJ)和联邦贸易委员会(FTC)审查。交易各方必须提交并购申请的相关文件,等待 30 天后才能进行合并。根据产品和行业的不同，联邦贸易委员会或司法部可能会审查这些申请文件。[3] 如果并购交易威胁到了市场竞争，这些机构会要求交易各方提供更多的补充信息（"第二次申请"），并将等待期再延长 20 天。

并购审查主要是基于我们所谓的产业组织经济学（通常简称 IO）理论。这一经济学分支使我们能够了解，一个产业保有多少家活跃的企业才是合理的，以及它们如何定价。产业组织经济学使我们能够预测企业并购后的经济行为，并提出诸如"竞争总是有利的吗？""进入市场的企业会不会太多了？"等问题。

产业组织理论始于 19 世纪 30 年代的法国，安托万·奥古斯丁·古诺（Antoine Augustin Cournot）最早分析了在同一市场中竞争的双寡头企业的经济行为。1890 年，《谢尔曼法》（Sherman Act）将产业组织纳入美国公共政策，该法案因工业革命时期大规模企业的增长而制定。约四分之一个世纪后，1914 年的《克莱顿法》最早开始处理反竞争的并购交易的尝试，它主要针对的是《谢尔曼法》未覆盖的大型兼并交易。[4] 当"收购可能会实质性地降低竞争程度"时，《克莱顿法》禁止任何公司购买另一家公司的股票。《克莱顿法》第 7 条和 1976 年的《哈特—斯科特—罗迪诺反托拉斯改进法》（Hart-Scott-Rodino Antitrust Improvements Act），授权政府在兼并交易完成前，对合并和收购交易进行审查。该项法禁止任何会实质性减少竞争或旨在形成垄断的并购交易。

随着时间的推移，反垄断的经济学解释发生了重大变化。早期立法者主张市场干预，并得到了 20 世纪 30 年代爱德华·钱伯林（Edward Chamberlin）和琼·罗宾逊（Joan Robinson）所提出的结构—绩效—行为（structure-performance-conduct）分析框架的理论支持。这一理论范式将市场视为一种影响企业行为和产业绩效的结构。这一理论的观点和原理后来被称为反垄断的哈佛学派。

20世纪70年代,芝加哥学派掀起了一场革命,力图将经济效率置于反垄断政策的核心。罗伯特·博克(Robert Bork)很有影响力的著作《反垄断悖论》(*The Antitrust Paradox*)的出版,标志着1978年反垄断政策的转变。正如产业组织经济学家约翰·夸卡和劳伦斯·怀特(John Kwoka and Lawrence White,2014)所解释的那样,"反垄断初期针对大企业的敌意和质疑,已经被现行的、以不同方式评估市场结构和企业行为的政策所取代"。例如,芝加哥学派的一个观点认为:只要企业进入威胁是真实的,也就是说市场是可竞争的高集中度就并不意味着在位企业具有市场势力。

这些变化反映在不同时期的《合并指南》(Merger Guidelines)中,该指南最初由美国司法部反托拉斯局于1968年制定。1982年和2010年,美国司法部和联邦贸易委员会对该指南进行了重大修订,以创立公平、可预见的审查流程。正如第2章所述,司法部认为,当HHI指数高于2 500时,市场就属于高度集中。在这种情况下,如果会让HHI指数进一步上升超过200个点,企业并购交易可能会违反反垄断相关法规。

审查流程包括以下几个步骤:

1. 确定相关市场(产品和地区),以及竞争企业;

2. 计算赫芬达尔—赫希曼指数(即HHI指数,定义见第2章);

3. 评估新企业进入市场的难易程度;

4. 评估合并可能造成的影响;

5. 考虑合并导致的效率问题。[5]

正如第1章所阐述的那样,并购的后果取决于它对企业市场势力的影响,而市场势力则由需求弹性决定。

市场势力 vs.经济效率

并购监管体现了市场势力和经济效率的权衡,见上述步骤中第 4 点和第 5 点。即便并购交易会对竞争产生威胁,相关机构也仍然有权判定经济效率是否足以弥补竞争风险。经济效率包括规模经济、生产溢出效应和管理费用分摊。

任何促使市场势力增大的并购交易,必然引起消费者的福利损失。那么,为什么我们还允许并购呢? 并购的动机几乎都是为了提高经济效率。为了理解这个问题,让我们回到第 2 章所使用的示例。

图 5.6 描述了一个会带来经济效率提高的合并的例子。假设由竞争市场的均衡开始,此时价格等于边际成本,在图 5.6 中标记为"旧边际成本"(你可能需要查看图 2.1)。在这种最初条件下,不存在利润,消费者剩余由需求线、边际成本线构成的大三角形来表示。假定监管部门准许合

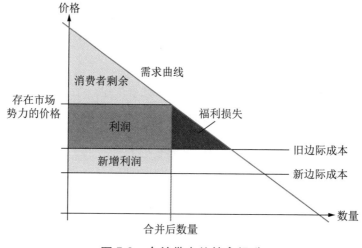

图 5.6 合并带来的效率提升

并,并且假定现在经济效率没有提升。市场势力增强,价格上涨。消费者剩余减少为图中的灰色小三角形。企业增加的利润,为图 5.6 中的矩形。利润的增加额小于消费者剩余的损失额,图 5.6 中的黑三角形代表着整个社会的福利损失。

最后,让我们看看经济效率提高状况。想象一下,合并交易使得生产成本降至新的更低水平。这是分析中有意思的那一部分。新增的利润意味着经济效率的提高,与之前不同,它们并非来自消费者剩余的损失。为了正确评估社会总福利的变化,需要将消费者剩余减少的黑色三角形与新增利润的灰色矩形进行比较。如何比较呢?

显而易见,分析的结论取决于两个效应:成本加成效应和规模经济效应。假设我们从边际成本为 c、均衡价格为 p 的产业开始分析,由此得到价格的成本加成为 $m=p-c$。在图 5.6 中,最初假定 $m=0$,但该产业一开始可能不是完全竞争市场。如果准许并购交易,会产生两方面的影响:成本加成从 m 上升到 m',边际成本由 c 降至 c'。因此,新价格为 $p'=c'+m'$。可能会出现两种结果:

● 双赢情形:新价格低于旧价格($p'<p$)。当成本加成效应小于规模经济效应,即 $m'-m<c-c'$ 时,这种情况成立。在这种条件下,消费者福利状况会得到改善,同时企业股东也获得较好收益。显然,这是一项很好的并购交易。

● 不确定情形:尽管存在规模经济效应,但新价格高于旧价格($p'>p$)。当成本加成效应大于规模经济效应,即 $m'-m>c-c'$ 时,这种情况成立。在此条件下,消费者福利状况恶化,但企业股东收益改善。监管机构需要评估和比较对消费者剩余和新增利润的相对影响。

现实经济中,双赢情形很少出现。在不确定情形中,关键在于经济学家所谓的市场的可竞争性(contestability)。当并购交易能够提升规模经济效应时,它有益于经济。如果市场新进入企业未来能够挑战市场在位企业的地位,那么市场价格不会出现大幅上升。如果市场新进入企业在未来某个时间可以达到与并购企业相同的规模经济效应,价格甚至还有可能下降。换言之,市场进入威胁可能不会立刻起到效果,但最终会实现双赢结果。这突显出市场进入的关键作用,或者更正式地说,它可以被称为市场的可竞争性。

近年来的并购审查

关于反垄断执法和监管在美国市场演变中的作用,学术界展开了激烈争论。然而,总的来讲,可以认为美国的并购审查变得相当宽松。布鲁斯·A.布洛尼根和贾斯廷·J.皮尔斯(Bruce A. Blonigen and Justin R. Pierce,2016)的研究发现,1998—2006 年,制造企业竞争对手间的并购交易提高了利润,但没有降低成本。奥利·阿申菲尔特和丹尼尔·霍斯肯(Orley Ashenfelter and Daniel Hosken,2010),对 5 起接近反垄断调查门槛(但未受到质询)的并购案进行了研究,发现其中 4 起并购交易引起了价格上升。约翰·夸卡(John Kwoka,2015)研究表明,1996—2008 年联邦贸易委员会在逐步降低反垄断执法力度。近年来,在适度集中产业,即并购交易后至少存在 5 家竞争企业的产业,联邦贸易委员会的并购执法行动基本为零。事实上,该委员会似乎已经判定,5 个竞争者足以保证大多数市场的适度竞争。

基于这一证据,约翰·夸卡对过去二十年美国并购审查的放松进行了批评。这在反垄断专家中引起了激烈争论。[6]存在多种多样的竞争形式,这使得产业组织理论成为经济学中的一个复杂研究领域。而且,随着经济的发展，商品和服务的种类也在扩大。一个多世纪前，标准石油公司（Standard Oil）只生产一种商品化的实物产品，反垄断相对简单。但是，在现代大多数反垄断案件中，产品并未商品化，而且市场势力受到一系列因素的制约，而不再是单纯的产品供给限制。例如，在电信产业，竞争不仅表现在价格上，还涉及配套的服务（电话、互联网、电视）和这些组成部分的品质。

这种复杂性，再加上产业游说，使得专家们很难达成一致意见。我预期围绕个案展开的争论还将继续下去。但不可否认的是，并购交易以前所未有的速度被审核通过，这大大促进了美国产业集中度的提高。

贸易谈判与并购审查

贸易和竞争以许多的有趣方式相互影响。在本书后半部分，我们将详细阐述研究游说和竞选资助的政治经济学，但首先让我们看看，外国竞争是如何经常被用来证明国内可疑的并购交易的合法性的。这让我有机会谈论一个我最喜欢的播客节目。

苏马娅·凯恩斯（Soumaya Keynes）和查德·P. 鲍恩（Chad P. Bown），在关于贸易的精彩播客节目 Trade Talks 中，谈了经济状况和贸易政策问题。2018 年 1 月，特朗普总统对洗衣机和太阳能电池板征收关税。附带说一句，洗衣机故事很精彩有趣，因此我建议您读完本节后，把这本书放下 20 分钟，听一听 Trade Talks 播客节目的第 20 期。

到 21 世纪最初十年的中期，惠而浦（Whirlpool）和 Maytag 两家制造业企业主导了美国洗衣机的生产，市场份额合计达到了 60%。当它们决定合并时，美国司法部的担忧是可以理解的，但最终司法部还是批准了此项合并交易，因为它认为外国竞争对手企业（尤其是韩国制造商 LG 和三星)会遏制市场势力的扩张。正如《纽约时报》2006 年 3 月 30 日的报道：
"负责反垄断事务的司法部助理部长托马斯·O.巴尔内特（Thomas
O. Barnett）昨日表示，虽然外国竞争对手企业现在主要向市场供给高价
格的家电产品，但它们仍然会对家电产品价格构成明显压力。'问题并不
是它们是否会进入美国市场，'巴尔内特说，'就这个行业而言，你不用再
怀疑它们，因为它们已经在这里。'"

一个经济学家团队（Ashenfelter，Hosken，and Weinberg，2011）对
受并购影响的家电市场的价格变化进行了研究。他们发现，洗碗机和干
衣机的价格大幅上升，而洗衣机价格却没有明显上升。在洗衣机市场，来
自国外的竞争似乎使价格保持低位。

正如苏马娅·凯恩斯所述："但到了后来，惠而浦借以通过并购交易审
查的、来自国外企业的竞争，变得越来越让人吃不消了。"市场份额方面，惠
而浦输给了 LG 和三星，最后不得不请求实施保护性关税。当政府批准请
求时，惠而浦股价上涨，LG 宣布提高自己的洗衣机价格。2018 年 4 月，"洗
衣机价格上涨 9%。第二个月又上涨 6%。自 1977 年美国劳工统计局开始
收集此类数据以来，这两次价格调整是最大的月度物价涨幅"。[7]该例子表
明，指望外国企业的竞争来制约国内企业的市场势力，是存在风险的。

自由进入的失败

最后，让我们将第 4 章关于投资的洞察，与本章关于市场进入的洞察
结合起来。我们已经阐述了投资的基本规律。当某产业的 q 值大于 1 时，
意味着存在超额利润。如果该产业是竞争性的，那么这些超额利润就会
因竞争而消失：要么在位企业扩张（如所举案例），要么新企业进入市场。

因此，从投资的基本规律可以推出市场进入的基本规律。随着不同产业应对各类经济冲击的方式不同，一些产业的利润率出现上升，而另一些产业的利润率出现下降。经济盈利促使企业退出利润率较低的产业，然后进入利润率较高的产业。这自然就形成与投资理论相类似的市场进入的 q 理论。正如扩大高 q 值企业的生产规模会创造经济价值，将企业从低 q 值产业配置到高 q 值产业，也能创造经济价值。古铁雷斯和我对此进行了研究，得出结论是：近年来企业自由进入市场变得越来越难。

图 5.7 显示出过去四十年企业数量对产业中位数 q 值的弹性。该弹性曾经位于 0.5 附近：当某一产业的中位数 q 值每增加 0.1（比如由 1.1 增

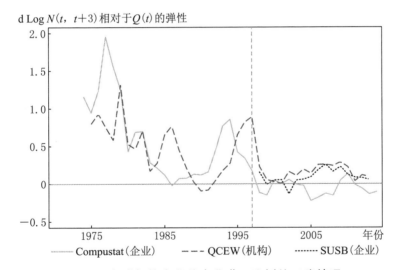

图 5.7　高附加值产业的企业进入比例的下降情况

注：该图给出了托宾 q 值的行业中位数与企业/机构数量的对数变化逐年回归的系数。

资料来源：Compustat 数据库和基于 NAICS 第 4 级产业分类的企业数量的 SUSB 序列数据。QCEW 序列数据是基于截至 1997 年 SIC 第 3 级产业分类和 1997 年之后 NAICS 第 4 级产业分类的机构数量得到。企业数量的变动，被标准化为均值为 0、方差为 1 的标准正态分布，以保证各种数据来源的可比性。行业中位数 q 基于 Compustat 数据库得到。具体详见 Gutiérrez 和 Philippon（2019b）论文。

加到 1.2），相对于其他产业而言，随后 3 年经过标准化的企业数量的变化就会高出 5%。正如自由进入分析所预测的那样，过去，在托宾 q 值较大的产业，进入市场的企业数量较多，退出市场的企业数量较少。然而，近年来，这种弹性趋近于零。各种数据来源所显示的降幅是一致的，制造业以外其他产业降幅更大。

什么能解释自由进入的失败呢？有几个因素可能发挥着作用，但其中一个因素是本书的核心主题。图 5.8 显示了美国出台的联邦法规数量的增加和企业市场进入率的下降状况。芝加哥大学经济学家史蒂文·戴维斯（Steven Davis，2017）强调，《联邦法规法典》（Code of Federal Regulations）的内容在过去 56 年增长了 8 倍，目前已经达到近 18 万页。

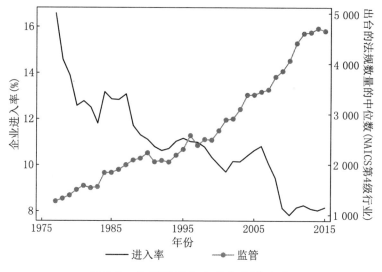

图 5.8　监管指数和企业市场进入率

资料来源：机构进入率数据来自美国人口普查局商业动态统计数据库。监管数据来自 RegData。具体详见 Gutiérrez 和 Philippon（2019b）论文。

我们想对联邦法规是否以及如何改变了产业动态这一问题进行研究。为了做到这一点，我们需要建立一个监管指数。如何去做呢？利用计算机,对法规数据进行读取和归类！RegData 是一个相对较新的数据库[介绍见 Al-Ubaydli 和 McLaughlin(2017)],旨在测度产业层面的监管严格程度。它依靠机器学习和自然语言处理技术,测算《联邦法规法典》各章节条款中限制性词语或短语数量,如"应""必须"和"不得"等,并归类到各类产业。相对于数页数的简单测算方法,RegData 代表着巨大进步。[8]

图 5.8 显示,企业市场进入率的下降与市场进入法规数量的增加同时发生,但这并不意味着市场进入率的下降是由相关规制引起的。存在两种基本的规制理论:公共利益理论与公共选择理论。英国经济学家阿瑟·塞西尔·庇古(Arthur Cecil Pigou, 1932)的著作出版以后,公共利益理论强调矫正性规制,以解决市场外部性问题和保护消费者利益。相反,公共选择理论学者对庇古的观点持怀疑态度。芝加哥大学著名经济学家乔治·施蒂格勒(George Stigler, 1971)认为,"一般来说,政府规制会被产业所俘获,其设计和实施主要是为了使产业获得最大利益。"在我们合著的论文中,古铁雷斯和我基于产业层面和企业层面的数据,对该问题进行了深入探讨。我们发现,相对于大企业,监管会降低小企业的市场进入率,减缓其成长,这在游说支出高的产业尤为突出。这支持了公共选择理论,而非庇古的公共利益理论,并为国内竞争弱化假说提供了另一证据。

自上而下和自下而上的产业集中

当我们考虑美国企业的年龄结构变化时,出现了两个主要事实:一是新企业市场进入率下降。当前,企业寿命越来越长,每年所面临的新竞争对手越来越少，引起自下而上的产业集中。二是监管机构及法官准许大企业之间更频繁地并购交易，导致自上而下的产业集中。它们一起解释了我们所观察到的产业集中度上升的现象。

自由进入作为一种极其重要的再平衡机制，是市场经济的关键所在。不幸的是，过去二十年，美国经济的自由进入再平衡机制，已经被削弱。不仅每年新的初创企业越来越少，而且进入高 q 值产业的企业数量也不如以前多。游说和规制似乎在很大程度可以解释市场进入率在不同时期、不同行业的下降现象。现在，我们已经有足够的证据表明，美国产业的利润率和集中度的上升，反映出经济租金出现了大幅上涨，但我们缺乏充足的证据，对消费者和工人遭受的损失进行量化分析。现在是着手分析和研究世界其他地方的情况的时候了。

到目前为止，我们的关注点几乎都集中在美国。现在需要说的是，如果我们将美国与世界其他地区，尤其是欧洲进行对比，我们可以明白很多东西。

注释

[1] "Too much of a good thing," *Economist*, March 26, 2016.

[2] René Stultz, "The shrinking universe of public firms," *NBER Reporter* 2(2018).

[3] 司法部是行政分支下属的组成部门，而联邦贸易委员会是由总统任命的人员所组成的委员会，委员来自两大政党。虽然它们的职责有所重叠，但协同处理反垄断调查，可以预见，它们侧重点有所不同。司法部专注于金融服务业、电信业和农业。联邦贸易委员会通常在涉及国防工业、制药业和零售业的案件中起主导作用。州总检察长和私人诉讼也可以对潜在的反竞争行为提出诉讼。

[4]《克莱顿法》第 7 条改变美国反垄断政策的最重要方式之一，就是设立了比《谢尔曼法》更低的证明反竞争影响存在的标准。《谢尔曼法》要求提供一家企业受到

反竞争行为损害的证据，而第 7 条允许政府可以在"商业领域竞争减少趋势尚处于初期"时阻止合并。国会被迫于 1950 年修订《克莱顿法》第 7 条，以封堵企业利用原法将合并描述为购买"股票"的漏洞。修正案使得企图通过购买资产以寻求事实上合并的企业受到法律约束。

[5] 为确定相关的产品市场，设想一下产品价格呈现出"小幅但显著且持续"上涨的情况。如果此种增长会导致买者转而购买其他产品，从而使垄断者无利可图，那么我们需要将市场扩展至最接近的替代品，直到找到那些无法从这一价格上涨中获利的产品。然后我们继续扩展至次优的替代品，直至没有消费者可买的替代品为止。至此，即可定义产品市场。要界定市场范围，如果应对价格上涨的产品购买者可以从区域外购买产品，那么该范围还过窄。我们可以继续扩大范围，直到达到这样一个区域，此时卖方可以通过提高价格实现利润最大化。

为了界定市场进入的难易度，各机构采用及时性（计划进入并对市场产生重大影响的时间，不超过 2 年）、可能性（以并购交易前价格计算的盈利性）和充分性（对市场有充分了解，且有足够的财力承受企业并购之后的超竞争定价）三个指标进行分析。

[6] Vita 和 Osinski（2018）提出反驳，但 Kwoka（2017a）仍然坚持其最初批评的正确性。

[7] B. R. Mayes，T. Mellnik，K. Rabinowitz, and S. Tan，"Trump's trade war has started. Who's been helped and who's been hurt?" *Washington Post*，July 2018.

[8] Goldschlag 和 Tabarrok（2018）对该数据库及其局限性进行了详细讨论，包括若干验证分析，例如，将 RegData 数据库的监管严格性衡量指标与相关监管机构的规模，以及各行业律师的雇佣份额进行了比较。他们的结论是，"监管严格性指数的相对值，很好地反映了不同时间、不同行业和不同机构的监管差异。"

第二篇

欧洲的经验

通过对过去二十年美国经济的变化进行分析,我们详细阐述并检验了各种理论。"超级明星"企业理论认为,产业集中度反映了产业领导企业生产效率的提高。无形资产假说认为,无形资产的积累可以解释产业集中度、利润率和投资的变化趋势。国内竞争弱化理论认为,国内竞争减少,因而在许多产业,企业能够利用其市场势力获取利益。另一方面,全球化则给一些制造业带来了外国竞争威胁。

对这些理论的详细分析,使我们能够进一步完善对美国经济的实证研究。20世纪90年代,我们可以找到支持"明星企业"影响的证据,但20世纪最初十年则没有。无形资产假说与批发零售业密切相关,而全球化则是引起制造业格局改变的主要因素。

然而,总体上有证据显示,过去二十年,大多数产业受到了经济衰退和国内竞争减少的影响。竞争减少引起产业集中度提高、产业领导企业市场地位巩固、利润和股东分红增加、投资和生产率增长下降。

现在,我们想了解这种情况为何发生,如何发生。能归因于技术吗?或者消费者偏好的改变?再或者规制和政策选择?

我们已经知道一点,那就是政策选择很重要。在不同时期、不同产业,游说和监管立法都会使企业的市场进入率下降,但我们缺少完美的对照实验予以印证。理想的实验是对具有不同监管环境的相似产业进行比较。这种理想的实验并不存在,但事实表明,我们可以通过对比美国和欧洲的状况,继续深入研究下去。这就是接下来几章将要做的。

与美国相比,欧洲提供了鲜明的对比,但在深入研究美国和欧盟之间的政策差异之前,最好先把一个问题说清楚。我并不认为欧洲总体上做得优于美国,甚至可以说我不认为它做得特别好。民粹主义的兴起以及民众对老牌政党和政府机构日益增长的不信任,在这两个地区都同样存在。欧元区的宏观经济结构还不完善,远不如美国稳定。相对于美国大学而言,欧洲大学仍比较落后,这也是我为何在纽约而不是巴黎撰写本书的原因。欧洲金融市场不像美国金融市场那样,能够为雄心勃勃的初创企业提供同样的成长机会。在一些新技术方面,尤其是人工智能领域,欧洲还落后于美国和中国。

尽管如此,退一步想,我们会发现,这两个经济体的相似之处要多于差异之处,特别是在经济发展方面。两者经济规模大致相同。消费者偏好差不多一致,购买基本相同的产品。在大多数产业,企业使用类似的生产技术,而且在许多方面甚至完全相同。美国和欧洲的贸易模式也很相仿。这些关键维度的相似性,使得美国和欧洲间的对比显得特别有意义。

最后,欧洲和美国之间的对比会给我们丰富的启示,这并非是一种巧合。至少自二战结束以来,欧洲的政策制定者和企业家深受他们在美国所看到(和称赞)的东西的启发。正如我们将要讨论的那样,好几个欧盟机构的设置,要么是在模仿美国的相应部门,要么至少深受其机构设置的影响。

6

同时期的欧洲

在大多数产业,欧洲和美国的生产技术相似,也面临着相同的贸易流。然而,欧洲并没有出现利润率增长、产业集中度上升和劳动收入份额下降——这些是美国特有的现象。这说明,我们需要将目光投向欧美之间的政策差异,而不是技术进步或其他外部因素。

在前几章我们已经揭示出，2000 年以来美国产业变得越来越集中，其企业的销售利润率也出现了上升。与此同时，尽管销售利润率高、融资成本低，但投资乏力。这种趋势普遍存在吗？它是全球化不可避免的后果吗？我们在所有国家都能够观察到相同的变动趋势吗？

我刚刚解释了从欧洲和美国的对比中为何可以学习很多东西。这两个地区之间，既足够相似，使这种对比具有意义，又足够不同，为检验我们的理论提供了一片沃土。那么，欧洲的情况如何？

欧洲经济在增长吗？

我下面将要给出的结论，通常会受到一定质疑。质疑是有必要的——事实上，我一开始也持质疑态度。传统上，美国的经济政策优于欧洲。的确如此，长期以来，美国市场都是全球竞争最激烈的。我们有理由继续保留这一先验假定。要改变我们观点，需要更多的证据，而这正是我们在本书中所要做的工作。

然而，在讨论这些结论时，我注意到一些人的反应异常抵触，表明有些人根本不愿改变自己的看法。这里有一个我经常听到的论点："如果你是对的,美国的经济增长速度为什么会比欧洲快呢?"首先,经济增长显然取决于许多复杂因素。在欧洲,完善的反垄断和数据保护政策、低效率的宏观经济政策,以及表现平平且管理不善的大学等因素,可能同时存在。恰好,我相信所有这些说法都是对的。但在查看细节信息之前,让我们先停下来想一想:欧洲的经济增长速度真的比美国慢吗?

让我们先来看看欧洲的相关事实。欧洲可以按欧元区和欧盟,分为不同的国家集团。欧元区(EA19)成立于1999年1月,最初由11个成员国组成,分别是:奥地利、比利时、芬兰、法国、德国、爱尔兰、意大利、卢森堡、荷兰、葡萄牙和西班牙。后来陆续加入的国家分别是希腊(2001年)、斯洛文尼亚(2007年)、塞浦路斯和马耳他(2008年)、斯洛伐克(2009年)、爱沙尼亚(2011年)、拉脱维亚(2014年)和立陶宛(2015年)。欧盟(EU28)成员国共同拥有一套组织机构(欧盟委员会、欧洲议会、欧洲法院等),对于本书而言最重要的是,它们形成了欧洲共同市场。英国脱欧谈判,可能会改变英国的欧盟成员国地位。*

"为何美国增长快于欧洲"的论调,似乎暗含着这样一种观点:欧盟经济增长明显慢于美国。好吧,也没有那么快(各位也不必急着下结论)。当然,美国的人口自然增长率要更高。但正如第1章解释的那样,我们分析所关注的重点是生活水平的提高,或者说人均经济增长。

图6.1显示了美国、欧洲和部分欧洲国家1999—2017年的人均GDP累计增长率。在本书附录B,我对如何计算实际增长进行了解释。所有国家1999年的人均GDP在图6.1中被标准化为1,因此,你可以把这个纵轴视为正好显示了1999—2017年间生活水平的累计增长。

---

* 本书英文版初版于2019年。——编者注

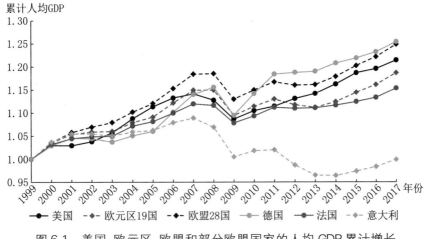

图 6.1　美国、欧元区、欧盟和部分欧盟国家的人均 GDP 累计增长

注:1999 年＝1。
资料来源:OECD。

2017 年美国居民的生活水平比 1999 年提高了约 21％。在这需要明确地提醒一下:这是指平均生活水平。它没有考虑分配不平等问题,因此可能无法代表美国中位数收入家庭的生活状况。即便如此,这仍是人们研究经济增长时所要考虑的测度指标。

欧元区(EA19)的经济表现稍差于美国:2017 年欧洲 19 国的民众平均生活水平,比 1999 年提高了仅 19％。但欧盟的经济表现要比美国好一点:欧盟 28 国的民众平均的生活水平,比 1999 年提高了 25％。原因何在?因为波兰这样的国家在持续快速追赶,而瑞典这样的国家也表现良好。平均生活水平掩盖了欧盟内部国家间的异质性。德国居民的生活水平提高了约 25％;法国仅提高了 15％;意大利表现较为糟糕,其居民的生活水平出现了下降。

然而,如果退一步从全局来看,我们会发现,美国和欧洲的人均经济增长率几乎是相同的。这正是标准经济增长理论所预测的。一个重要但稍难理解的观点认为，国内竞争弱化假说并不能预测经济增长率的长期差异，而仅能预测短期差异。市场势力会对实际 GDP 水平产生负面影响。价格的成本加成上升，会降低短期经济增长。如果你所在国家的成本加成处于较高水平，你的生活水平将会被拉低，但你所在国家的经济增长速度最终会与之前趋于一致，因为长期增长主要取决于技术进步。

尽管有人认为，缺乏竞争不利于创新——我也相信确实如此——但这种效应本身，并不能解释欧洲和美国两个地区间经济增长率的长期差异，这两个地区一直在开展贸易和思想交流。在全球化的世界里，技术跨国流动，发达经济体的生产率平均增长率会逐渐趋同。因此，一个国家人均 GDP 的长期增长率，不大可能取决于该国市场的竞争程度。但当国内竞争较弱时，许多不受外国竞争影响的商品和服务的价格会变贵。

图 6.1 与欧美两个地区或多或少采用相同生产技术的观点相一致，因此从长期来看，人均增长率大致相同。因专业化、比较优势和政策选择互有差异，有些国家（如德国）经济增长取得了成功，而另一些国家（如意大利）则陷入增长困境。美国国内也是如此：有些州增长迅速，有些州举步维艰。美国人均增长速度整体上比欧洲快的观点，显然不对。

偏好和技术水平方面基本的经济相似性，使得欧洲成为美国的天然对照组，所以让我们用第 3、4 和 5 章分析美国的方式，来分析欧洲吧。

欧洲的利润率和产业集中度并未上升

图 6.2 对比了美国和欧盟的销售利润率。我们已经看到，这是美国之谜的一个关键部分。2000 年以前，美国的销售利润率低于欧盟。

2000 年后，美国的销售利润率出现上升，而欧洲的销售利润率则保持稳定或下降。样本后期，美国的销售利润率已经高过欧洲。

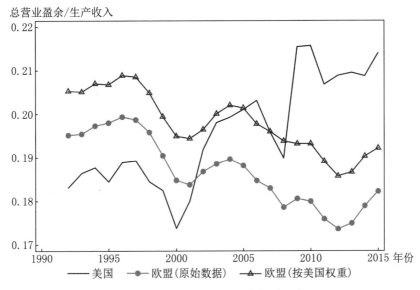

图 6.2　美国和欧盟的销售利润率

　　注：图中给出了非农商业部门（不包括房地产业）的利润率。带圆形的折线以欧盟全部国家的产业总产值为基础计算得到。这条带三角形的折线首先以欧盟国家×行业产出为权重，在各行业内加总欧盟国家的数据，然后以美国行业产出为权重，汇总欧盟各行业数据。
　　资料来源：OECD 的结构分析（STAN）数据库。

　　图 6.3 给出了过去 15 年美国和欧盟产业集中度的变动情况。实线显示美国产业集中度呈现上升趋势。欧盟的产业集中度大致稳定不变，尽管基于某些数据得到的产业集中度似乎略有下降，但基于其他数据得到的产业集中度略有上升。

　　为了保证不同地区间的数据具有可比性，还需要做很多工作。[1]欧盟国家的样本仅包括具有较好企业层面数据的 10 个国家：奥地利、比利时、德国、西班牙、芬兰、法国、英国、意大利、荷兰和瑞典。还有一个有趣

CR₈绝对变动量的加权平均值

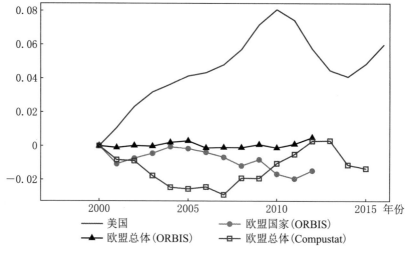

图6.3 美国和欧盟的产业集中度

注：该图列出了 2000 年以来，以实际总产出为权重，计算得到的各产业前 8 家企业市场集中度(CR)绝对变动量的加权平均值。国家序列将每个国家视为一个独立市场。总体序列将欧盟视为一个统一市场。为保证一致性，所有 CR 采用欧盟 KLEMS 数据库的产业分类，而且计算得到的各个产业 CR 的均值使用的数据是美国每年、每个产业的市场销售份额。为了增加数据库覆盖率，对 CR 进行了调整，以使用 OECD 的 STAN 数据库中的总产出数据。欧盟的产业集中度所涉及的国家包括：奥地利、比利时、德国、西班牙、芬兰、法国、英国、意大利、荷兰和瑞典。详细介绍参看 Gutiérrez 和 Philippon(2018a)论文。

资料来源：美国 CR 数据来自 Compustat 数据库。欧盟的 CR 与合并财务数据来自 Compustat 数据库(方形)，非合并财务数据来自全球企业信息数据库 ORBIS(圆形和三角形)，用到了 Kalemli-Ozcan 等(2015)的统计数据。

的问题：我们应该将欧盟视为一个统一市场，还是 10 个独立市场？

如果我们将欧盟视为一个统一市场，我们可以用一组数据得到图中带三角形的折线，用另一组数据得到带正方形的折线。在这些图中，我们首先以整个欧盟范围的市场份额为基础，计算得到欧盟每个产业的 HHI 指数，然后取这些产业 HHI 指数的加权平均值。例如，先计算标致或大众在欧盟的汽车市场份额，然后以此为基础计算得到欧盟汽车产业的 HHI 指数。制药产业也是如此。然后我们按欧盟各个产业的规模进行加权,取这些 HHI 指数的加权平均值。对美国 HHI 指数的计算也采用相同步骤。

如果将每个国家视为一个独立市场,我们可以在图中用带圆的曲线来表示。例如,当评估法国电信业时,我们可以先计算法国各个电信服务提供商(如 Orange、SFR 和 Free Mobile 等等)的市场份额。法国的商业服务业同样如此,然后计算法国 HHI 指数。其他国家 HHI 指数的计算重复上述过程,最后取各个国家的均值。当然,这种度量方法得到 HHI 指数,要高于之前的度量方法,原因在于它是基于单个国家内部的市场份额,而不是整个欧盟范围的市场份额。但你可以看到,它们随时间呈现出非常相似的变动趋势。

哪一条线是有意义的呢?没有简单答案。对于汽车产业而言,整个欧盟的市场份额可能更有意义。对于个人服务而言,单个国家内部的市场份额可能更有意义。

与美国相比,欧洲产业集中度的度量更复杂。来自经济合作与发展组织的另一组数据显示,欧洲的产业集中度略有上升(Bajgar et al., 2019)。考虑到一些企业属于同一大型企业集团,当度量两位数产业内企业集团层面的集中度时,他们发现欧洲的产业集中度出现了温和上升,未加权处理的 CR_8 均值由 21.5% 提高到 25.1%。在北美,CR_8 从 30.3% 升至 38.4%。我们的研究结论是,美国的产业集中度高于欧盟——不管我们采用何种度量指标,该结论都成立。此外,随着欧盟一体化进程的推进,我们可以预计欧盟内部竞争将更加激烈。即使单个国家内部的市场份额维持不变,实际的产业集中度也可能会下降。这将进一步支持我们的结论。

我们还可以使用其他数据来源和指标定义来评价竞争的变化。表 6.1 总结了一些度量指标。销售利润率是指利润与销售额(营业收入)之比。

资本利润率是指利润与资本存量之比。20 世纪 90 年代末至今，美国的两项数据都出现了上升，而欧盟的数据基本保持不变。

表6.1 销售利润率与资本利润率

	美 国			欧 盟		
	1997—1999 年	2013—2015 年	两个时期的差值	1997—1999 年	2013—2015 年	两个时期的差值
销售利润率	9%	13%	4%	8%	7%	—1%
资本利润率	13%	16%	3%	9%	8%	—1%

资料来源：欧盟 KLEMS 数据库关于非金融法人企业的数据。

在赫尔曼·古铁雷斯与我合作的一篇论文中（Gutiérrez and Philippon，2018a），除了资本成本的调整之外，我们还提出了更多的度量指标。在所有的情况下，这些指标都显示出：美国的产业集中度和利润率在上升；而在欧盟，两者基本保持不变或小幅下降。

劳动收入份额

上述讨论引出了另一个有争议的话题：劳动收入份额的变动。经济学的基本思想就是：企业通过劳动和资本的结合，生产商品和服务。当然，知识也很重要，但它们需要融合物质资本（如专利）或人力资本（人的脑力）。企业也需要用到中间投入，但在讨论增加值时，需要将中间投入予以剔除。例如，咖啡店需要购置咖啡豆和牛奶，制作卡布奇诺咖啡，这些属于中间投入。咖啡店的增加值，就是卡布奇诺咖啡的价值，减去由牛奶、咖啡和电力构成的成本之差。最后，增加值在资本所有者（机器、桌子、房地产）和咖啡师之间进行分配。咖啡师的工资与增加值之比被称为劳动收入份额。假定不存在税赋,劳动收入份额等于 1 减去资本收入份额。

劳动收入份额是指劳动报酬与增加值之比。[2]过去 15 年,美国的劳动力占增加值的份额下降了 5 个百分点。与之相反,欧洲的劳动收入份额基本保持不变。

如果我们聚焦于美国,我们可以研究 1947 年至今较长时期内劳动收入份额的变动,图 6.4 显示了劳动力占美国非农产业增加值的份额。在我们教授经济学知识时,通常会使用劳动收入份额的理论值为 2/3 的模型。[3]你能看得出我们为何偏好使用这样的模型。在战后的大部分时间,劳动收入份额基本上处于 0.66 附近。但到 21 世纪初,该份额出现下降并稳定在 0.6 附近。自 2000 年以来,劳动收入份额降低了大约 5 到 6 个百分点。

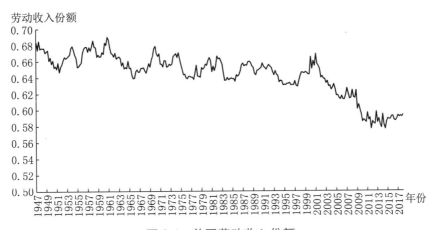

图 6.4 美国劳动收入份额

资料来源:美联储经济数据库(FRED)。

大致说来,这种变化有两种可能解释。一种解释是,竞争性资本收入份额上升的原因在于,资本在商品与服务生产过程中的作用确实变得越来越重要。这大概可以用技术变革（包括自动化）或国际贸易流动来解释。如果资本变得更加重要，它将获得相对较多的收入，而劳动力则相反。

另一种解释是，对资本的支付包括了租金。这些租金能够反映出商品与服务市场（卖方垄断市场）或劳动力市场（买方垄断市场）存在的市场势力。买方垄断意味着雇主可以自由裁量和确定雇员工资，而后者几乎没有其他就业机会。垄断租金已在前几章讨论过。它提高资本收入份额的作用并不是全然显而易见的。这些租金也可能会被高层雇员所侵占。金融业和医疗保健业就是例子。但平均而言，我们预期垄断租金会不成比例地增加利润，从而提高资本收入份额。

计算劳动力占增加值的份额，要求构建一个国民收入账户。为计算增加值，我们需要界定什么是中间投入（费用化）和什么是投资（资本化）。为计算劳动报酬总额，我们需要估算自我雇佣者的工资。所有用于计算的这些的假定都因国而异，难以直接进行国际比较。幸运的是，KLEMS数据库已经创建了可用于比较的度量指标。

图 6.5 显示了美国和欧元区的市场经济中劳动收入份额的对比情况。这些数据关注的是过去 15 年，原因在于这一时期美国劳动收入份额大幅下降，且 2000 年之前欧元区尚未成立。这一时期，美国的劳动收入份额下降了大约 5 个百分点。但欧洲却没有出现下降。实际上，欧元区的劳动收入份额在样本开始时间和结束时间完全相同。利润率和产业集中度的上升、劳动收入份额的下降是美国特有的经济现象。这些现象在欧洲并未发生，而且欧洲与美国使用相同的生产技术，这就使得人们对技术进步的解释产生了怀疑。又因为欧洲与中国以及其他新兴市场也开展贸易往来，国际贸易解释也受到了质疑。

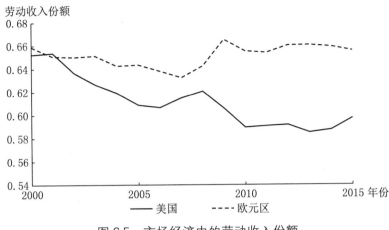

图 6.5　市场经济中的劳动收入份额

注:欧元区包括 11 个创始国及希腊。
资料来源:KLEMS。

欧洲不一样

　　欧洲与美国提供了一个有趣对比,这使得关于利润增长的技术进步解释和国际贸易解释受到了质疑。在大多数产业,欧洲和美国的生产技术相似,也面临着相同的贸易流。尽管如此,欧洲并没有出现利润率增长、产业集中度上升和劳动收入份额下降。这说明,我们需要基于政策差异,而不是技术进步或其他外部因素,来解释劳动收入份额变动问题。

　　然而,在考察政策差异之前,我们希望对上述判断充满信心。欧洲市场真的比美国市场竞争更激烈吗?当给出我的结论时,人们通常更容易被价格的直接比较结果说服。我想这是合理的。毕竟,如果我是对的,欧洲的产品价格应该更低。不幸的是,比起询问亚特兰大的一瓶可口可乐是否比纽约更便宜，价格的跨国比较要复杂得多。因此，在下一章，我们专门来比较世界各地产品的价格。

注释

[1] 我们需要保证产业分类的一致性，并且两个地区的调查样本纳入的是同一组企业。为确保一致性，HHI 指数采用欧盟 KLEMS 数据库的产业分类，而且计算得到的各个产业的 HHI 均值所使用的数据是美国每年、每个产业的市场销售份额。我们采用每个产业前 50 家企业作为样本。市场份额的计算是基于产业数据：市场份额＝公司销售额/产业总销售额。产业销售数据、美国企业的销售数据和欧洲企业的销售数据，分别从 KLEMS 数据库、Compustat 数据库和 Amadeus 数据库获取。

[2] 对于领工资的劳动者，获取的收入包括他们的工资和薪金，再加上雇主缴纳的养老金和保险金以及社会保险金。对于自我雇佣的劳动者，情况更为复杂，因为他们的收入还包括其拥有的企业资产所获得的回报。在计算他们的劳动份额时，通常假定他们每小时的工资与单纯领工资的雇员相同。

[3] 从 20 世纪 50 年代到 80 年代，劳动收入份额小幅下降的原因在于自我雇佣者的减少和均等工资的假定。其他方法算得的劳动收入份额甚至更加稳定。所有指标都表明，2000 年以来劳动收入份额具有清晰的下降趋势。参见 Elsby, Hobijn 和 Sahin(2013)的精彩讨论。

美国物价过高了吗?

美国物价涨幅比欧洲高出 15%,但工资涨幅只比欧洲高出约 7%。美国物价相对涨幅的一半可以归因于持续提高的成本加成率。成本加成率与产业集中度的变化系统相关。证据有力地表明,过去 17 年,美国产业集中度的提高引起的价格涨幅超过 8%。

经济学家花费很多时间比较价格。跨时期的价格比较,可以用来估算实际经济增长率。跨国的价格比较,可以用来估算各国间的生活水平差异。

在本章,我们要对各国间的价格水平进行对比。我们要来看一下,美国市场竞争的相对减弱,是否引起了美国消费者用于商品和服务消费开支的增加。这个问题很难回答。我们所使用的数据并不是专门为此设计。当然,我们还需要一个对照组,因此,我们要再次将欧洲作为对比对象。

为了更好地分析欧洲和美国,我们希望能够直接比较这两个地区的商品和服务价格。然而,价格的跨国比较比想象的要困难得多。我们是否应该期望不同地区的相似商品会按照相似价格售卖呢? 在经济学领域,这就是我们所说的一价定律(LOOP)。

一价定律认为,不同国家销售的相同商品,必须按照相同价格出售(扣除运输费用和配送成本,用同一种货币计价)。零售价格自然取决于流通成本。国际贸易的相关文献显示,流通成本很高,而且还受制于当地薪资水平(和税赋),因此,在进行价格的跨国比较时,需要谨慎小心。

假定一双鞋在布鲁塞尔价值 50 欧元,同时欧元/美元的汇率为 1 欧元＝1.2 美元。那么，按照一价定律，在芝加哥这双鞋的售价应为 60 美元。一价定律为何成立？让我们看看这一定律如何发挥作用。如果在芝加哥这双鞋的价格超过 60 美元，那么你可以在布鲁塞尔购买这双鞋，运到芝加哥，然后出售。获得的利润为两地差价扣除运输成本和送至芝加哥消费者手中的配送成本的剩余。你可以立即发现这里的关键。如果运输成本过高，那么无利可图。

假定：这双鞋的制造成本为 20 欧元，运往布鲁塞尔的运成本为 5 欧元，配送成本为 10 欧元，销售利润为 15 欧元。其总和为你在布鲁塞尔该商店支付的价格：20 欧元＋5 欧元＋10 欧元＋15 欧元＝50 欧元。

现在假定：运往芝加哥的运输成本是 6 美元，配送成本是 15 美元，销售利润是 18 美元，制造成本与之前一样是 24 美元。那么，芝加哥这家商店该双鞋的售价为 24 美元＋6 美元＋15 美元＋18 美元＝63 美元。

可以看到，一件商品的零售价由四部分构成：一部分属于制造成本，包含在一价定律的价格中。其他部分包括运输成本、配送成本和销售利润。在所举的例子中，美国售价高出 3 美元的原因在于零售成本高了 3 美元，但两地获得的销售利润相同，因为在美元/欧元的汇率为 1 欧元＝1.2 美元的条件下，18 美元＝15 欧元。在本例中，美国的较高成本反映出较高的配送成本而不是更高的成本加成。

理发与法拉利的价格对比

比较世界各地的价格是一件很复杂的事，有两个原因：一个原因是现实方面，另一个是理论方面。前言中，我们探讨了美国和欧洲间的手机套餐和宽带互联网的相对价格。要达到这个目的，需要依靠行业专家的细致工作,他们比较了各国间的同等合同。在一篮子商品和服务中重复这一分析工作,并不容易。这是一个现实问题。

但还有另一个更深层、更让人感兴趣的问题。如果我告诉你,在美国理发比在柬埔寨贵,你不会将此与美国的寡头垄断租金相联系。你是对的。理发费用基本上取决于理发师的工资。根据瑞银(UBS)基于 2015 年统计调查数据的分析结果,挪威奥斯陆的女性理发费用为 95.04 美元,瑞士日内瓦为 83.97 美元,印度尼西亚雅加达仅为 4.63 美元。富裕国家的理发师需要支付更高的薪资水平。所以,富裕国家的理发费用要比穷国高。这个结论很明显,但正如我们在后面内容中将要看到的,它有着深刻寓意。甚至被称作为:鲍洛绍—萨缪尔森效应(Balassa-Samuelson effect),20 世纪 60 年代匈牙利经济学家贝洛·鲍洛绍(Béla Balassa)和诺贝尔奖得主保罗·萨缪尔森(Paul Samuelson)阐述了这一现象。

现在让我们探讨一下市场的另一个极端:由某一地区制造、再销售到世界各地的奢侈品,如豪华汽车。全世界售卖的法拉利汽车都在意大利装配。其价格非常昂贵,纯本地配送成本仅占最终价格相对很小的一部分。另一方面,法拉利汽车的价格,也受到运输成本、税赋以及营销决策的影响。

在美国,法拉利 488 GTB 的制造商建议零售价(MSRP)为 252 800 美元。在法国,相同型号的法拉利 2018 年 8 月的售价约为 226 039 欧元,即 262 380 美元,其中包含一些税,而美国没有。我们大致可以说,尽管美国的人均收入高于法国,但两国的法拉利价格基本相同。在捷克,虽然其人均 GDP 比法国低了 40%,但法拉利 488 GTB 在布拉格和巴黎售卖的价格一样。这与基本经济理论相一致。法拉利汽车属于贸易商品,其售价基本不受所在销售地区的影响。所以我们可以期望在布拉格和纽约看到的价格基本相同。

　　然而令人惊讶的是，法拉利同款汽车在中国的售价是上述价格的两倍多，约为55万美元。原因在于中国征收进口关税，且有错综复杂的税赋。例如，中国对发动机排量超过4升（这种发动机大多配置于高端豪华车和美国高耗油汽车）的汽车，征收非常高的消费税。可能不是巧合，新款法拉利488 GTB配备的发动机排量为3.9升，正好低于最高消费税的临界值4升。必须考虑到这些现实的具体情况，才能对价格进行准确的比较。尽管如此，即使剔除了税赋的影响，在中国售卖的法拉利汽车和其他高端豪华车的价格，还是远高于美国或欧洲。一般解释是，与欧洲或美国的买家相比，中国的买家更愿意花大价钱购置具有专属性的汽车，因为这更能彰显其社会地位与财富。在经济学理论框架下，可以这样说：富有的中国买家支付意愿高，替代弹性低。因此，正如经济理论所预测的那样，他们所支付价格的成本加成也高。这与经济学导论课程第1章讲的内容完全一样。但仍让人吃惊的是，中国与欧美间的巨大价格差距。

　　当我们比较世界各地的价格时，请牢记上述两个例子。显然，理发的价格与当地的平均工资存在着很大关系，而法拉利汽车的价格与当地工资或人均GDP几乎没有关系。大多数商品和服务的价格，都介于这两个极端例子之间：它们部分是理发，而部分是法拉利。

你在哪个意义上更富有，巨无霸指数、购买力平价，还是外汇市场汇率？

　　在经济学中，价格至关重要。在某种意义上，经济学实际上就是找出均衡价格的科学。一般来说，商品的价格越高，人们购买的商品数量就越少。这就是常说的需求曲线。但其前提是，消费者要有一定程度的选择，即购买者可以自由选择少消费,或用其他不同商品替代所考察的商品。如果消费者无法找到替代商品,也不能明显地降低对食物、住房等基本必需品的消费,那么价格上升就会造成更深的贫困。一般来说,价格上升具有两个影响:引起需求下降和生活水平降低。

然而事实证明,即使像"变富"或"变穷"这样看似具体的概念,其含义也会因语境而异。

为比较世界各地的收入水平,我们需要通过外汇市场汇率(FOREX)或购买力平价汇率(PPP),将从本地货币转换成同一货币。外汇市场汇率就是你在报纸或网上看到的货币汇率。比如说,1 欧元=1.2 美元。购买力平价汇率更复杂,也更有趣。购买力平价汇率的定义是:一单位货币可以在任何地方购买相同数量的商品和服务。

让我们举一个例子进行说明。皮埃尔来自波尔多,年收入为 5 万欧元。卡伦来自波士顿,年收入为 7 万美元。谁更富裕呢? 这取决于他们所消费的一系列商品和服务组合。假定他们都在亚速尔群岛生活一年。皮埃尔在亚速尔群岛的收入为 5 万欧元。卡伦的 7 万美元收入相当于 70 000/1.2=58 333 欧元。在亚速尔群岛,卡伦明显更富裕。

我们可以通过外汇市场汇率,将所有收入换算成同一货币,比较世界各地的人均 GDP。例如,2017 年美国人均 GDP 约为 53 130 美元,2017 年法国人均 GDP 为 35 400 欧元。假定欧元汇率为 1.2 美元。那么按市场汇率计算,法国的人均 GDP 为 42 480 美元。从这个意义上讲,法国人的富裕程度仅为美国人的 80%。这可以很好地衡量出法国人和美国人在同一个外国旅游时的感受。

但是,这是考虑他们之间的相对生活水平的合理方式吗? 只有当人们在同一个地方生活时,用市场汇率比较他们的收入才有意义。相反,如果生活在不同地方,那么还需要考虑他们之间需求差异(想象一下安克雷奇和圣胡安两个地方的暖气费*），以及他们所要面对的当地价格差别。假定住在法国的皮埃尔每月要缴纳的宽带网费为 35 美元，而住在美国的卡伦每月要支付 80 美元。单从收入来看，皮埃尔比卡伦能够购买到更长的上网时间。从这个意义上，我们可以说皮埃尔更为富裕。

那么，一种更有效的评估谁更富裕的方法，就是按照购买力平价比率计算收入，也就是用收入除以一篮子商品和服务的价格。可以想见，这种工作说起来容易做起来难。皮埃尔和卡伦不仅仅是上网浏览商品和服务那么简单，他们还要消费许多商品和服务。当我们对实际收入进行国际比较时，我们需要看一下人们实际消费的那一篮子商品的价格。那么下一步该如何去做？

首先我们要做的是，调查大家都消费或者至少各地都销售的那些商品。1986 年，《经济学人》推出了巨无霸指数，这一半是为了开玩笑，一半为了使购买力平价理论更容易被消化（一语双关）。他们在全世界各地采集同一款麦当劳三明治的价格。

这种做法看似随意，但实际上相当有效，因为麦当劳要求其产品在很大程度上具有一致性，无论它们在哪里生产和销售。这意味巨无霸不管是在法国的巴黎还是在美国的帕迪尤卡制作，其全部投入实际上几乎一模一样。

表 7.1 显示了美国和欧元区的巨无霸价格。2003 年，一个巨无霸汉堡包在欧元区和美国的平均售价分别为 2.71 欧元和 2.71 美元。显然，单就巨无霸汉堡包而言，欧元和美元具有相同购买力。可以说，以巨无霸汉堡包售价得到的美元与欧元的购买力平价（PPP）比率为 1，但在相同年份，货币市场上欧元对美元的汇率为 1 欧元＝1.13 美元。从这个意义上

---

* 安克雷奇位于阿拉斯加，而圣胡安是热带雨林气候。——编者注

讲,欧元作为一种金融资产看起来有点贵,或者用国际经济学的话来说,欧元"被高估"(over-valued)。

表 7.1 外汇市场汇率,以及巨无霸价格与国际比较项目购买力平价汇率

年份	外汇市场汇率	巨无霸当地价格		购买力平价汇率,1 欧元＝x 美元	
	1 欧元＝x 美元	欧元区(19 国)	美国	巨无霸	国际比较项目
2000	0.92	2.56	2.51	0.98	1.16
2001	0.89	2.57	2.54	0.99	1.16
2002	0.94	2.67	2.49	0.93	1.17
2003	1.13	2.71	2.71	1.00	1.16
2004	1.24	2.74	2.90	1.06	1.17
2005	1.24	2.92	3.06	1.05	1.17
2006	1.25	2.93	3.15	1.08	1.21
2007	1.37	3.06	3.41	1.11	1.22
2008	1.46	3.37	3.57	1.06	1.24
2009	1.39	3.31	3.57	1.08	1.26
2010	1.32	3.38	3.73	1.10	1.26
2011	1.39	3.44	4.06	1.18	1.28
2012	1.28	3.58	4.33	1.21	1.29
2013	1.33	3.62	4.56	1.26	1.32
2014	1.33	3.68	4.79	1.30	1.33
2015	1.11	3.70	4.79	1.29	1.32
2016	1.11	3.82	5.04	1.32	1.33
2017	1.13	3.91	5.30	1.36	1.33

资料来源:《经济学家》、OECD。

你可能有理由认为巨无霸指数涵盖范围太窄。人们(幸亏)不只是消费巨无霸汉堡包。经济学家已经构建了其他指数,力图在更大的产品与服务范围内估算汇率。

1968 年,联合国与宾夕法尼亚大学联合创建了"国际比较项目"

(International Comparisons Program，ICP)。该项目的目标是为了实现各国间的价格比较。[1]通过对各国产品(大约 150 个国家中的 1 000 种产品)的价格进行调查，计算得到购买力平价汇率的估计值。2003 年，美元对欧元的国际比较项目购买力平价汇率为 1 欧元＝1.16 美元。以该衡量标准，欧元的金融价值(2003 年实际汇率为 1 欧元＝1.13 美元)基本合理，甚至稍微被低估。

2007 年，欧元对美元的国际比较项目购买力平价汇率为 1 欧元＝1.22 美元。巨无霸指数仅为 1 欧元＝1.11 美元，外汇市场汇率为 1 欧元＝1.37 美元。显然，这三个指数在某种程度上是独立地演变的。尽管如此，三种汇率的相关性展现出了一种非常有意思的模式。

巨无霸指数汇率和国际比较项目购买力平价汇率都是在向上走的，这意味着，同样数量的货币在欧洲的购买力一般高于在美国的购买力。正如人们所预料的那样，由于巨无霸指数汇率仅仅基于一种当地商品的价格，巨无霸汇率的波动幅度更大，更起伏不定。不过，我认为这两种购买力平价汇率讲述的是大致相同的故事。

另一方面，外汇市场汇率与这两种购买力平价汇率之间的相关性较弱，相关系数都仅为 0.38。显然，在外汇市场上决定欧元/美元汇率的因素，与影响典型消费者一篮子商品价格的因素不同。[2]外汇价格更容易受到金融形势、利率、风险偏好等因素的影响。基于我们的长期视角和对实体经济的重视，购买力平价汇率显然更适合我们的分析。

价格、边际成本与成本加成率

图 7.1 显示，过去 18 年，美国物价上涨速度高于欧洲。国际比较项

目中欧元对美元的购买力平价汇率由 1 欧元＝1.16 美元上升到 1 欧元＝
1.33 美元,因此这一时期美国商品价格的上涨幅度比欧洲高出 15％。原
因何在?

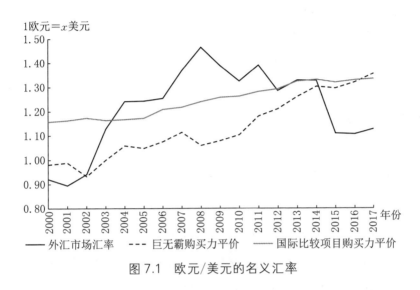

图 7.1 欧元/美元的名义汇率

正如上述,我们可以将商品价格视为其生产成本之上的成本加成:

$$价格＝(1＋加成率)\times MC$$

MC 是边际成本,即企业生产最后一单位产品的成本。其不仅取决
于劳动力成本(较高的工资等价于较高的成本)和生产率(较高的生产率
等价于较低的成本),而且还受到税收和劳动力以外的其他投入成本的影
响,如能源和原材料。美国更高的物价上涨能否由以下因素的某种组合
进行解释?

● 美国的工资增长幅度更大;

● 美国的成本加成率更高;

● 欧洲的生产率提高更快;

● 欧洲的税收或能源成本下降更多。

最后一个解释不太可信,我们可以忽略。相对于美国,可以肯定的是,这一时期欧洲的税收并未减少。能源方面,得益于页岩气开采的蓬勃发展,美国国内能源成本与欧洲相比大幅降低。既然现今的名义汇率与2012年相同,石油进口价格并不能解释该差异。

生产率会引出一系列更为复杂的议题。理论上讲,控制住生产率的不同显然更好。但生产率度量很难,而且依赖一系列辅助假定,因此,如果生产率的度量误差与价格相互不独立,那么就有可能形成扰动甚至产生偏差。

幸运的是,事实证明,不管是否控制住生产率,结论都成立。这在某种程度上反映出如下事实,即人均 GDP 的度量也遵循类似的变动趋势。如果说有何不同,那就是:在生产率提高方面,美国过去二十年的表现也并不比欧元区好多少。因此,控制住生产率因素只会强化我的观点。

控制住生产率,我们就可以用工资测度边际成本。这就是经济学家所说的单位劳动成本(ULC),如专栏 7.1 所定义。让我们比较一下美国和欧洲成本加成率的变动。专栏 7.1 解释了如何构建度量任一国家 i 在2000 年及之后任何一年份 t 的成本加成率变化的指标: $DM_{i,t}$。现在我们希望比较欧洲和美国间成本加成率的相对演变,所以我们简单计算其差额:

$$RDM_{i,t} = DM_{i,t} - DM_{us,t}$$

专栏 7.1 单位劳动成本和成本加成率

单位劳动成本(ULC)衡量的是每单位产出的平均劳动成本,即总劳动成本与实际产出的比率。换言之,单位劳动成本为:

$$ULC = WL/Y$$

式中, Y 代表实际产出, WL 代表总劳动成本。按照定义, WL 为平均工资 (W) 与所雇佣劳动数量 (L) 的乘积, L 可以用员工人数或劳动总小时数来表示。

同样,我们可以把单位劳动成本视为与劳动生产率相适应的工资。劳动生产率 (LP) 可以被定义为每个劳动者(或每小时)的产出:

$$LP = Y/L$$

根据该替代定义,单位劳动成本也是单位劳动成本(工资)与单位劳动生产率之比。国家 i 在时间 t 的单位劳动成本,可表示为:

$$ULC_{i,t} = W_{i,t}/LP_{i,t}$$

我们可以将成本加成率定义为价格对数值与单位劳动成本对数值之差:

$$M_{i,t} = \log(P_{i,t}) - \log(ULC_{i,t})$$

国家间的会计核算差异会在所度量的价格和工资之间产生持续性差异。通过考虑基准年份(称之为时间 0,本书设定为 2000 年)的核算差异,可以剔除这方面的影响:

$$DM_{i,t} = M_{i,t} - M_{i,0}$$

其中, $DM_{i,t}$ 就表示为 i 国成本加成率随时间的变动。

图 7.2 的灰色实线显示出 10 个主要欧盟国家 $RDM_{i,t}$ 的加权平均值的变化,我们也计算出了这 10 个欧盟国家的产业集中度。带圆圈的黑线显示的是,同样这 10 个欧盟国家的 CR_4(记住,这是同一行业前 4 大企业所占的市场份额)相对于美国的平均变动情况。同一时期,美国的 CR_4

比欧盟提高了 5 个百分点。实际上,正如我们前面所看到的,欧洲的产业集中度基本维持不变,但美国却提高了约 5 个百分点。

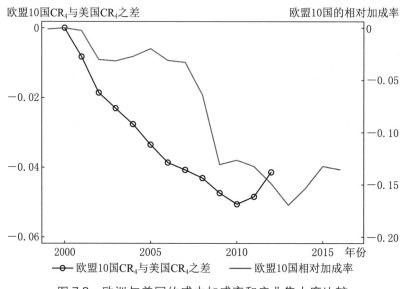

欧盟10国CR₄与美国CR₄之差   欧盟10国的相对加成率

图 7.2　欧洲与美国的成本加成率和产业集中度比较

可以看到,相对于美国,欧洲的成本加成率下降了约 14%。记住,美国相对物价总涨幅为 15%,相对工资涨幅约为 7%,因此,美国物价/工资的加成率比欧洲高出约 8%。我们如何得到 14% 的加成率涨幅的呢? 基于基准的行业数据所得到的生产率,美国比欧洲高出 6%。理论上讲,更高的生产率会引起美国物价降低或工资上升。但现实中那并没有发生,这意味着进一步被推高的加成率:8% + 6% = 14%。正如我前面解释的那样,生产率测度非常复杂,我们需要对 6% 这个数字持(较大的)保留态度。但即使我们完全忽略它,美国的成本加成率的相对增幅依然会达到 8% 左右。

图 7.2 给出了我们所谓的时间序列证据:涉及这一时期两个数据序

列随时间推移的变动。可以看到，与美国相比，欧洲的产业集中度和成本加成率都出现下降。

这个证据足够吗？既是，也不是。一方面，这是美国相同商品和服务的价格涨幅超过欧盟的直接证据，因而相当有说服力。但另一方面，成本加成率与产业集中度之间的相关性可能只是个巧合。这种关系可能不存在，也可能存在。从某种意义上说，时间序列数据只有一组观测值。若想证据确凿，我们必须保证没有任何扰动因素同时引起了价格/工资加成率和产业集中度的差异。考虑到这两大经济体的复杂性，很难真正排除其他所有可能的解释。

为了获得对我们结论的信心，我们希望这种现象在不同样本中也能被重复观察到。可以考察一下，欧洲内部不同国家和不同时期，是否会出现相同的现象。产业集中度确实能够预测不同国家和不同时期成本加成率的变化吗？为了进行验证，我们收集了包含 10 个国家、16 个年份的面板数据。这意味着我们可以针对某一给定年份对德国和意大利进行横向对比，也可以对不同时期的德国进行纵向对比。如果我们的理论分析正确，在不同时期、不同国家，产业集中度与成本加成率预期都会呈现出显著正相关。古铁雷斯和我研究发现，这种关系确实存在（Gutiérrez and Philippon，2018a）。

我们还可以使用已收集到的国家层面数据、产业层面数据和年度数据进行检验。基于我们的面板数据，我们可以构建比较前沿的计量模型，在控制住国家层面的重大变动或产业层面的全球技术变动后，考察一下产业集中度能否解释成本加成率。在所有情况下，产业集中度的变动和未来价格的变动都有着很强的正相关关系。

最后，需要强调的是，欧洲各国间存在着一些有意思的差别。意大利是我们唯一没有观察到成本加成率下降的国家。有趣的是，我们知道这一时期意大利经济表现不佳。这验证了如下观点：改善商品和服务市场的竞争性，对宏观经济运行至关重要。

的确，美国的物价过高了

美国物价涨幅比欧洲高出 15％，但工资涨幅只比欧洲高出约 7％。美国物价相对涨幅的一半可以归因于持续提高的成本加成率。此外，我们看到，在不同时期、不同国家、不同产业，成本加成率与产业集中度的变化都系统相关。证据有力地表明，过去 17 年，美国产业集中度的提高引起的价格涨幅超过 8％。

这可是个大数目，没有持股的劳动者收入比持有股票时低 8％。到此还未结束，还存在间接效应。较高的成本加成率会降低投资，从而减少资本存量。资本越少，经济效率越低。通过模拟 1990 年以来美国经济的发展路径（Gutiérrez，Jones，and Philippon，2019），我们发现，如果竞争状况保持在 2000 年的水平，如今的总消费量将会得到显著提高。

发生了什么？为什么美国的政策制定者会允许产业集中度提高这么多？

在本书下一篇，我们将揭示出这种变化源于不同的政策选择，这包括政府监管、进入壁垒和反垄断调查等。但首先，我们得从欧洲学到更多东西。需要探讨本书或许最出人意料的结论：欧洲市场如何变得比美国市场更具竞争性？

注释

[1] 该项目收集特定商品的价格数据，然后确定了一种针对每个国家的汇总计算方法。对于 OECD 国家以及欧洲其他国家，每三年收集一次特定商品的价格数据，并报告了 2005 年、2008 年、2011 年和 2014 年的结果。公开可获取的详细信息，是在总类商品的层面，如面包和谷物、牛奶、非酒精饮料、运输等。

[2] 我们应该使用哪种方法：购买力平价汇率，还是外汇市场汇率？这取决于你正在研究的是什么议题。资金流动显然应用外汇市场汇率衡量。经济增长、人类发展、贫穷问题更常用购买力平价汇率来衡量。购买力平价汇率的主要缺点是难以衡量，且不容易实时得到。

欧洲市场是如何变得自由的？

虽然欧洲的政客希望自己俘获监管机构，但他们更担心监管机构被其他国家俘获。结果，那些原本对本国自由市场并不热衷的政客，在欧盟层面却可能成为自由市场的坚定支持者。欧洲各主权国家间的博弈，会导致超国家的监管机构比单一国家的机构更具独立性。

问题是要打破鲁尔地区煤炭与钢铁工业的过度集中……早在几个月前，美国人就率先解决了这类问题。无论国内还是国外，他们的经济和政治哲学都不容许垄断组织或垄断行为的存在。

让·莫内(Jean Monnet)，《回忆录》(*Memoirs*，1978)

19 世纪末，美国率先制定了现代反垄断法。20 世纪 80 年代早期，美国对诸多产业放松管制，此后一直是自由市场的倡导者，使美国消费者广泛受益。美国的自由市场理念扩散至世界各地，到 20 世纪 90 年代，在大多数市场经济体中间，决策者们达成了广泛的国际共识，认可美国式的监管模式。欧洲尤其如此。不管怎样，美国的反垄断经验仍然最为丰富，有着更长的独立反垄断执法史。鉴于这些初始条件，可以预料，美国市场的竞争仍会比欧洲市场更加激烈。

但后来出现的情况完全出乎意料。2000 年以来，美国的利润率和产业集中度都出现上升，但两者在欧洲则基本保持不变甚至下降。尽管生产率增长状况大致相同，但相对于工资，美国物价涨幅比欧洲高出 8%。当美国市场竞争程度持续下降时，欧洲市场则没有类似变化。现今，欧洲的许多市场似乎比美国同行的市场更具竞争性。

这是怎么发生的呢？欧洲是如何成为自由市场之地的？纵观历史，欧洲大陆更倾向于选择政府干预，而非私人企业的自由竞争。过去二十年到底发生了什么变化，使得欧洲人接受了自由市场？

欧洲市场的自由化

欧洲决策者似乎注意到了经济学家阿尔贝托·阿莱西纳（Alberto Alesina）和弗朗切斯科·贾瓦齐（Francesco Giavazzi）2006 年发出的警告："如果欧洲要想阻止经济衰退……需要采取更类似于美国自由市场经济模式的某些做法。"欧盟已经开始简化法规，以促进市场进入和市场竞争。诸多迹象表明，这些改进措施发挥了作用。但首先让我们看一下开办企业的难易程度。图 8.1 显示，在欧盟国家开办企业所需天数稳步减少，并与美国趋于一致。

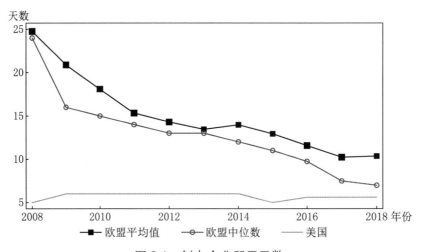

图 8.1　创办企业所需天数

资料来源：世界经济论坛。

例如,1999 年,在法国取得经营许可需走 15 个程序,耗费 53 天,在新西兰需走 3 个程序,耗时 3 天(Djankov et al.,2002)。2016 年,在法国创办企业仅需 4 天,在新西兰仅需 1 天。然而,在同一时期,美国的市场进入审批时间,却由 4 天增加到 6 天。换言之,过去在美国开办企业比在法国快得多,但现在却比法国慢了。

不只是这一个迹象。经济合作与发展组织(OECD)构建了一种被称为产品市场监管指数(product market regulation index,PMR 指数)的指标。[1]图 8.2 显示了欧盟国家和美国不同年份的 PMR 指数。1998 年,除英国之外的所有欧盟国家的监管都多于美国;2013 年,除希腊和波兰,其余所有欧盟国家的市场进入监管都少于美国。

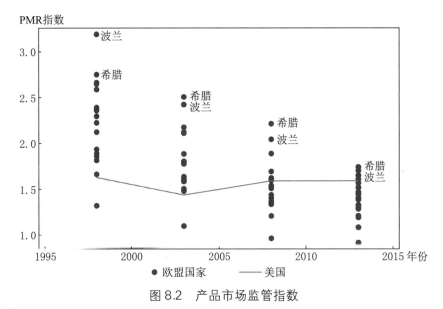

图 8.2　产品市场监管指数

资料来源:OECD。

这个故事深具讽刺性。自由竞争市场最有效率的观点,得到了大量经验证据的支持,而经济学家之所以散播自由竞争市场信条,在很大程度上是因为在美国它被证明是非常成功的。在一篇很有影响力的论文中，西梅昂·詹科夫、拉斐尔·拉·波尔塔、弗洛伦西奥·洛佩斯-德-西拉内斯和安德烈·施莱费尔（Simeon Djankov，Rafael La Porta，Florencio Lopez-de-Silanes and Andrei Shleifer，2002）发现，市场进入监管与更高的腐败严重程度相关，那些具有更加开放和负责的政治体制的国家，市场进入监管较弱。多边机构诸如世界银行和经济合作与发展组织等，给全球各国或地区也提出了类似的政策建议。1999 年，经济合作与发展组织指出："在监管改革方面，美国一直以来都是世界领先，持续时间长达四分之一世纪。美国的改革及其成效引发了一场全球性的改革浪潮，给数以百万计的人带来了红利。"

讽刺的是，就在美国开始遗忘自己的自由市场历史时，欧洲采纳了这一建议。请注意，我们这里指的是商品和服务市场，而不是探讨劳动力市场法规、税收政策或公共支出。这是一个有意为之的选择，原因在于本章所述的理论，可以解释欧盟的建立为什么会对商品和服务市场产生如此巨大的影响，而对其他市场几乎没有影响。我并不是说，欧盟在其他领域的竞争力已然超过美国。从风险投资到技术能力，美国拥有更高水平的高校和更完善的创新生态系统。

尽管有这些说明，我的观点还是同常见的对欧盟的夸张描绘非常不一致——人们喜欢将欧盟视作一个过度扩张的官僚主义野兽。这种观点有时对，但更多时候是错的，它反映出某些评论者的无知和怠惰。如果实在没有什么有趣或相关的话题要谈，你总是能对欧洲的官僚政客评头论足。对于政治而言，这相当于抱怨天气：虽然根本没用，但似乎又言之有物，足以掩盖令人尴尬的思想空洞。

当然，欧盟的政策文件确实是读者的噩梦。许多国家的决策者都有一个糟糕的习惯，那就是为他们做的任何一件事编出各种各样冠冕堂皇的由头，欧盟也不例外。在欧盟文件里，即使最基本的想法，通常也会被描述成一个包罗万象的宏大战略。阅读起来，味如嚼蜡，但这不妨碍我们关注这样一个事实，即文件中许多倡议出于善意，其中有些甚至取得了成功。布鲁塞尔*技术官僚的行话可能让人无法忍受，但总不能因为父母给孩子起了一个难听的名字，就把她从学校开除吧？

让我们试着去了解竞争性市场是如何成为欧洲一体化的一个重要特征。我们将发现，反市场垄断的斗争，从一开始就是欧盟基因的一部分。

丘吉尔 vs. 让·莫内：欧盟简史

欧盟历史引人入胜，但常常被人误解，尤其是在美国。如果读完本章你只能记住一件事，希望那是：欧盟的形成是建立在一个法国人的思想之上，他仰慕英美的机构设置，他最大的愿望是把事做成。

欧洲统一计划萌发于二战废墟，经济从一开始就发挥了重要作用。因为深刻的历史原因，整个欧盟的经济监管机制都旨在消除经济民族主义和过度的市场垄断。

要了解欧洲的一体化过程，首先我们需要追溯到 1914 年，了解欧洲的瓦解过程。一战是一场欧洲内战，是一部规模空前的历史悲剧。长久以来，欧洲大陆充斥着战争。1995 年，法国总统弗朗索瓦·密特朗在欧洲议会发表最后一次讲话时，开玩笑说，在欧洲漫长的历史中，法国曾与除丹麦以外的所有欧洲国家交过战。[2] 但一战比之前世界上任何一次战争都要惨烈。欧洲人毫无意识地步入了文明的自我毁灭。[3] 美国南北战

＊ 欧盟总部所在地。——译者注

争已经证明，工业时代武器的巨大破坏力，但很少有人了解这些武器有多么可怕。一战第一次把它们全面地展现出来。规模庞大的破坏、整整一代年轻人的消亡，以及大量平民的屠杀，使得实现欧洲持久和平的呼声越来越强烈。一战归来的法国士兵创造的词语"La Der des Ders"（终结所有战争的战争，指一战），表达出结束欧洲内部战争的愿望。

愿望差点就实现了。美国总统伍德罗·威尔逊在他的"十四点计划"中，首次提出建立国际联盟，以实现欧洲公正的和平。国际联盟（League of internations）最终成立，但美国从未成为其成员国，因为许多美国公民和国会议员都希望美国不要插手欧洲事务。许多生活在美国的德国移民反对《凡尔赛合约》，而接受《凡尔赛和约》是成为国际联盟成员国的必要条件。

尽管缺少美国的支持，欧洲人还是试图实现威尔逊的设想。1929年9月5日，法国外长阿里斯蒂德·白里安在国际联盟的一次演讲中，提议统一欧洲。他的计划旨在加强工业合作，保护欧洲免受东面苏联的威胁。不幸的是，该计划在德国的主要支持者，德国外长古斯塔夫·施特雷泽曼，在一个月后去世。大萧条很快席卷全球，使全世界，尤其是德国，陷入经济混乱。

白里安的计划最终还是失败了，直到后来爆发另一场导致更多人伤亡（包括史上死亡人数最多的种族灭绝）的世界大战，欧洲才最终就成立和平联盟达成了共识。[4]二战的巨大破坏力以及苏联日益增长的安全威胁，在政治上迫使欧洲加强团结。二战结束不久，人们对统一的欧洲会是何种形式存有几种设想。尽管显得过于简略，我们姑且把它们称为丘吉尔设想和让·莫内设想。

1946年9月，两度出任英国首相的温斯顿·丘吉尔爵士主张，欧洲人"必须建立一个统一的欧洲合众国。只有这样，数以亿计的辛勤劳动者才能重获真正的喜悦和希望,使生活更有意义。"[5]与当时大多数国家的领导人一样,丘吉尔是从地缘政治视角来看待欧洲统一问题,他更关心的是欧洲的和平与安全。他希望法德和解,并总是将英国视为在统一的欧洲之外,而非之内。他在 1930 年解释说:"在一个更富裕、更自由、更惬意的欧洲共同体内,我们只能看到美好和愿望。但我们有自己的梦想和自己的挑战。我们支持欧洲统一,但并不是它的一部分。我们与欧洲存在联系,但并不从属于欧洲。我们心系欧洲,与欧洲关联,但并未被欧洲并入。"我们只是好奇,他会如何分析当今英国脱欧的争论。

　　丘吉尔的设想宏大,但它与真正建立的欧盟几乎毫无关系。欧盟的精神之父名不见经传,也不如丘吉尔那般具有个人魅力,他是一位名为让·莫内的法国人。让·莫内的设想专注于经济和产业合作。作为法国和其他欧洲国家的政府顾问,让·莫内具有吸引人的性格和巨大的影响力,但他从未参选过公职。《纽约时报》在讣告中写道:"在许多方面,让·莫内先生很容易被认作法国人。他惯于打扮,穿着得体,留着整齐的短胡子,说话准确,逻辑清晰。但在其他方面,他不像是法国人,因为他崇尚(且践行)英美的实用主义,蔑视狭隘主义和政治短视。"让·莫内并不反对丘吉尔提出的政治联盟,但专注于更易处理的经济议题。他深信,"'共同市场'的利益一旦形成,那么政治联盟将会水到渠成。"[6]

　　让·莫内推崇英美制度,践行务实,这反映在其所提出的欧洲一体化的提议中,后来被称为"舒曼计划"。罗贝尔·舒曼,1948—1952 年任法国外交部长。1950 年的"舒曼宣言"是法德合作的里程碑,促成欧洲煤钢共同体的建立,后者后来发展成为"共同市场"(欧洲经济共同体)。

　　走向政治统一的运动接踵而至。1963 年,联邦德国第一任总理康拉德·阿登纳和法国总统夏尔·戴高乐,共同签订了具有历史意义的两国友好条约。阿登纳致力于同法国的战后和解。政治愿景固然重要,但要理解欧盟,就必须牢记走在前面的是经济融合。这并不是因为经济更重要,而是因为经济方案能够促进和平与合作。

反市场垄断的斗争

美国分别于 1890 年和 1914 年通过了《谢尔曼法》和《克莱顿法》,确立了现代反垄断法的基石,前者是由工业革命时期大规模企业的增长推动的,后者则旨在处理反竞争的并购交易行为。

欧盟反垄断法的历史要更短且变化不定,但自始至终,反对市场垄断一直都是欧盟政策的核心。在《回忆录》(1978)一书中,让·莫内回忆说,"在 1943 年 8 月 5 日写给阿尔及尔民族解放委员会的一份报告中,我曾说过:如果各国基于国家主权重新建立自己的国家,而这意味着威望政策(prestige policy)和经济保护主义,欧洲将不会有和平。"二战流亡阿尔及利亚期间,他清楚战后国际秩序应遏制国家间的"经济保护主义"。他设想了"一种制度,它可以剥夺前德意志帝国的部分工业潜力,这样鲁尔地区的煤炭和钢铁资源就可以划归欧洲管理机构名下,所有国家都能从中获益,包括去军事化的德国"。

战后,让·莫内明确表示:防止煤炭产业中市场势力的过度集中,特别是遏制鲁尔地区德国大康采恩(托拉斯)的市场势力,符合法国利益。在莫内看来:

> 问题是要打破鲁尔地区的煤炭和钢铁产业的过度集中,在这些产业中,曾经构成前德意志帝国军事力量基础的那些康采恩或托拉斯,正在自然地重建。早在几个月前,美国人就率先解决了这类问

题。无论国内还是国外,他们的经济和政治哲学都不容许垄断组织或垄断行为的存在。他们坚决主张,德国煤炭销售组织⋯⋯应该失去垄断地位,坚决主张钢铁产业不应再拥有煤矿。(Monnet,1978)

但德国为何要放弃制定自身产业政策的权力,又是如何放弃这一权力的呢? 1949 年 12 月,阿登纳总理同意成立管理德国、法国、比利时和卢森堡所属的采矿业和工业区的统一机构。关键在于要保证鲁尔国际管制局是独立的,以防该机构被法国以及其他国家控制。这同时也是 1951 年《巴黎条约》的基础,后者建立了欧洲煤钢共同体(ECSC)。让·莫内设想了雄心勃勃的愿景:"最高权力机构保持独立。我认为,该机构应该有自己的收入,来自对煤炭和钢铁生产进行征税,而不是依靠各国政府补贴来为其行政和运营提供资金。"

欧洲耗费了数十年时间,才创立了覆盖面广、具有独立性和实权的监管机构。1957 年,《罗马条约》奠定了欧洲市场竞争政策的基础,但没有具体提及并购管制。20 世纪 70 年代,欧盟委员会认识到有必要在欧盟层面对并购交易进行监管[7],直到 1989 年,作为欧洲单一市场计划的一部分,欧盟委员会才获得了并购监管权。[8]

欧盟的反垄断框架与美国类似,但也存在一些重要区别。与美国相比,欧盟的权力更分散,其成员国设有国家竞争管理当局(national competition authority, NCA),以处理对国家有着重人影响的并购交易。欧盟委员会具体审查哪类并购交易呢? 如果并购后企业的年营业额占全球以及欧洲总营业额的比例超过设定的门槛,则拟议中的并购交易必须向欧盟委员会进行申报。低于门槛时,则由欧盟成员国的国家竞争管理当局对并购交易进行审查。拟并购企业,无论其注册办事处、总部、经济活动或生产设施位于世界何处,上述规定都适用。欧盟委员会的竞争事务专员及竞争总司（DG Comp）与各成员国国家竞争管理当局通力合作，共同实施欧洲竞争法。竞争总司在反垄断、并购和国家补贴三大领域享有决策权。欧美间的法律框架存在着一个显著区别：美国的反垄断案件在法院进行审理；而欧盟的反垄断案件则先由竞争总司裁定，然后才可到法庭提出上诉。这赋予了竞争总司更大的裁决权力。

欧美反垄断框架相似，并非偶然：美国在监管和反垄断方面的理念，对欧盟自由市场信条的形成发挥着重要作用。[9] 到 20 世纪 90 年代末期，欧美的反垄断理论已经大体趋同。2004 年，修订的《欧盟委员会并购条例》（ECMR）使竞争总司更加透明，对公众更加负责（Foncel，Rabassa and Ivaldi，2007）。它阐明了单边效应 * 的内涵，这在某种程度上类似于美国的做法。同时，经济分析变得越来越普遍，特别是自 2003 年设立首席竞争经济学家一职以来。

欧美差异源于欧盟的独特性。欧盟并不像美国，它不是一个统一的国家。欧盟是去中心化的，欧盟国家相对于其欧盟管理机构的权力，要比美国各州相对于美国联邦机构的权力更加广泛。

然而，反过来，欧盟能够真正进行决策的少数领域，反而显得更加重要，如贸易政策、竞争政策以及针对欧元区国家的货币政策。欧洲中央银行行长是欧盟机构中的关键职位。同样，欧盟委员会竞争事务专员的职位久负盛名，受到公众高度认可，吸引了诸多卓越的政治家竞逐。所有人都记得曾担任该职位的马里奥·蒙蒂（Mario Monti，1999—2004 年在位），而在欧盟内部，现任竞争事务专员玛格丽特·维斯塔格（Margrethe Vestager）的大名更是家喻户晓。

---

　* 单边效应是指并购交易引起的反竞争效应。此时产品价格上升，产量降低，社会福利减少。——译者注

国家补贴规定的特殊情况

尽管实施过程中存在重要且不断扩大的差异(在后文中我们很快就要讨论),但欧美的反垄断理论基本类似。另一方面,国家补贴是一个欧洲特有的概念。

二战后,按照让·莫内的设想,法国和德国一致同意将各自所属的煤炭和钢铁生产,置于独立的跨国机构之下进行管理。这并不是随便提出来的。让·莫内关注的是经济民族主义最普遍、最危险的一个领域:煤炭和钢铁。欧洲国家,尤其是德国和法国,历来会严重干预上述市场。因此,成立欧盟的重点,一开始就在于限制国家对重要商品和服务市场的政府干预。

在美国,或者在欧洲以外的任何地方,都没有类似欧洲的国家补贴规定。正如前文所解释的那样,遏制随意的国家补贴,是让·莫内注入欧盟的基因的一部分。近期苹果公司被要求向爱尔兰政府补缴税款,这些规定是这一备受关注的案件的核心所在,这些税款最初作为一揽子减税计划的一部分而被免除。原则上,这些规定要求归还非法补贴,以消除补贴引起的竞争扭曲。欧盟委员会竞争事务专员维斯塔格认为:"爱尔兰必须收回苹果公司获得的高达130亿欧元的非法国家补贴。"

许多我的美国同行对整个故事感到困惑,在他们看来这毫无意义。但对于大多数欧洲同行而言,该案简单明了。虽然大型跨国企业的逃税规模已经演变成一个严重问题,而且互联网企业往往是最严重的逃税者之一,但我对该案的是非曲直不持立场。[10]我更广泛的观点是,鉴于国家补贴规定的根本重要性,此类案件本应在意料之中。没有如此规定,企业必会四处寻租，引起国家间的相互竞争，导致低效率结果。例如，亚马逊在争取到近30亿美元的税收减免后，2018年11月将纽约市选定为两大新园区的地点之一，而相对于竞争对手，这笔税收减免可能会使亚马逊获得不公平的竞争优势。2019年初，该笔交易宣告失败，最终结果是浪费时间、浪费人力，以及支付法律费用。在欧洲，富裕地区不能给予大企业补贴，小企业和贫穷地区除外。

在苹果公司的案例中，更有趣的是，国家补贴规定延伸到了财政问题，而不是最初的国家补贴规定所要涵盖的直接补贴的其他形式。"自然界厌恶真空。"弗朗索瓦·拉伯雷写道。如同自然界，政治也厌恶真空。制定国家补贴规定的目的，并非为了解决财政问题，但一旦我们认识到非法补贴存在问题，那么指控非法税赋减免自然顺理成章。

放松市场监管

20世纪70年代末期，发达国家开始在各种市场上放松监管。与反垄断调查一样，美国先于欧洲。美国政府先后放松了对航空（1978年）、公路（1980年）和铁路（1981年）运输业，以及对电力（1978年）、天然气（1978年）、银行业（1980年）和电信业（1996年）的市场管制。这一放松监管的尝试后来被认为是成功的。1999年，经济合作与发展组织指出："美国在监管改革方面一直都是世界领先。"

在美国，这一进程主要由联邦政府和联邦机构推动。国会是制定联邦法律的唯一机构，但联邦政府60多个行政机构可以发布相关的附属法规。事实上，这些机构每年发布数千条新法规，并汇编入《联邦法规法典》。

在欧盟，市场监管改革要晚一点。某些国家，如英国，早在 1979 年就独立开始推行放松经济管制的政策。但是，相互协调、遍及整个欧盟范围的改革，始于 1985 年的单一市场计划，并随着"里斯本战略"的实施在21 世纪头十年进一步加快，该战略旨在"消除成员国间的竞争障碍，创造更有利于市场进入与退出的经商环境"（Zeitz，2009）。

欧盟管理机构对成员国的监管环境只有部分监督权。[11]那么，欧盟如何才能影响各国的改革努力呢？点名批评和成员国间压力。

以已经实施的里斯本战略为例。其总体目标由欧盟与其成员国共同制定。自此，各成员国负责具体实施，但同时必须向欧盟委员会提交进展报告。[12]公开的欧盟报告和成员国间压力被特意用来促进各成员国的改革实施。对于即将加入欧盟的国家（即申请加入欧盟的国家），市场监管改革的严苛要求已经协商在前，而且中欧和东欧的欧盟新成员国取得了显著进展（Hölscher and Stephan，2004）。最后，即使对于现有成员国，欧盟委员会也可以采取措施推进改革，如可以减少未推进改革的成员国的欧盟凝聚力基金拨款。

尽管里斯本战略在某些方面没有取得成功，但确实推进了实质性的产品市场改革。欧洲经济有着世界上最低的贸易壁垒和外国投资壁垒。

让我们先看看几个案例，然后再详细阐述。

航空业

1978 年，美国国会通过《航空业放松管制法》，美国开始放松对航空旅行的管制。到 20 世纪 90 年代，美国航空业竞争激烈。图 8.3 显示了过去二十年来美国和欧洲航空运输业产业集中度和利润率的变动情况。20 世纪 90 年代至 2008 年，美国航空业的产业集中度基本维持不变。利润率具有很强的周期性和波动性，主要受到 2000 年经济衰退，特别是"9·11"恐怖袭击的冲击，到 2007 年又回到了 90 年代的水平。但 2008 年以来，航空业的产业集中度和利润率出现了大幅上升。现在的产业集中度和来自每位乘客的平均利润远远高于之前时期。美国航空业的产业集中度和利润率的上升，与一系列颇有争议的并购浪潮密切相关，这涉及达美航空与西北航空（2008 年，按并购时间排序）、联合航空与大陆航空（2010 年）、西南航空与穿越航空（2011 年），以及美国航空和全美航空（2014 年）。

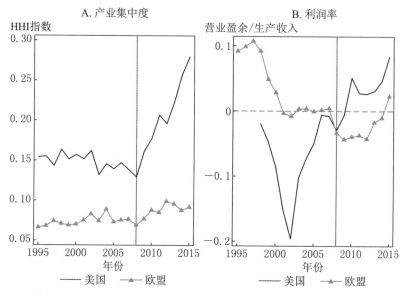

图 8.3　美国与欧盟航空运输业的产业集中度(A)和利润率(B)

注：图中比较了美国和欧洲航空运输业（ISIC 代码 51）的产业集中度（HHI）和净利润率的变动情况。

资料来源：基于 Compustat 数据库计算得到的产业集中度，并使用 OECD STAN 数据库对覆盖范围进行了调整。销售份额被定义为企业销售额与 OECD STAN 数据库中的总产出之比。只有当相应国家的数据在 OECD STAN 数据库中可以找到时，才将企业纳入。利润率来自 OECD STAN 数据库。

　　欧洲放松航空业管制的时间，晚美国大约十年。战后的大部分时间里，欧洲航空公司受其母国的控制、监管和保护。事实上，很多航空公司属于国有企业。竞争受到严格管制。20世纪80年代，欧洲共同体只有不到15％的航线有两家以上的航空公司。在高利润的伦敦—巴黎航线上，法国航空和英国航空形成了双寡头垄断，并收取当时创纪录的最高票价。1987年，欧盟委员会采取行动，这种情况才开始发生改变。到1997年，欧洲航空业正式放松管制。理论上讲，任何一家欧洲航空公司都可以经营欧洲内部的任何一条航线。我之所以写"理论上讲"，原因在于1997年欧洲三分之二的航线仍然只有一家航空公司。

正是因为欧盟委员会的努力，新的航空公司才能够进入市场。尽管20世纪80年代，美国开创了廉价航空公司的商业模式，但如今其中大多数企业已经消失。美国西南航空*的成本结构，甚至与其他主要航空公司相似。欧洲反其道而行之。二十多年来，欧洲拥有两家实力雄厚的廉价航空公司：瑞安航空和易捷航空。瑞安航空在低端市场采取掠夺性的定价策略，迫使其他航空公司作出调整。

从图8.3可以看出，市场竞争对欧洲航空公司的销售利润率产生的影响。2000年以来，欧洲航空业的产业集中度基本稳定不变。同时期，美国航空业的产业集中度出现上升：现如今，排名前四的航空公司控制着80％的市场份额。而在欧洲，四大航空公司仅控制了约40％的市场份额。

关于市场进入壁垒在航空业所起到的作用，法国提供了一个精彩的研究案例。长期以来，法国航空几乎垄断了国内航班。法国航空部分属于国家所有。它有一个强势的飞行员工会（现在仍然存在），运营成本高。到21世纪头十年中期，许多政府官员已经不指望法国航空会进行内部自

---

* 该公司以低票价著称。——编者注

我改革。2007 年，年轻一代的改革派内阁官员决定引入外部竞争。[13]
2008 年，易捷航空获准进入法国航空业市场，其市场份额迅速增长。像
泛航航空、Hop 航空和伏林航空等廉价航空公司，现在占据了法国国内
航班超过三分之一的市场份额，以及法国飞往其他欧盟国家的航班约一
半的市场份额。

这并不是说，现今法国航空业的市场竞争完全自由和公平。起飞和
着陆机位受到严格管制。巴黎拥有两个机场。戴高乐机场更大，拥有最
多的国际航班。奥利机场较小，地理位置方便，尤其适合国内航班。机位
分配规则仍然严重偏向在位航空企业。因此，法国航空依然控制着奥利
机场一半的机位，这对易捷航空的扩张形成了制约。

但在美国，情况要糟糕得多。纽约、华盛顿特区和芝加哥附近主要机
场的机位分配，导致现有航空公司的地位几乎固若金汤。此外，美国禁止
外国航空公司经营国内航线。20 世纪 90 年代末期，有评论者感叹，与美
国相比，欧洲航空业管制的放松并没有给消费者带来同样的利益。[14]二
十年之后，这些评论者想必会对欧洲航空业的情况感到惬意，对美国发生
的情况倍感震惊。

Free 电信的进入

电信业是欧洲成功实施竞争政策的另一个案例。国家公共部门长期
垄断欧盟电信市场，但自 1988 年开始，欧盟委员会推行了一系列立法，引
入市场竞争。[15]

事前市场准入监管与事后执法的结合，使欧盟电信市场更具竞争性，
为消费者和企业提供了更多选择、实惠价格、高产品质量和创新服务。
图 8.4 显示法国相对于美国的通信服务价格。

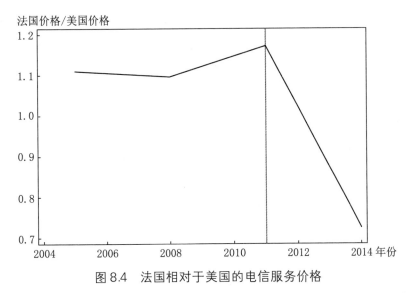

图 8.4　法国相对于美国的电信服务价格

注：法国价格用外汇市场汇率换算成美元。垂直线显示的是 Free Mobile 进入 4G 市场的时间节点。

资料来源：ICP。

　　法国又一次提供了一个突出案例。20 世纪 90 年代末期，Free 是一家互联网服务提供商，也是电信公司 Iliad 的子公司，Iliad 由法国企业家格扎维埃·尼埃尔创办。Free 提供上网服务，无需缴纳服务费或提供收费的电话号码。21 世纪最初十年的关键议题，就是本地环路的解绑，这迫使原运营商法国电信不得不出租本地环路（即电信网络中心交换器与家庭住宅或办公室之间的一对铜线，有时被称为"最后一英里"）。解绑程序本应于 2000 年启动，但后来因法国电信和法国监管机构间的长期法律纠纷而被推迟到 2002 年底。本地环路解绑是法国扩张快速上网接入服务的关键一步。

　　今天，Free Mobile 是 Iliad 集团下辖的无线服务提供商。2011 年获得 4G 牌照后，Free Mobile 成为在位企业的重要竞争对手，影响立竿见影。2011 年之前，法国消费者每月需要为智能手机套餐支付 45—65 欧元,移动流量有限,通话时间也仅有几个小时。Free Mobile 提供无限通话时间、无限量短信和彩信,以及无限量数据流量(只不过当价值 20 欧元的 3G 流量使用完后,网速会下降)。Free Mobile 客户量出现迅速增长,由 2012 年第一季度的 260 万增长到 2014 年第一季度的 860 万。到目前为止,其所占市场份额约为 20%,它的目标达到 25%。

给消费者带来的好处是深远的:现有的在位企业 Orange、SFR 和 Bouygues 推出了各自的折扣套餐,也提供价值 20 欧元的电信服务合约。在三年时间内,法国电信服务价格从比美国高 15%转为便宜 25%。

关于欧洲各国自由市场的理论

现在让我们重回本书尝试解答的主要谜题:欧洲发生了什么,又是如何发生的? 赫尔曼·古铁雷斯和我试图弄明白欧洲是如何成为自由市场的,我们提出了两种解释。

首先,我们认为,尽管欧盟机构看起来与美国类似,但还存在着一个微妙但重要的差异:这些机构更加独立。正如我们已解释的那样,欧盟机构在目标、涉及范围和信条等方面与美国相仿。然而,与美国的类似机构比,它们被赋予了更强的政治独立性。下面这两个主要的超国家机构就是如此:欧洲央行并不受制于与美联储委员会同样程度的议会监督,而欧盟委员会竞争总司比美国司法部或联邦贸易委员会更具有独立性。

这确实让人惊讶,因为这似乎与关于欧洲人和美国人偏好的传统观点相矛盾。欧洲人之所以使欧洲央行极度独立,难道是因为他们比美国人更深入地研究米尔顿·弗里德曼(Milton Friedman)的论著吗? 他们因为信奉自由市场信条,所以才让欧盟委员会竞争总司更加独立吗?

上述说法似乎并不可信。相反，我们认为，主权国家间的博弈会导致超国家机构比一般政治家所选择的国家机构更具政治独立性。我们构建了一个形式化的经济学模型，以表明我们的判断与博弈论的预测一致。想象一下这样一个世界：政客和公务员设立一个监管机构，使其或多或少免受商业和政治影响。我们的主要结论是，当两个国家建立一个共同的监管机构时，其独立性程度要比每个国家单独设立监管机构要高。

这里的关键洞见在于，虽然政客对他们自己俘获监管机构有兴趣，但他们更担心监管机构被其他国家所俘获。法国和德国的政客可能不喜欢国内有一个强有力而独立的反垄断监管机构，但他们更不喜欢其他国家对监管机构施加政治影响。因此，如果要想就任一超国家机构取得一致意见，他们就会偏向赋予该机构更强的独立性。这恰恰也是让·莫内于1950年能说服阿登纳接受舒曼计划的原因。[16]

我们的理论分析可以得到三个可检验的推测：

1. 欧盟国家一致同意成立一个比原来的国家监管机构更严厉、更具独立性的监管机构。
2. 事前监管制度较弱的国家，会从超国家监管中获取更多利益。
3. 在欧洲，游说的回报率在不断下降，或至少增长率低于美国。

在我们的论文（Gutiérrez and Philippon，2018a）中，我们对上述预测进行了检验和确证。在本章，我已经叙述了欧盟委员会就放松监管所采取的各种各样的措施。无论是过去还是现在，这些措施对单一市场的实现都至关重要。

产品市场改革

对于产品市场监管（PMR），图8.1至8.4中的数据显示出欧盟国家为推进改革所作出的种种努力。我们可以确定，欧盟国家正在（至少）赶上美国。这些改革是慎重考虑的政策选择的结果。图 8.5 显示了欧盟各国产品市场改革次数的均值。欧洲单一市场的建立，显然伴随着重大的改革努力。

图 8.5 欧洲的产品市场改革

资料来源：Duval 等（2018）。

产品市场监管趋同的详细数据，进一步支撑了我们的理论。图 8.6 描述了以 1998 年为基期、1998—2013 年间产品市场监管指数的变动情况。直线的负斜率显示出趋同过程。最初监管指数越高的国家，其监管指数下降幅度就越大。换言之，它们正趋近于美国和英国。监管弱化的趋同过程遍布全球，但欧盟国家的趋同速度快于非欧盟国家。1998 年，葡萄牙和捷克的监管指数与墨西哥大致相当，波兰与土耳其的监管指数相同。现如今，这些欧洲市场比国外市场自由得多。欧盟国家与非欧盟国家之间直线斜率的差异，在统计意义上具有显著性，而且也和我们的理论推论一致。

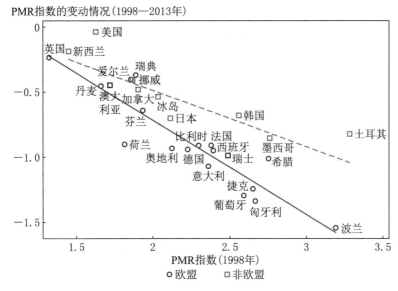

图 8.6　产品市场监管的全球趋同

资料来源:OECD。

在反垄断和产品市场监管方面,制度最初不完善的欧盟国家获得了长足进步。另外,与初始制度相似的非欧盟国家相比,欧盟国家的相对进步程度更大。这显示出欧盟层面的执法和监管的积极影响。

反垄断

反垄断调查在市场监管中发挥着重要作用,具有重大、显著的政治影响。明确地讲,我并不认为反垄断必然是促进和维护欧洲市场自由化的主要手段。更广泛的欧洲单一市场计划远远比反垄断重要,取消市场进入管制,可能比并购交易审查的影响更大。当然,并购管制也很重要。

利用经济合作与发展组织以及希尔顿和邓飞(Hylton and Deng,2007)构建的衡量竞争法规和政策的指标,我们发现,欧盟委员会竞争总司比任一国家的监管机构竞更具独立性,更倾向于促进竞争。事实上,欧盟委员会竞争总司比美国司法部和联邦贸易委员会更独立。

图 8.7 显示了经济合作与发展组织构建的反垄断执法的约束指标:得分越低,监管机构越独立,管制越严格。水平虚线代表欧盟委员会竞争

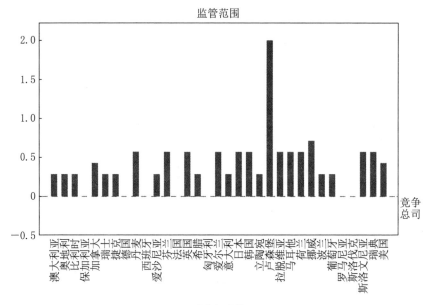

监管范围

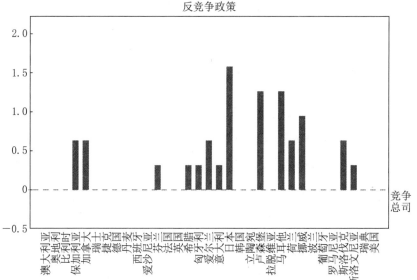

反竞争政策

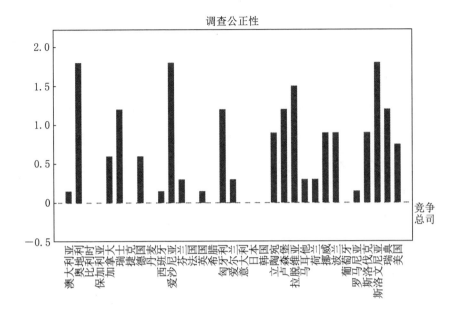

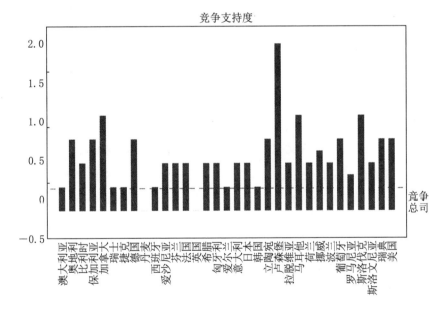

图 8.7 反垄断执法的约束指标

资料来源：OECD。

总司。每个柱状图中，美国都处于最右边。欧盟委员会竞争总司在三种约束指标上的得分是可能的最低分：监管范围、反竞争政策和调查公正性。这与我们理论所得到的结论相一致。调查公正性度量的是政府干预反垄断政策的程度。欧盟委员会竞争总司基本不受到成员国政府的干预，其得分远低于单个国家反垄断部门的平均值。第四个指标是竞争支持度（度量监管机构是否支持更具竞争性的市场环境），该指标在我们的模型中无法直接给出。在这一点上，仅有英国和丹麦强于欧盟，更支持自由竞争。

图 8.7 描述的是正式法律法规和政策。也许这些都是空话，没有作出什么实际行动。政策越严格，反垄断执法真的也会变得越严格吗？

让我们从并购执法开始，因为其简单明确，而且已经得到了广泛研究。基于约翰·夸卡的工作，我们已经注意到美国的反垄断执法力度在减弱。在欧洲，我们没有观察到类似的变动趋势。我们发现，欧洲的反垄断执法保持平稳态势（甚至还有所增强）。例如，自 20 世纪 70 年代以来，欧盟委员会竞争总司审理的滥用市场支配地位的案件数量保持稳定甚至上升，而美国司法部自 1990 年以来只提起了 10 起反垄断诉讼，2000 年以来仅有 1 起诉讼。

不同司法管辖区的反垄断执法很难进行比较。在这一方面，马茨·贝格曼等人（Mats Bergman et al.，2010）所作的相关研究特别有价值，因为他们控制了每个案件的具体情况。他们提出了一个概念上正确的问题：如果同一案件被其他监管部门调查，将会得到什么结果？他们对 1993—2003 年欧盟和美国并购调查案件的样本进行了详细研究，发现欧盟对滥用市场支配地位进行并购交易的管制比美国更严格，尤其是涉及改变合理市场份额的并购交易。2004 年欧盟并购监管制度改革后，欧美间的差异不再那么明显，但欧盟对涉及改变现有合理市场份额的并购交易仍然监管严格,而且与美国相比,欧盟对合谋行为采取更为严格的反制政策。

卡特尔管制是美国历来重点进行严格监管的领域之一。近年来,美国司法部强化了对个人和企业的法律诉讼,导致越来越多的人被投入监狱,监禁时间也越来越长。在这一点上,欧盟受益于美国,并从美国学到了一些好做法。另外,随着时间推移,欧盟委员会学得很快,执法效果稳步提升(Duso,Gugler,and Yurtoglu,2011)。

欧洲希望维护市场自由

对美国和欧盟的市场监管进行比较,富有启发意义。如果全球化或技术进步是美国反垄断监管放松的主要原因,我们应该能观察到大西洋两岸相似的变动趋势。但事实并非如此。近年来,欧盟的反垄断执法依然很活跃。马丁·卡里、安德烈娅·金斯特和马尔滕·彼得·申克尔(Martin Carree,Andrea Günster and Maarten Pieter Schinkel,2010)指出,2000—2004 年,欧盟每年平均调查 264 起反垄断案件、284 起并购交易案件和 1 075 起国家补贴案件。欧盟委员会作出了几个很有争议的裁定,例如阻止通用电气与霍尼韦尔合并,而该项并购交易已经得到美国竞争主管部门许可。最近,欧盟委员会又裁定反对谷歌的并购交易案,而早在五年前,这起交易就已被美国政府驳回。然而,卡里及合作者研究发现,这些裁定并非是对外国企业有偏见。事实上,"来自非欧盟国家的企业违规更少、罚款更低、上诉率更低"。此外,与美国越来越多的讨论相比,无论学术界还是媒体,几乎没有人讨论欧洲反垄断执法不力问题。

这并不是说欧盟完美无缺,远非如此。法国过去非常善于抑制竞争和制定糟糕的政策。一个很好的例子是 20 世纪 90 年代中期法国的超市管制。时任法国总理拉法兰希望保护小型零售店，并提议立法，在未经特别授权的情况下禁止新建 300 平方米（3 000 平方英尺）以上的超市。新超市的建设于是停顿了 10 年。你认为大型零售连锁超市会抱怨吗？其实并不会。这项立法阻碍了来自折扣超市的竞争，并限制了连锁超市之间的竞争，后者的股价一路上涨。

同样重要的是，需要记住绝大多数并购交易都通过了审查，其数量要高几个数量级。1990 年至 2019 年 1 月，欧盟委员会审查了 7 260 项并购交易。其中，6 401 项获得通过，在第一阶段有 152 项被撤回，在第二阶段有 44 项被撤回。其他交易被转交给其他司法管辖区（如成员国监管部门），最终，仅有 27 项交易被完全禁止。[17]

正是由于不完美，欧盟才具有启发价值。它使我们可以检验一个简单的自由市场理论，该理论认为：为了让所有国家都可以参与，欧盟不得不设置那些具有很强独立性的机构。每个国家都想确保其他国家不会影响欧盟机构，使之偏向对方利益。结果，那些原本可能对本国自由市场并不热衷的政客们，却成为欧盟层面自由市场的坚定支持者。数据能够有力地证明本理论的直接预测：与国家层面的同类型机构相比，欧盟的机构整体上更为独立，更偏好自由市场。就在我撰写本书时，爆出了阿尔斯通与西门子进行并购交易的新闻，这为我们的理论提供了很好的检验机会。2017 年，德国西门子和法国阿尔斯通两家公司决定合并其列车业务。平心而论，我甚是担忧，原因在于欧盟委员会面临着最具影响力的两大成员国—法国和德国—的强大政治压力。巴黎和柏林都希望这项并购交易能获得欧盟批准。但是欧盟委员会竞争事务专员玛格丽特·维斯塔格毫不让步。她及其团队断定，这项并购交易，在铁路信号设备和高铁列车市场，"将会大大减少竞争"，进而"会剥夺包括列车驾驶员和铁路基础设施运营商在内的顾客,选择供应商和产品的机会"。2019 年 2 月,欧盟委员会阻止了该项并购交易。[18]

我们理论的最后一个预测是最具争议的:如果理论正确的话,我们应该能观察到美国的游说费用高于欧洲。游说活动至少也应该解释我们所观察到的不同时期、不同地区和不同行业的某些差异。接下来的章节中,我们将深入探讨游说和竞选献金。目前而言,我只是指出,美国企业在游说和竞选捐款上的费用开支确实出现了大幅增加,而且远比欧洲的企业和游说者更有可能实现自己的游说目标。

然而,开始探讨游说之前,有一件事是我无法回避的:英国脱欧。不用说,英国退出欧盟的决定让我感到难过。回往过去,欧盟显然在自由市场方面取得了进展,部分原因在于英国积极参与了欧洲单一市场规则的制定。该市场在很大程度上是共同努力的结果,没有英国,可能就不会取得成功。因而,下述事实是显而易见的悖论:在付出努力并成功创造了一直想要的自由市场环境之后,英国竟然又选择退出了欧盟。

注释

[1] PMR 指标具有一定国际可比性。该指数衡量政策促进或抑制竞争的程度,例如:企业的国家控制、创业的法律和行政壁垒、国际贸易和投资的壁垒。目前有 34 个 OECD 国家 1994 年、2008 年和 2013 年(或前后)的 PMR 指数,以及其他 22 个非 OECD 国家 2013 年的 PMR 指数可用。

[2] 他在 1995 年 1 月的一次著名演讲中说:"Le nationalisme, c'est la guerre."(民族主义就是战争。)4 个月后在柏林,他作为总统所作的最后一次演讲中,他依然重复了这句宣言。

[3] 我在复述 Christopher Clark 的杰作《梦游者:1914 年,欧洲如何走向"一战"》(*The Sleepwalkers: How Europe Went to War in 1914*, London: Allen Lane, 2012)。

[4] 第一次世界大战的估计死亡人数为 1 000 万军人和 800 万平民。第二次世界大战造成 2 200 万军人和 5 000 万平民死亡。

[5] 1946 年 9 月 19 日在瑞士苏黎世大学所作的演讲。

[6] "Jean Monnet, 90, architect of European unity, dies," *New York Times*, March 17, 1979. Monnet died on March 16.

[7] 几乎同时，德国修订了反垄断法，赋予德国联邦卡特尔局(Bundeskartellamt)并购交易的监管权，1976 年，美国国会颁布了《哈特—斯科特—罗迪诺法》，该法对《克莱顿法》进行了修订，要求企业事先提交并购申请。

[8] 《罗马条约》建立在 1951 年签署、之后建立了欧洲煤钢共同体的《巴黎条约》的基础之上。《罗马条约》第 3(1)(g)条设想了"一个保证内部市场竞争不被扭曲的制度"。1962 年，欧共体委员会 17 号条例使得执法权生效，1964 年欧共体委员会作出第一项裁决。《罗马条约》第 101 条(原第 81 条)涉及横向操纵、纵向限制、许可和合资企业。第 102 条(原第 82 条)涉及市场主导地位的反竞争影响。1989 年新增了对兼并的规制。

[9] 学术争论分三个阶段演化。首先，普遍的认识是，欧盟法律直接照搬自美国的法律。Gerber(1998)对这一观点提出了挑战，并认为欧盟法律也有自己的本地传统。从那时起，学者们形成了更均衡的看法。Leucht 和 Marquis(2013)研究了美欧间的思想交流，Leucht(2009)探讨了西欧传统上崇尚保护主义的那些经济体是如何就共同的竞争规则达成一致意见的。

[10] Zucman, Tørsløv 和 Wier(2018)发现，40％的跨国公司将利润转移到避税港，主要受益国家包括爱尔兰、卢森堡和新加坡等国。主要受损国家包括欧盟各国(20％的利润被转移)和美国(15％的利润被转移)。

[11] 欧盟可以直接禁止成员国的某些国内法规，比如禁止运输业中的黄金股和价格管制。除此之外，它还可以与成员国合作以达成各国彼此承认的限制条例，也可以根据条约颁布判例法(例如，欧盟委员会竞争总司当前对国家援助的持续监管)。但除此之外，成员国必须直接实施对国内法规的改革。

[12] 2000—2004 年连续发布《卡迪夫报告》(Cardiff Reports)之后，又发布了各国的国家改革方案和实施报告。欧盟利用这些报告持续监测和披露进展。为汇编和跟踪所有国家的工作进展，欧盟创建了微观经济改革数据库(MICREF)。

[13] 具有启发性的讨论，可参看 Combe(2010)。

[14] Richard Pinkham 写道："布鲁塞尔授权的欧洲航空业自由化，显然在强化航空业的市场竞争和降低业内票价方面取得了进展，飞机票价格的净下降和服务水平的大幅提升就是证明。尽管如此，欧洲商业航空业的总体情况仍然不容乐观，究其原因，在于从较不自由时代继承下来的机位分配、欧洲大陆在位航空企

业的反竞争行为，以及挥之不去的民族情感的共同作用，导致领先的航空企业被给予优惠待遇。"（Pinkham，1999）

[15] 这一进程始于 1988 年，到 1998 年最终达到完全的自由化。现行的适用电子通信的电信监管框架，于 2002 年通过，并于 2009 年进行了更新；之后又补充了一些额外的立法文件。

[16] 一个有趣的历史先例具有一些类似的特征，那就是奥匈帝国。奥地利和匈牙利同意共享一种货币和一个中央银行，但让中央银行独立运作。参见 Flandreau（2001）。

[17] 数据来自 http://ec.europa.eu/competion/mergers/statitics.pdf。非常感谢 Tomaso Duso 帮助我了解这些事实。

[18] EU Commission，"Mergers：Commission prohibits Siemens' proposed acquisition of Alstom，" press release，February 6，2019.

第三篇

政治经济学

到目前为止，让我们总结一下前述的研究发现。美国大多数产业的国内市场的竞争性已经出现降低，而美国企业向美国消费者收取的价格过高。超额利润被用于支付股息和回购股票，而不是用于增加就业和投资。同时，市场进入壁垒越来越多，反垄断执法越来越弱。美国的这些变化趋势没有影响到欧洲，而且，历史发生了惊人逆转——现在许多欧洲市场（航空业、手机、互联网提供商，以及其他）比美国更具有竞争性，价格也更为低廉。

我对欧洲实践的解释是，这主要归因于欧洲单一市场的形成，及其带来的必要的制度改革。在这一进程中，美国发挥着榜样的作用，目前正在欧洲大陆推行的许多好理念都来自美英两国。欧洲采纳了这些理念，并看到市场竞争蓬勃发展。第8章解释了为什么欧洲能够走上一条截然不同的路径。它对监管机构设计、反垄断执法和市场进入壁垒的消除，都作出了具体预测，并预测哪些产业和国家受到的影响最大。所有这些我能够检验的预测都得到了验证。这在理论上给了我一定的信心。基于此，我现在想回到美国，看看同样的理论是否能够帮助我们理解美国市场的竞争性为什么会降低。

通过欧美对比，我们能学到什么

我会论证，政治献金和游说支出是导致美国国内反垄断执法不力以及针对竞争的监管壁垒增多的主要原因。我关注的是美国游说和竞选筹资，但我会再次将欧洲作为一个控制组，以强调美国制度的某些特点。这种比较有效吗？在本书第二篇，我对欧美的经济后果进行了比较。我认为这种比较是合理的，这是由两个经济体的广泛相似性所决定的。但欧美的政治制度也具有可比性吗？它们是否足够相似，还是说，两种政治制度差异如此之大，以至于使得这种对比会让人误入歧途呢？

我认为欧美在这方面存在着两个主要差异。首先，一个远为重要的差异是：美国是一个军事超级大国；而欧洲不是，甚至也不想是，这让法国外交官非常懊恼。军事霸权的政治和技术影响巨大，远远超出本书的研究范围。第二个差异是，美元在全球经济和金融体系中扮演着极其重要的角色。美元是主要的国际储备货币和计价货币。美国的贸易逆差在某种程度上反映出其他许多国家想用美元度量财富。

这两点不同至关重要。如果美国不必维持世界上最强大的军力，其游说和政治可能会截然不同。但这一点并没有什么新奇的。它本身无法解释过去二十年美国所发生的变化。出于同样原因，我认为，对大西洋两岸的游说和竞选筹资进行综合分析，可以让我们学到很多东西。

9

游　说

游说活动对公共政策能够产生非常真实的影响。美国的游说支出增长迅速,绝大部分都由企业界承担。但游说在欧洲似乎不如美国那么普遍,因此游说可能是导致美国市场与欧盟市场相比竞争弱化的一个深层原因。

精心对华盛顿说客进行投资，可以产生巨额回报：避税或放松监管，这是一种反常、消极的算计，但它却构成了游说经济学的基础。

杰弗里·伯恩鲍姆（Jeffrey Birnbaum），《说客》（*The Lobbyists*）

在政治游说这一章的开头，提及木偶剧《芝麻街》中的角色"大鸟"，似乎有些奇怪。这个巨型黄色木偶被一代代孩子们所喜爱。但在 20 世纪 90 年代中期，大鸟在一场非常公开的游说活动中发挥了关键作用，迫使当时美国最有权势的政治家，不得不接受尴尬的让步。

1995 年，在善于煽风点火的众议院议长纽特·金里奇（Newt Gingrich）的领导下，共和党人取得了国会控制权，他们把削减政府预算的目标，对准了美国公共广播公司（PBS）。PBS 制作了诸多节目，其中包括《芝麻街》。金里奇及其共和党同僚们认为，联邦政府没有必要资助这样一家媒体机构，而且还怀疑 PBS 在向人们灌输自由派世界观。

共和党人的计划是，在即将出台的预算法案中，削减对 PBS 的联邦拨款。之后，PBS 的支持者发起了草根游说运动。他们很明智，将金里奇与大鸟间的争辩视为一场战斗。严格来讲，PBS 是不能直接游说国会的，但是在 PBS 的精心推动下，全美 PBS 的观众声援大鸟及 PBS 的信件，几乎把他们选出的华盛顿国会代表给淹没了。

一位地方电视台的高管，对《纽约时报》说："这是一堂精彩的民主课。'邪恶的纽特'妄图扼杀大鸟。公众强烈抗议，观众打来的电话让我们应接不暇。我们告诉他们，如果他们关心这件事，就应该让他们选出的国会代表知道。"

最终，金里奇被迫让步。（他在第 104 届国会第二次会议前的模拟会议场合，甚至公开发誓不会"扼杀"大鸟。）在 1997 财政年度的预算案中，国会为 PBS 拨款 3 亿美元，比前一年增加了 20％。

当然，一般情况下，在华盛顿的游说活动很少像拯救大鸟运动那样容易被注意到，而且游说结果也可能更为扑朔迷离。这使得大范围的数据收集很难进行，因而相关研究很棘手。

在本书的前几章，我们已经花费了大量时间来分析数据，这些数据至少质量不错。尽管经济总量很难准确度量，数据起码相对公开。我们能测度投资、就业和收入水平。能相对容易地衡量出企业的销售额。跨国价格对比的相关研究要困难得多，但与研究不同时期、不同行业、在不同国家之间的游说和政治的影响相比，简直不值一提。

分析游说对政治结果的影响，就进入了劣质数据和胡乱猜测的领域。当涉及游说和竞选捐款时——其相关开支可以影响政治和监管进程——我们真的只能窥见传说中的冰山一角。游说和竞选捐款的一个十分严重的负面影响就是，由于原始数据的缺失，而引起这样一种倾向：让手边可以拿到的数据来决定要提出的问题。在一般的研究过程中，你是先选择一个你自己感兴趣的重要问题，然后再想办法来解答。然而，尤其是在缺少可用数据的情况下，这种做法有时会非常缓慢和令人沮丧。这种做法可能还存在风险，因为你可能永远拿不到能得出可信结果的数据。因此，人们自然而然地倾向于颠倒逻辑。尽管你完全清楚，已收集到的数据不会解答你最感兴趣的问题，但你仍然可能会选择使用。至少它能让你回答一些问题。这相当于在路灯下找钥匙。[1]

幸运的是，政治经济学这一领域，聚集着经济学界最具创造性、最有斗争精神的研究者。得益于他们的研究，关于游说和金钱在美国政治中的作用，我们能够得出一些引人注目的结论。

游说本身没有什么过错。事实上，聘请说客是受美国宪法保护的一项权利。美国宪法第一修正案明确规定保护言论自由，并保障"向政府请愿申冤"的权利。政治学家约翰·德·菲格雷多和布赖恩·里克特（John de Figueiredo and Brian Richter，2014）解释道：

> 代议制民主的核心原则之一就是，个人或群体有权向选出的官员和政府提交请愿书。这些请愿书旨在影响立法者及其他政府官员的观点、政策和投票。这项权利所衍生出一个结果就是，促进了由个人、企业和其他机构形成的组织化利益集团的创立和发展。这些利益集团可以通过各种各样的方法影响政府政策，涉及竞选捐款、信誉背书、草根运动、媒体宣传和游说等。

在民主国家，民众有权向政府请愿，我们都同意这是件好事。但这也为大企业利益集团的游说打开了方便大门。与生活中大多数事情相同，这里涉及一个权衡问题。让我们来看看，这一权衡在过去二十年发生了何种变化。

为什么度量游说的影响困难重重

探讨游说和竞选捐款之前，我首先解释一下度量捐款的结果为何很难。长达数百页的大文件中,立法或监管条款较小的内容变更,对于一个特定行业或利益集团来说,可能意味着价值数百万美元。但要让非专业人士去找出这些变更并进行解读,几乎不可能。不过,更难的是完全搞清楚下面这件事:有效的游说工作,说服立法者在法案中删除了什么东西?即使这些变更能够被发现,通常也不可能将它们与具体的游说或竞选捐款明确联系起来。

这也为文献中关于游说的真正作用缺乏共识,提供了解释。这导致一些评论者错误地以为游说无关紧要。至少有四个理由让我觉得这种看法难以置信。

首先,理论上,你需要持有一种相当奇特的世界观,才会认为游说不重要。正如玛丽安娜·贝特朗及其合作者(Marianne Bertrand et al.,2018)所解释的那样:"游说产业正好处于政治和经济的交叉领域。价值数万亿美元的公共政策干预、政府采购,以及预算项目,会不断受到特殊利益集团代理人的详细审查、支持,或反对。"为了否定游说的作用,你必须解释企业为什么会愿意在某些毫无意义的事情上,耗费大量的人力和物力。事实充分表明,游说一直存在(而且似乎还在增多)——在保持基本理性的条件下,这足以让我们认为游说至关重要。换言之,如果我们认为企业在游说上耗费资财毫无用处,那么我们必须认识到,这种观点与我们关于经济学和人性的知识相抵触。它不是完全不可能,但我也不能把这个观点太当回事。

其次,寻租属于零和博弈,而零和博弈很难从数据中进行识别。例如,假定 A 企业花费 100 美元游说支持监管改革,使其获得相对于 B 企业的竞争优势;而 B 企业花费 200 美元游说反对监管改革。B 企业获胜。我们能观察到什么情况? 我们看到他们总共花了 300 美元,但没有发生任何变化:两家企业的相对市场份额、增长率和生产率如若以前。即使游说事实上很重要,任何一个简单化的模型都会得出游说无足轻重的结论。零和博弈的情境不仅仅在理论上是可能的。弗兰克·R.鲍姆加特纳、杰弗里·M.贝里、玛丽·霍伊纳茨基、戴维·C.金博尔和贝思·L.利奇(Frank R. Baumgartner, Jeffrey M. Berry, Marie Hojnacki, David C. Kimball, and Beth L. Leech, 2009)对2 200名说客的游说活动进行了长期研究。他们发现,所分析议题涉及的博弈双方,都拥有大致相似的资源。

第三,寻租,即使是合法的,当事方也不想大肆宣传:不管是出资的企业,还是接受资金的监管者和政客。我们可以预期,结果将会被隐匿。这给相关研究者带来了巨大困难。然而,困难并不意味着不可能。卡内基梅隆大学经济学家姜嘉蓝(音,Karam Kang, 2016),使用一个复杂模型,估算了能源产业游说的回报率。她构建了一个包含所有联邦能源法规,以及第110届国会期间能源产业游说活动的数据集。然后,她对关于游说的博弈论模型进行计算。这意味着,她用数学方程式来描述说客和政策制定者间的博弈过程,从而估计游说开支的回报。平均回报率达到了130%以上。

第四,也是最后一点,政治献金是有选择性的,而不是随机投入。用计量经济学的语言讲,政治献金属于内生变量,因而研究会受困于内生性和遗漏变量偏误的影响。不幸的是,人类会先思考,再行动,至少在某些时候是这样。这使得作为一名研究者的我的工作,变得棘手。

人们做事情是有原因的

在经济学和社会科学中,内生性偏误是普遍存在的问题,因此,有必要花点时间对它进行解释。事实上,一旦你仔细想一想,就会发现,这是社会科学与自然科学的两大区别之一，另一个区别是进行受控实验的难易程度。我将用几个案例对内生性偏误问题进行说明。

假定你想回答如下问题：看医生对你的健康有好处吗？我们知道，一般情况下，答案自然是肯定的。（我不是在讨论中世纪医学的放血疗法。）但是你如何检验这个简单的观点呢？假定我给你看一下看医生的数据和6个月后健康结果数据的对照。你会发现什么？你将会发现，看医生的人6个月后更有可能出现生病甚至死亡。为什么？因为病人才会去看医生，而健康的人不会去。用技术术语来说，我们可以说看医生（或给医生打电话）的决定，是一个内生决定。这意味着人们作出这个决定是有原因的。因此，与自然科学实验不同，你不能把看医生视为一个随机事件。如何解决上述问题？你需要找出与健康状况不相关的就医变化，比如附近随机开设或停业的医疗机构。即便如此，你也要保证，这些机构的开设或停业，与附近居民的平均健康状况无关。

另一个例子涉及供求规律。假定你想了解当牛奶价格上涨时，人们对牛奶的消费量会减少多少。两个主要的相关影响因素分别是价格和需求量：食品杂货店的牛奶价格是多少？牛奶消费者的需求量是多少？问题是，在现实世界中，两个因素相互决定。店主根据需求量调整价格，消费者的需求量随价格发生变动。假定店主能够预测到牛奶需求何时上升。当她预计需求量大时，可能会提高一点价格，从而提高销售利润率。从数据中你会看到什么？你会观察到，当价格上升时，人们将会消费更多的牛奶。此时你定会感到疑惑，因为这显然看起来不像是需求曲线。该例的问题就在于：商品定价具有内生性，并取决于预期需求量。[2]

物理学中，不存在内生性问题。亚原子粒子不像人类行为。粒子不会预测。它们不会因为希望某事发生而改变自身行动轨迹。人类却是如此。这对人类来说是幸运，但对研究者而言则是不幸。我们将会回到这些问题上。但现在我们只需要指出，这是棘手的问题，需要真正的聪明才智来处理它们。

如何分析游说和竞选资金？让我们来看看游说。哪些企业或产业有游说的动机？确切地说，正是那些感觉自身利益可能受到新法规威胁，或者需要隐瞒某些事情，再或者需要保护自身的经济租金的企业或产业。在后面的章节中，我们将研究互联网经济的五巨头（谷歌、苹果、Facebook、亚马逊和微软），最近它们都增加了游说开支。你认为这是偶然发生的事情，还是因为五巨头感受到了监管反制的风险？是的，这是反问。

换句话说，那些存在游说动机的企业，才是最有可能成为被针对的对象。如同看医生或牛奶定价，游说决策的内生性导致简单的相关性变得毫无意义可言。今天的游说和明天的监管执法的相关性，可能是零或正相关。于是简单化的模型可能就会得出结论认为，游说没有用，甚至适得其反，正如简单化的模型会得出结论认为，看医生有害健康，或者当牛奶价格上涨时，人们会消费更多牛奶。我们将在后面与金融、医疗保健和互联网企业相关的章节中探讨具体案例。我们会看到，当银行、资产管理公司和互联网巨头感到新法规或新竞争对手出现时，它们是如何强化游说力度的。

为了解决内生性问题，经济学家已经学会了将历史转折处理为准自然实验。例如，为了弄清楚政治偏好对反垄断执法的因果影响，理查德·贝克尔、卡萝拉·弗里德曼和埃里克·希尔特（Richard Baker, Carola Frydman, and Eric Hilt，2018）使用了威廉·麦金莱总统遇刺后，西奥多·罗斯福突然就任总统的案例。麦金莱主导了美国历史上最大规模的并购浪潮。他对反垄断没有兴趣，也无意限制并购。泰迪·罗斯福则持相反观点。暗杀后，易受反垄断执法打击的公司损失很大。研究者总结称："从麦金莱到罗斯福的突然转变，引起了镀金时代反垄断执法发生最重大的变化之一——这倒不是因为新的立法，而是因为改变了现有法律的执行方式。"

游说为什么会引起低效率

正如我们所指出的那样,游说不一定是坏事。关于游说基本上存在两种观点:一种观点认为游说是良性的,甚至有积极作用;另一种观点认为游说是负面的。游说的积极作用主要表现在,它能够实现企业、监管机构以及政客间的信息共享。技术在飞速发展,人们的品位在不断提升,政策制定者难以及时作出调整。很难搞清楚什么时候应该实行自由放任政策,什么时候应该加强监管。同样,也很难搞清楚什么重要,什么无关紧要。在这种情况下,游说有益。游说活动有很强的动机提供相关信息——尽管存在一定偏差。至少,这些显示出一些人及企业在关注某个特定问题。

另一种观点认为,游说本质上就是寻租行为。这是经济学家吉恩·M.格罗斯曼和埃尔赫南·赫尔普曼(Gene M. Grossman and Elhanan Helpman,1994,2001)提出的观点。简而言之,企业游说的目的在于保护它们的经济租金。例如,这可以解释特朗普行政当局2018年对钢铁和铝征收的关税。2017—2018年,美国大型钢铁企业的游说支出增加了约20%。它们成功推动特朗普行政当局征收钢铁关税,引起价格上涨和企业利润增加。对于制铝产业而言,员工人数低于2 000人的中型企业,如世纪铝业公司(Century Aluminum),是整个产业游说努力的核心。正如《商业周刊》2018年9月27日所报道的那样:"没有被提及的是,世纪铝业公司的最大股东是嘉能可公司(Glencore Plc),这家瑞士贸易公司是全球最大的大宗商品交易商……而当世纪铝业公司游说特朗普行政当局时,嘉能可公司以及其他几个大宗商品交易商,在美国囤积了创纪录数量的进口铝。其用意在于,如果宣布征收关税,价格上涨,所有低价进口的金属将瞬间变贵。事实也的确是这样。"

寻租行为会在两个方面造成财富损失。首先,利益集团用于游说的直接支出,本来可以用于生产活动,而不是零和博弈。第二个损失是政策本身。游说者所支持的政策很少是有效率的。它们不采用转移支付或一次总付税的简单形式。例如,考虑对市场进入的规制。设想在这样一个经济体中,市场进入者须缴纳一次总付税,以补偿它们对在位企业造成的冲击和利润损失。此时就没有低效率引起的间接损失。新企业仍然会进入市场,并在价格竞争和创新方面带来益处。市场进入者需要给予在位企业一定补偿,但这属于转移支付,而非无谓损失。某些犯罪集团也按照这些规则行事,原因在于它们明白,让其他企业生产经营,再对后者"征税",是有效率的。当市场进入者使现有资产减值时,上述方式也正是诸多经济学家所提倡的政策,如优步向出租车司机支付的出租车牌照费用。

然而,在我们的经济中,我们鲜少能观察到这种结果,因为在位者的经济租金通常不合理。这种转移支付过于公开透明,会引起新进入企业的强烈抗议。它也无法做到事后强制执行。市场进入者进入市场后会拒绝付款。因此,在位企业通常会采取低效率的方式来保护自身的经济租金。这通常意味着完全阻止新企业进入。那会造成很大的效率损失。

你知道什么,还是你认识谁?

在我们观察到的游说中,很难估计出其中有价值的信息共享和寻租行为各占多少。然而,我们可以通过回答一个相关问题,来试着解决上述难题。我们可以问:游说者是向国会议员提供了特定信息,还是为特殊利益集团提供了接触政客的特权。后一观点与内部人士的看法一致,正如康纳·麦格拉思(Conor McGrath,2006)所报告的:"关于游说,重要的事有三件:接触、接触、接触。"

一些证据清晰地表明,你认识谁很重要。例如,霍尔迪·布拉内斯-伊-比达尔、米尔科·德拉卡和克里斯蒂安·丰斯-罗森(Jordi Blanes i Vidal, Mirko Draca, and Christian Fons-Rosen, 2012)指出,曾经担任参议员幕僚的说客,在该参议员离任后,收入出现大幅下降。与这种解释相一致的事实是,像翰宇律师事务所(Squire Patton Boggs)与 Cassidy & Associates 等大型游说企业,并不以其专业技术而闻名。

小托马斯·黑尔·博格斯(Thomas Hale Boggs Jr.),著名的 Patton Boggs 律师事务所(合并后现为翰宇律师事务所)以其名字命名,生动地诠释了在游说行业人脉有多重要。他的父母都在国会任职。正如《华盛顿邮报》在其讣告(2014 年 9 月 15 日)中所写的:"年轻的博格斯在华盛顿的第一份工作,是为当时的众议院议长、得克萨斯州民主党人萨姆·雷伯恩(Sam Rayburn)操作私人电梯。"博格斯在华盛顿特区著名的棕榈餐厅(Palm restaurant)接待客户,并利用其广泛的人脉关系为各种各样的客户游说,几乎可以按需接通华盛顿任何人的电话。他帮助美国银行家协会推翻了《格拉斯—斯蒂高尔法》(Glass-Steagall Act)的繁冗规定;他在一部电信法案 1996 年的重大修改中发挥了重要作用;他还帮助一批外国政客(其中一些人并不那么光彩)获得了美国的政府援助。很明显,博格斯不是银行业、电信业或对外关系方面的专家。但他总是很清楚找什么人,知道施加政治压力的有效场合,懂得把捐款放在哪里最有价值。

很明显,你认识的人很重要,但你知道什么可能也很重要。

直到最近,我们才意识到这两种途径的相对重要性。多亏了玛丽安娜·贝特朗、玛蒂尔德·邦巴尔蒂尼(Matilde Bombardini)和弗朗西斯科・特雷比(Francesco Trebbi)的出色研究工作,我们现在有了更清晰的认识。他们的研究表明,两种途径(你知道什么和你认识谁)都很重要,但"你认识谁"相对更重要。研究进一步显示,当他们最初所联系的政客接到新的委员会任命时,说客也会跟随着这些政客而转向。例如,"如果一名说客与某一议员有联络,该议员在本届国会的委员会负责医疗保健事务,那么只要他或她所联系的这名议员在下一届国会中被重新委任,负责国防事务,这名说客就有更大可能在下一届国会中游说与国防相关的事宜"。

他们也找到了一些证据支持专业知识的作用。他们的研究显示,有一些专家的意见,甚至连政治派别相互对立的政客都会重视。政客通常与政治倾向相同的说客保持联系,但如果政客试图获取准确信息,正如人们所预料的那样,他们更有可能与政治倾向不同的专家沟通。

贝特朗与其同事由此能够分析这两种游说途径的影响。但总的来说,他们发现,与专业知识相比,人脉关系的货币溢价要高得多。对于政客而言,最重要的专业知识,似乎是对其选区选民的见解,而具体政策的见解反而显得不那么重要。

意在财税优惠的游说

最后一点,许多游说的直接目的在于政府采购、转移支付和税赋。贝思・L.利奇、弗兰克・R.鲍姆加特纳、蒂莫西・M.拉皮拉和尼古拉斯・A.塞曼科(Beth L. Leech,Frank R. Baumgartner,Timothy M. La Pira,and Nicholas A. Semanko,2005)研究表明,议题和政府机构的预算越大,相应所耗费的游说资源也越多。行业协会经常游说减税。从根本上讲,游说减税效率低下,原因在于减税会扭曲经济资源的配置,且其他人不得不缴纳这部分税赋。经济学家塔尼达·阿拉亚卫奇特、费利佩·E.萨菲和申民哲（音）(Tanida Arayavechkit, Felipe E. Saffie, and Minchul Shin, 2014)研究发现，当企业游说降低资本税率时，这种扭曲会变得很大。基于美国的游说数据和企业层面数据，他们发现，游说的企业规模更大，其资本密集度更高，享受到的实际税率更低。它们的资本边际产出低于不游说的企业。他们认为，进行游说的企业的资本积累平均比效率最优水平高出了 5.5％。

你可能认为，减税可以带来有利的激励效应。这是事实，但它绝不是游说的结果。当经济学家倡导减税时，我们指的是尽可能广泛地降低边际税率。进行游说的企业所获得的税收减免会形成税收漏洞，很少能够增加投资和雇佣员工。

大西洋两岸的游说

我们已经解释了游说为何会引起低效率，以及为什么难以度量。现在让我们回到欧美之间对比。第 8 章提出的理论预测，美国的游说支出会高于欧盟。果真如此吗？

图 9.1 显示了针对美国联邦政府和欧盟机构的游说费用总额。美国的游说费用似乎达到了欧盟的 2 倍多。此外，美国游说中，由企业、律师和说客完成的游说所占比例(87％)，要高于欧洲(70％)。关于这些数据有几点需要注意，但它们的差别如此之大，即使我们有 20％的偏误，也不会改变我们的主要结论。最需要注意的一点是，许多游说费用没有被报告，而且也很难搞清楚对这部分未记录的游说额的估计是过大还是过小。在美国，非营利机构在游说过程中扮演着重要角色。企业和非营利机构

间的财务关系合法且免税,但追溯很难。玛丽安娜·贝特朗及其合作者
(Marianne Bertrand et al., 2018)研究发现,企业会进行策略性慈善捐款,
目的在于诱使受赠的非营利机构发表有利于捐款企业的言论。在欧洲,隐
形游说由来已久。意大利政治学家和经济学家普遍认为,意大利存在一个
完全没有被披露的游说产业,富豪经营着人脉关系网,却从未被媒体提及。
这种偏误在欧盟整体层面可能要小一些,但依然不可能真正地被人所了解。

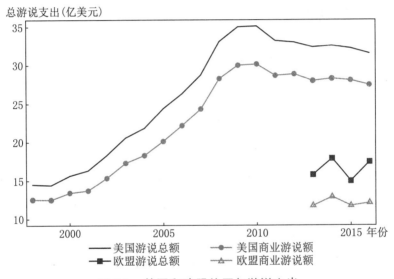

图 9.1　美国和欧盟的历年游说支出

注:欧盟游说支出总额,具体参看文中相关注释。美国商业游说额涉及农业、电
子、建筑、国防、能源、金融、保险、房地产、健康、法律与游说、商业,以及交通运输。欧
盟商业游说额涉及专业咨询公司、律师事务所、自我雇佣的顾问,以及内聘说客与行
业协会。

资料来源:美国数据来自响应性政治研究中心(Center for Responsive Politics)以
及联邦游说披露法数据库(Federal Lobbying Disclosure Act Database);欧盟数据来自
LobbyFacts.eu以及“欧盟透明度登记”(EU Transparency Register)数据库。

图 9.1 与游说相关的研究文献一致。根据调查,约翰·M.德·菲格
雷多和布赖恩·K.里克特(Figueiredo and Richter, 2014)得到了四个关

于游说的主要经验事实。一是,游说在美国以及其他发达国家普遍存在。美国联邦政府层面的游说费用,数倍于各种政治行动委员会(political action committee,PAC)的竞选捐款。"2012 年,有组织的利益集团每年耗资 35 亿美元游说联邦政府,而在 2011—2012 年的两年竞选周期内,利益集团的各种政治行动委员会、'超级政治行动委员会'(super PAC),以及依据美国税法第 527 条成立的组织(527 organization),在竞选捐款上仅耗费了大约 15.5 亿美元(或每年大约 7.5 亿美元)。"如果你不知道什么是政治行动委员会和超级政治行动委员会,第 10 章将会告诉你想了解的有关竞选资金的一切。

二是,"企业和行业协会占去了利益集团游说支出的绝大部分"。实际上,我们可以从图 9.1 中观察到这一事实。相比之下,议题—意识形态成员群体,占联邦政府和州政府两级游说支出的比例,分别为 2% 和 7%。

三是,"大企业……比小利益集团更有可能独立开展游说",而"后者更倾向于仅仅通过行业协会进行游说"。这当然正好也是集体行动的逻辑理论所预测的结果。玛蒂尔德·邦巴尔蒂尼和弗朗西斯科·特雷比(Bombardini and Trebbi,2011),考察了行业协会的作用,发现在影响政策效果方面,行业协会似乎比单个企业更加有效。

四是,利害关系越大,问题越突出,游说活动就越频繁。这也正是相关实证研究充满挑战性的原因所在:这意味着游说具有内生性,因此,我们不能指望通过简单化的计量模型和相关性,来估计游说的影响。

游说支出的分布有多么不平衡?

图 9.2 显示出标准普尔 1 500 指数所涉及企业(大约是美国最大的

1 500家企业)的游说和竞选筹资情况。可以看到,积极捐赠竞选资金或
增加游说支出的企业比例,随着时间推移出现了上升。标准普尔 1 500
指数企业中进行游说的企业比例,已从约 33％上升到约 42％。

参与政治活动企业所占比例

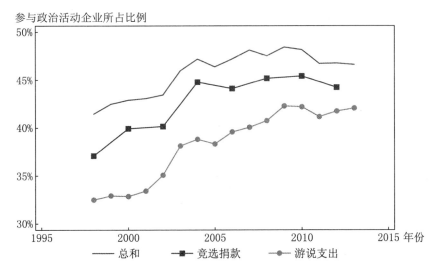

图 9.2　标准普尔 1500 指数中参与政治活动的企业比例

　　美国企业的政治游说活动正变得越来越常见。与此同时,竞选捐款和
游说支出的分布,还是一如既往地呈现出较大的偏态。"偏态"(skewness)
一词很有意思,它对不同的人意味着不同的意思。当我们说某个论点偏
颇(skewed),这意味着它存在偏见、不合理,或有误导性。

　　在统计学上,我们所讨论的偏态分布,主要用来描述均值两边的不对
称性。对称数据的偏态系数大约为 0。正态分布(完美的钟形曲线)的偏
态系数正好等于零。当均值右边有着由较大的结果构成的长尾时,分布
呈右偏态。

　　表 9.1 描述了企业的销售额、竞选捐款和游说支出的分布情况。企
业销售额对数的分布呈右偏态(正偏态)。其偏态系数为 0.23。这是一个
众所周知的事实;企业销售规模的分布,存在一个肥大的右尾。这意味着

大企业在经济中起着格外重要的作用。表 9.1 还显示出竞选捐款和游说支出的销售额弹性。竞选捐款的销售额弹性为 0.63。即当某家企业的销售额增加 10% 时,其竞选捐款平均提高 6.3%。对于游说支出而言,其销售弹性为 0.67。

表9.1 按公司规模得到的游说支出和竞选捐款的偏态分布

| 相应指标的对数 | 标准普尔 1 500 指数包含的企业 | | | 所有企业 |
	偏态系数或弹性	CR_{50}	产业 CR_4	产业 CR_4
销售额	0.23(偏态系数)	42%	52%	15%
竞选捐款	0.63(弹性)	49%	65%	35%
游说支出	0.67(弹性)	54%	68%	45%

注:竞选捐款和游说支出的销售额弹性,是通过支出对数对销售额对数的回归,计算得到。其中,回归纳入的竞选捐款和游说支出的数额都大于 10 000 美元,回归模型中控制了年份的固定效应。

资料来源:Compustat 数据库和 OpenSecrets.com。

鉴于企业收入呈现偏态分布,加之竞选捐款会随着企业收入的增加而增加,我们预计游说支出和竞选捐款有较高的集中度。表 9.1 中的集中度比率表明,情况确是如此。即使我们仅看标准普尔 1 500 指数中的企业,也就是大企业,我们也可以发现,虽然最大的 50 家企业占市场总销售额的比例为 42%,但占竞选捐款和游说支出的比例分别为 49% 和 54%。如果按产业分组,再考察各个行业中的 CR_4,那么这三个数字将会变为:52%,较之于 65% 和 68%。因此,在规模很大的企业中,超级大企业发挥着格外重要的作用。但在这些大企业之间的比较,实际上低估了真实的偏态系数。如果把经济体中的所有企业都考虑进来,无论大小,那么产业销售收入的 CR_4 平均为 15%,即最大的 4 家企业占产业总销售收入的比例平均为 15%。而它们的竞选经费和游说支出所占比例,分别达到 35% 和 45%。换言之,游说支出的产业集中度 3 倍于产业销售收入的集中度，而后者已经达到了相当高的水平。这意味着，大企业在政治体系中发挥的作用，甚至比在经济中发挥的作用还要大。

古铁雷斯和我的研究表明，上述现象在几乎所有产业中都存在。游说的 CR_4 几乎总是比销售收入的 CR_4 高得多。我们的数据表明，在几乎所有产业中，大企业在政治和游说中起到的作用，都要大于其经济规模所占的比例。

让我们重新回到欧美间的对比。我们有多确信游说在美国发挥着更为重要的作用呢？在欧盟，游说的作用可能被低估了；欧盟委员会透明度登记的信息申报并不具有强制性。尽管如此，我们依然能够观察到极不平衡的游说支出。因此，真正重要的是，要获取大企业游说活动的相关数据。对那些大企业而言，就我们所知，数据看上去是可靠的。[3]

有些人可能还会担心，我们对针对欧盟机构的游说度量可能会偏低，原因在于企业还要游说各自国家的政府。但在美国也同样如此。事实上，根据竞选资金研究所（Campaign Finance Institute）的网站 FollowTheMoney. org，2016 年，美国仅 20 个州（占美国 GDP 的 58%）的游说支出总额就达到 14.3 亿美元，几乎与欧盟游说支出总额相当。

我们可以利用企业数据进行更准确的比较。图 9.3 给出了欧盟和美国前 1 000 家企业按游说支出额对数的分布。两个经济体的分布曲线形状相似，这表明本质上相似的经济因素在起作用。然而美国的分布曲线处在更高的位置，这显示美国的游说支出倾向在边际上更高。如果控制部门间的固定效应，结果同样成立。康斯坦丁诺斯·德利斯和戴维·松德尔曼（Konstantinos Dellis and David Sondermann, 2017）估计，欧盟企业的游说支出对销售收入对数的弹性为 0.15。我们基于 Compustat 数据库的美国企业样本，估算得到该弹性在美国达到了前者的 4 倍以上（0.620）。结论很清楚，美国大企业的游说支出，比欧盟大企业要多得多，这也解释了为什么总体上我们能观察到欧美之间如此巨大的差异。

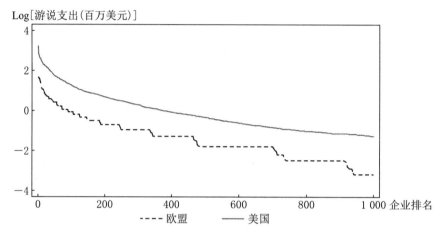

图9.3　欧盟与美国大型游说企业的分布

注：仅涉及企业，不包括行业协会或非企业组织。欧盟曲线的弯折是数据处理（分统计堆报告）的结果。

资料来源：美国数据来自响应性政治研究中心；欧盟数据来自 LobbyFacts.eu。

说客能成功吗？

我们的最后一个问题，也是最难回答的问题，原因在前面已经进行了解释：游说决策具有高度的内生性。当大型科技企业刚开始探听到对其规模和行为的抱怨，它们就会强化自己的游说力度。这意味着，当它们开始进行游说的时候，也正是它们更有可能会被反垄断调查的时候。

现有与游说相关的研究，大多关注立法结果：要么是投票结果，要么是委员会的人员构成。对监管法规及其对监管人员的影响的研究，新近才刚刚开始。监管人员通常由议会议员委任和重新任命，他们的预算一般情况下由议员投票决定。企业希望通过影响监管人员来增加自己的利润,而监管人员则可能会通过取悦议员,来达到提升他们的连任机会和扩大预算规模的目的。

小鲁伊·J.P.德·菲格雷多和杰夫·爱德华兹(Rui J.P. de Figueiredo Jr. and Geoff Edwards, 2007)分析了电信企业对州公共事业委员会的游说活动。他们研究发现,捐赠较大的企业能够获得有利的监管决策。盖伊·霍尔伯恩和理查德·范登·伯格(Guy Holburn and Richard Vanden Bergh, 2014)对电力产业的并购问题进行了研究。他们发现,相关监管决策出台前12个月内的企业捐赠,要明显高于其他时期。这表明,企业会试图进行策略性捐赠,但我们不知道它们是否真的成功地影响了监管人员的决策。

图 9.4 给出了各个产业的游说支出总额。在所有捐赠经济产业中,金融业所占比例贡献最大,紧随其后的是其他服务业、耐用品制造业和非耐用品制造业。不同产业的游说强度也有很大差异。一些产业(例如金融业)在游说上的支出比例,要比其他产业(如贸易产业)大得多。

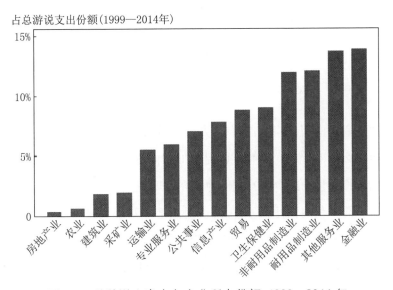

占总游说支出份额(1999—2014年)

图 9.4 总游说支出中各产业所占份额:1999—2014 年

同时，有些产业的反垄断调查案件数量很多，而有些产业则很少。在本节，我们关注的是非合并的反垄断调查案件，因为现有文献对合并问题已经进行了详细研究。图9.5显示了产业间非合并交易的分布情况。案件数量差异很大，而且正如人们所料，反垄断案件较多的产业（例如耐用品制造业和非耐用品制造业），游说支出也往往更多。这突显出两者存在逆向因果关系。

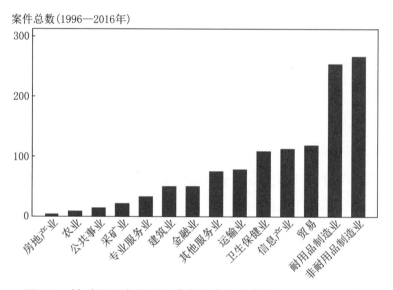

图9.5 针对不同产业的反垄断调查案件数量：1996—2016年

要规避逆向因果问题，我们首先可以做的是，看看游说随着时间推移会发生什么样的变动。我们可以提出如下问题：游说活动的增加会引起反垄断案件数量的减少吗？我们的研究发现，答案是肯定的，但显著性较弱。这一简单化的估计意味着，游说司法部和联邦贸易委员会的相关支出每增加一倍，给定产业的反垄断案件数量平均会减少约4%。而另一方面，我们清楚，由于内生性问题，这一估计是偏低的，只是不知道估低了多少。

如果利用欧洲给我们的启示来反观美国,我们会有更多的新发现。古铁雷斯和我对非合并的反垄断案件与不同产业游说活动的关系进行了研究(Gutiérrez and Philippon,2018a)。正如预期的那样,我们发现,在有利可图且集中度高的行业,非合并的反垄断案件往往也更多。然而,欧洲数据为我们提供了另一种观点。我们可以用欧盟的案件数量来度量产业所面临的未被注意到的"危险",比如监管审查的威胁。现在让我们提出如下假定:(1)美国的游说不会对欧盟监管机构产生影响;(2)欧盟和美国的监管机构对产业动态(技术、消费者偏好、大企业可能的违规行为等)有着相同信息。

如果我们接受上述两个假定,那么欧盟的案件就可以用来代表不受美国游说影响的、"潜在的"监管审查,而这些案件应该与美国的过度游说存在正相关关系。我们的研究表明的确如此,而且这种关联是显著的。只要当我们观察到欧盟某一产业的反垄断案件增多,就会发现美国同一产业的游说活动也变得越频繁。我们可以利用欧盟的案件,来估计美国逆向因果关系的偏误大小,也就是为应对潜在的审查而引起的游说活动的增加程度。我们发现这种偏误相当大。欧盟每新增一个案件,会引起美国的游说支出平均增加 6%—10%。这种影响非常大,原因在于游说支出的标准差(排除产业和时间效应之后)仅为 38%。

最后,既然我们对逆向因果关系的大小进行了估计,那么我们就可以剔除掉对美国游说活动影响的估计偏误。我们发现,重新估计得到的影响达到原来的两倍多。这一去偏误后的估计意味着,游说司法部和联邦贸易委员会的支出每翻一番,给定产业的反垄断调查案件数平均会减少 9%。考虑到 1998—2008 年间游说支出几乎增至了原先的 3 倍,这种影响相当大。如果我们的估计正确,那么游说支出的增加在很大程度上能够解释美国执法力度的下降。

我们的模型还预测，说客在美国比在欧盟更有可能取得成功。克里斯蒂娜·马奥尼（Christine Mahoney，2008）发现，事实确实如此。她对这两种制度进行了大规模的比较研究，涉及 150 名说客在 47 个不同的政策议题上的游说活动，欧美各占一半。她总结到："在美国，89％的企业和 53％的行业协会实现成功游说，而旨在促进公共利益的组织，大部分（60％的公民团体和 63％的基金会）都未达到它们的游说目标。在欧盟，我们看到产业游说通常也能成功（行业协会的成功率为 57％，进行游说的企业的成功率为 61％），而旨在促进公共利益的公民团体和基金会却以类似的比例取得了游说成功（56％和 67％）。"她认为，之所以存在这些差异，是因为美国的国会议员依赖资本雄厚的利益集团为其提供竞选捐赠。

游说的影响

虽然在许多方面我们对游说的确切影响可能还不清楚，但就我们的目的而言，能够获取的数据告诉了我们两个关键事实。

首先，游说活动的确在发挥作用。无论是拯救受人喜爱的电视节目的草根运动，还是在一项法规公之于众之前暗中将其挫败，游说活动对公共政策产生了非常真实的影响。

第二，在美国游说支出增长迅速，而且绝大部分都是由企业界承担，或是直接出资，或是通过行业协会。这些团体的主要目标，似乎就是为了保护（或创造）经济租金。

2019 年 1 月 19 日的《华尔街日报》报道了一个打击非法在线赌博的具有启发性的案例。美国的赌博活动大多由州政府监管，而直到 2011

年,按照司法部的解释都是,《联邦有线法》(Federal Wire Act)禁止在线赌博活动。2011年,美国司法部更正解释,认为该禁令适用于在线体育博彩,但不适用于其他形式的赌博活动。赌场大亨、共和党最大捐赠人谢尔登·阿德尔森(Sheldon Adelson)对此表示不满。2017年4月,他雇佣的说客起草了一份备忘录,辩称司法部2011年的判决是错误的。2019年1月,美国司法部作出了一个不同寻常的举动:它推翻了自己的意见。《华尔街日报》注意到,美国司法部的声明,与阿德尔森的说客所撰写的那份2017年的备忘录,包含了相同的法律语言和论据。

与欧洲的游说进行对比很有意思。欧洲也存在许多类似的案例,说客的某些言辞被纳入法律法规当中。事实上,就技术上复杂的那一类法律法规而言,这正是人们所预料的情形,也与游说是为了提供专业知识和信息共享的看法相一致。然而,总的来说,游说在欧洲似乎不如美国那么普遍。这表明,游说可能是导致美国市场与欧盟市场相比竞争弱化的一个深层次原因。其中一个关键因素在于,美国国会的立法议员依赖富有的利益集团为其提供竞选捐款。

但故事并未到此结束,我们接下来的任务就是理解政治活动是如何筹集资金的。

注释

[1] 这是一个老笑话:一个警察看到一个醉汉在路灯下找东西,问他丢失了什么。他说:"我把钥匙弄丢了。"他们一起在路灯下寻找。几分钟后,警察问:"你确定你在这里丢了钥匙吗?"醉汉回答说:"没有,我是在公园里把它们弄丢的。"警察问他为什么要在这里寻找,醉汉回答说:"只有这里有灯光。"

[2] 理想的实验应涉及与需求无关的价格随机变动,例如因为供应链出现问题,而随

机增加了商店的牛奶库存。然后卖主会通过降低价格减少库存，你将能估计消费者的反应（他们的需求弹性）。

[3] Greenwood 和 Dreger（2013）估计：在积极针对欧盟政治机构开展活动的那些企业和非政府组织中，分别有 75％和 60％的比例进行了登记；自 2013 年以来，登记数增加了 50％以上。另一方面，因重复计算，游说活动可能会被高估：数据既包括了雇佣游说中介的企业，又包括了这些游说中介企业本身。小企业存在某些度量问题，我们采用了 LobbyFacts.eu 的做法，基于欧洲议会的议案数量和欧盟委员会的会议次数对相关数据进行了限制，从而缓解了这些问题。特别是，对于那些欧洲议会的议案和欧盟委员会的会议没有涉及的企业，我们舍弃了每年观察到的前 5％的游说支出。我们还用前一年的数据替换了 2015 年"都柏林大学—爱尔兰国立大学"游说支出，因为那是一个极端异常值。实施上述限制后的游说支出总额，与《卫报》（2014 年 5 月 8 日）等媒体报道的数字大体一致。还需要注意的是，大多数企业所报告的游说支出大致为某一区间，而非具体金额。我们取区间的中点值作为估计值。欧盟的历年游说支出总额，是基于 2012 年、2013 年、2014 年和 2015 年在 LobbyFacts.eu 登记在案的全部游说支出得到。

金钱与政治

企业可以利用自己的经济权力来获取政治权力，然后利用自己取得的政治权力，建立市场壁垒，损害竞争。15 世纪的美第奇家族，曾利用同罗马天主教会的借贷关系，获得欧洲的政治影响力。美国是正在变得更像中世纪的佛罗伦萨，还是变得更像一个开放社会呢？

政治已经变得如此烧钱，以至于现今连当个失败者都要耗费巨资。

——威尔·罗杰斯(Will Rogers)

如果竞选美国众议院席位的候选人，在每次竞选活动中都表示，如果她当选，她将从事一份每周要花去 30 个小时的兼职工作，那么她会有多大的可能性取得成功呢？她很可能会被嘲笑出局，不是吗？

问题在于，她这话本可以准确地描述那些真正的国会议员在任期内年复一年每周花在筹款上的时间。

政治成本已变得如此昂贵，以至于新的国会议员被明确告知，他们在华盛顿的首要和最高任务，就是筹集足够的竞选资金，以确保他们成功连任。2016 年，来自佛罗里达州的共和党众议员戴维·乔利(David Jolly)，在《60 分钟》(60 Minutes)新闻节目中，讲述了他在华盛顿第一天的工作情况。他是在赢得一次用于填补职位空缺的补选后来到这里的，这意味着他在 6 个月后将再次面对选民。

"我们在共和党总部后厅关着的门后面坐着，前面是一块白板，上面写着等式，"他说，"你离竞选还有 6 个月的时间。也就是说，你在未来 6 个月内，必须筹集到 200 万美元。作为一名国会新议员，你的工作就是每天筹集

1.8 万美元。你的首要职责就是确保每天筹来的捐赠收入达到 1.8 万美元。"

筹款活动永不停止。民主党人和共和党人每年都有类似这样的指标,具体取决于他们的资历,以及在不同委员会所担任的职位。2013 年,民主党为众议院新议员准备了一份备忘录,建议他们每天至少留出 4 个小时给潜在的捐赠者打电话,也就是所谓的"拨打美元"。同一份备忘录还建议,他们仅需留出 2 个小时参加众议院活动或其下属的委员会会议。

威尔·罗杰斯在本章题记中指出,1931 年的选举政治耗费了太多金钱。这并不是一个新问题。但现在的政客们需要筹集的竞选资金,要比当时大得多。

图 10.1 显示了胜选的参议院和众议院候选人的平均直接竞选支出。1986 年,赢得参议院席位的竞选成本约为 400 万美元(扣除通货膨胀因素)。2014 年为 1 200 万美元。赢得众议院席位的竞选费用要低一些,但在过去三十年里还是翻了一番,由 80 万美元增加到 160 万美元。

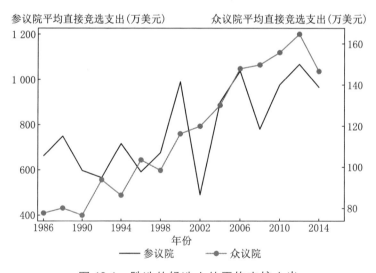

图 10.1 胜选的候选人的平均直接支出

注:为了剔除通货膨胀的影响,所有支出均采用 2014 年的美元。
资料来源:响应性政治研究中心。

此外,图 10.1 并没有说明全部情况。它只显示出候选人竞选活动的直接开支。2010 年以来,政治行动委员会(PAC)、超级政治行动委员会(super PAC)和政治非营利组织(我们将在本章中对它们进行详细介绍)变得日益重要。

表 10.1 显示了 2014 年耗费竞选资金最多的五场州参议院选举的支出情况。其中最贵的竞选,是现任民主党的参议员凯·黑根(Kay Hagan)与共和党的挑战者汤姆·蒂利斯(Thom Tillis)角逐北卡罗来纳州参议院。有趣的是,这两位候选人在选举总支出的 1.13 亿美元中,只耗费了 3 239 万美元。剩余大部分开支来自外部团体。

表 10.1　2014 年最昂贵的五个州参议院选举

	总支出(美元)	竞选活动(美元)	外部团体(美元)
北卡罗来纳州参议院	113 479 706	32 390 468	81 089 238
科罗拉多州参议院	97 285 589	27 887 734	69 397 855
艾奥瓦州参议院	85 364 286	23 452 451	61 911 835
肯塔基州参议院	78 231 062	44 838 119	33 392 943
佐治亚州参议院	66 136 490	39 579 101	26 557 389

资料来源:响应性政治研究中心。

当然,竞选捐款和选举开支齐头并进。图 10.2A 显示了各类组织的捐赠情况。捐款总额增加了约 60 亿美元。具有压倒性优势的最大的捐赠者,为商业游说组织。该类组织的捐款额也增加得最多,由 20 亿美元增加到 60 亿美元,占总增加额的三分之二。第二大捐款增加额来自非常富有的那些财富排名前 1% 的个人。

图 10.2B 显示出捐赠者的集中度,将所有组织放在一起,并将捐赠者按降序排序。前 1% 捐赠者的捐款额,约占捐款总额的四分之三。正如我们在前一章所讨论的那样,政治捐款同游说开支一样,呈严重的偏态分布。真正重要的是大捐赠者。

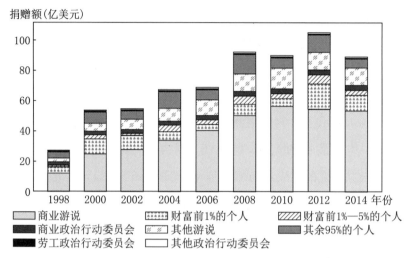

捐赠额(亿美元)

图例		
□ 商业游说	▥ 财富前1%的个人	▨ 财富前1%—5%的个人
■ 商业政治行动委员会	▧ 其他游说	▤ 其余95%的个人
■ 劳工政治行动委员会	□ 其他政治行动委员会	

A. 各个组织的政治捐赠情况

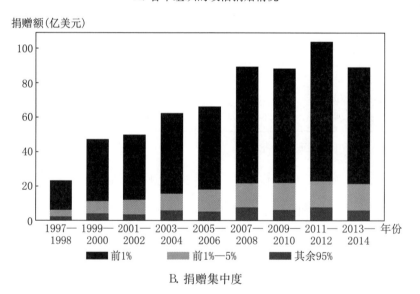

捐赠额(亿美元)

■ 前1%　　▦ 前1%—5%　　■ 其余95%

B. 捐赠集中度

图 10.2　各类组织的政治捐赠情况和捐赠集中度(以 2014 年美元计)
资料来源:响应性政治研究中心。

　　偏态分布在个人捐赠中更加明显。例如,财富排名前 0.01% 的个人,其意思是指一万人中最富裕的那一个人。正如我们从托马斯·皮凯蒂和伊曼纽尔·赛斯的研究中所了解的那样,在国民收入中,这部分人所占份额出现了提高,现今为5%。偏态分布非常严重。但与竞选捐款的分布相比,这简直不值一提。前0.01%的捐赠者所占份额达到了惊人的40%。

这并不意味着选举支出最多的人总会赢。尽管唐纳德·特朗普的筹款额和选举支出远低于希拉里·克林顿(见表10.2),但依然在2016年11月的总统大选中获胜。早在几个月前,他还在共和党内部选举中击败了资金雄厚的另一位候选人。事实上,唐纳德·特朗普筹集到的外部资金,比2008年的约翰·麦凯恩以来的任何一个大党总统候选人都要少。然而,他在电视上独占鳌头,赢得了选举。

表 10.2　2016 年选举捐赠情况

	希拉里·克林顿	唐纳德·特朗普
由候选人筹集部分(亿美元)	9.73	5.64
由超级政治行动委员会筹集部分(亿美元)	2.17	0.82
总额(亿美元)	11.90	6.46

尽管如此,但平均而言,开支最多的人通常都会赢得选举。响应性政治研究中心对2014年选举情况的分析显示,在众议院竞选中开支最多的候选人获胜比例为94.2%,而在参议院中这一比例为81.8%。但这并不意味着赢得选举是由金钱的多少来决定的。我们在第9章中讨论的内生性问题,在政治竞选中也存在。我们能观察这种相关性,但我们不清楚具体的因果关系的方向。

或许即使竞选资金没有多于对手,在位者也会赢得选举。或许人们只是偏好于将资金捐赠给获胜者:这称为逆向因果关系。又或许,相同的基本素质,会使一些人同时成为更好的候选人和筹款人:这被称为遗漏变量偏误。

本章的目的在于理解金钱与政治的相互作用,并理清一个因素对另一个因素的因果效应。比如游说，其相关开支决策属于策略性选择而非随机决定，导致难以理清游说与相关开支的因果效应。内生性问题始终困扰着我们。企业可能会为了策略性目的而争相给获胜者捐赠，但这并不意味着有了钱就一定能胜出。另一方面，确实有证据显示，企业期望获取一定回报，而政客们也很在意企业的捐赠。

竞选资金的相关法律

关于竞选资金的争论与合众国一样久远，其历史充满着讽刺、误导性法律以及不到位的解决方案。在 1904 年竞选活动中，西奥多·罗斯福筹集到了超过 200 万美元的企业捐赠。成功当选后，相关捐赠引发了一场争议，罗斯福本人也呼吁禁止企业捐款。他在 1905 年的国会年度讲话中提到："企业向任何政治委员会或出于任何政治目的而提供的一切类型的捐赠，都应在法律上予以禁止；企业经理不得将股东资金用于此类目的；此外，就其本身而言，禁止此类行为也是遏制各种反腐败法律所针对的邪恶行为的有效方法。"

罗斯福于 1907 年签署了《蒂尔曼法》（Tillman Act）。这是第一部在法律层面禁止企业向国家政治竞选活动捐款的立法。但该法缺乏一个行之有效的执法机制。它有处罚规定，却无人适用。没有设立联邦选举委员会，也没有向候选人提出披露要求。此外，该法还不适用于党内初选。在许多地方（例如被民主党控制的南方大部分地区），大选并没有真正的竞争，所以初选往往才是最重要的。最后，企业可以要求其高管或负责人以个人名义向候选人捐赠，以后再以奖金或其他津贴的形式补偿给他们。

1910 年出台了关于候选人披露要求的规定，1911 年扩展至初选。法案中对某些竞选开支进行了限制,但后来这些限制规定被美国联邦最高法院否决。[1]政治行动委员会在此后几十年才出现,而它们的做法很有启发性。美国国会试图利用 20 世纪 40 年代中期通过的《史密斯—康纳利法》(Smith-Connally Act)和《塔夫特—哈特利法》(Taft-Hartley Act),禁止工会向候选人捐款。其中,《史密斯—康纳利法》禁止工会向联邦候选人捐款。作为回应,产业工会联合会(Congress of Industrial Organizations, CIO)于 1944 年成立了第一个政治行动委员会,为富兰克林·D. 罗斯福总统的连任筹集资金。政治行动委员会的资金源自工会成员的自愿捐款,而不是工会经费,因此它没有违反《史密斯—康纳利法》。政治行动委员会不受适用于候选人政治广告与开支的相关法律的制约,因此它们可以随心所欲地花钱,在其成员和公众中独立宣传具体候选人和议题。

正如托马斯·施特拉特曼(Thomas Stratmann, 2019)所述,"国家层面的现代竞选资金法律始于 20 世纪 70 年代,经过之后的立法和法院裁决,这些法案发生了数次变化。"1971 年的《联邦竞选法》(Federal Election Campaign Act, FECA),最初提出了选举开支上限,但没有规定实施的人力和物力。1974 年对《联邦竞选法》进行了修改,成立跨党派的联邦选举委员会(FEC),时至今日,该机构仍在履行竞选资金法律所赋予的职责。1976 年,纽约州共和党参议员詹姆斯·巴克利(James Buckley),在美国联邦最高法院辩称,联邦选举委员会对竞选开支的限制,侵犯了言论自由权。美国联邦最高法院同意这一申诉,它在"巴克利诉瓦莱奥案"(*Buckley v. Valeo*)中的裁决,最终被解释为政治候选人的竞选开支不受限制。

2002 年,《两党竞选改革法》(Bipartisan Campaign Reform Act)——也被称为《麦凯恩—范戈尔德法》(McCain-Feigold Act)——试图在预选前 30 天内限制开支并禁止政治广告。这项法律很快受到质疑,美国联邦最高法院驳回了其中的一些条款。

如果可以的话,追随钱的流向

正如上一章中所述,测度游说和竞选资金的影响,存在根本上的困难。

图 10.3 显示了从企业、富人到政府机构、政党和当选官员的资金和影响力的流向。很明显,图有点复杂。该图突出了观察到的流向,部分观察到的流向,以及没有观察到的流向。

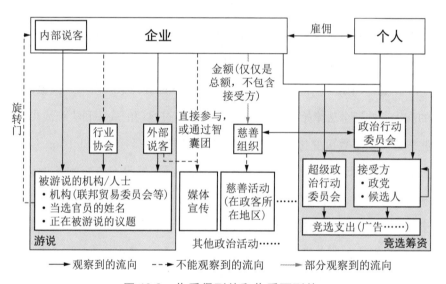

图 10.3 你看得到的和你看不到的

"硬"钱与"软"钱有着重要区别。硬钱是指对竞选活动、政党和传统政治行动委员会的直接捐款,通常受到限制。软钱则包括对一个政党非联邦账户的捐款,更多被用于电视和广播广告。这些广告关注的是议题,并不是明确支持某一候选人,但很显然,它们的目的在于影响联邦选举中的选票。

在游说的世界里，有一个自然而然的结果。企业可以雇佣内部说客，也可以聘请外部说客。内部说客属于企业雇员，代表企业进行游说。我们能观察他们会见的机构或政客，以及讨论的议题。对于外部说客而言，情况也大致如此，他们需要上报聘请他们的企业名称。

但很多游说活动都是由行业协会实施的。行业协会模糊了企业与其游说目标的关系。当某一行业协会的说客与政府官员会谈时，我们能观察到这次谈话，而且也了解被游说的议题。尽管如此，我们无法获取行业协会接受企业捐款的信息，从而不能将游说与某一具体企业联系起来。这意味着我们无法计算出某一企业的全部游说投入。

竞选资金相对来说更加透明，或者说至少比过去透明。我们所知道的大部分游说信息都源于响应性政治研究中心，它是一个追踪美国政治献金的无党派研究机构。该中心官方网站提供了本节所用到的大部分数据和观察资料，包括关于企业、个人、政治行动委员会以及超级政治行动委员会的直接捐款额。

政治行动委员会负责筹集和支出资金，以帮助某些候选人击败其他候选人。大多数政治行动委员会代表企业、劳工或意识形态的利益。每次选举（初选、大选或补选），政治行动委员会可以向候选人委员会捐赠 5 000 美元。他们也可以每年再向任一个全国性的政党委员会捐赠最多 1.5 万美元，并向其他任何一个政治行动委员会捐赠 5 000 美元。每个日历年，政治行动委员会可从任何一个个人、政治行动委员会或政党委员会那里接收最多 5 000 美元。[2] 表 10.3 列出了在 2015—2016 年的选举周期中排名靠前的政治行动委员会。你可以看到，大多数捐赠者，要么是大企业（如 AT&T），要么受到监管的严重影响（如银行和信贷联盟），要么依赖政府采购合同（如洛克希德·马丁公司、诺斯罗普·格鲁曼公司）。

表 10.3　2016 年选举周期中排名前 16 位的政治行动委员会

政治行动委员会名称	总　额（美元）	民主党占比	共和党占比
全国房地产经纪人协会（National Association of Realtors）	3 973 350	42%	58%
全国啤酒批发商协会（National Beer Wholesalers Association）	3 322 700	43%	57%
美国电话电报公司（AT&T Inc.）	2 953 750	38%	62%
霍尼韦尔国际（Honeywell International）	2 861 364	40%	60%
全国汽车经销商协会（National Auto Dealers Association）	2 659 250	28%	72%
洛克希德·马丁公司（Lockheed Martin）	2 612 750	38%	62%
蓝十字与蓝盾协会（Blue Cross/Blue Shield）	2 573 398	36%	64%
国际电气工人兄弟会（International Brotherhood of Electrical Workers）	2 570 650	96%	4%
美国银行家协会（American Bankers Association）	2 444 007	21%	79%
信用联盟全国协会（Credit Union National Association）	2 380 350	47%	53%
操作工程师工会（Operating Engineers Union）	2 250 300	74%	26%
康卡斯特公司（Comcast Corp.）	2 242 300	36%	64%
全国住宅建筑商协会（National Association of Home Builders）	2 185 625	17%	83%
波音公司（Boeing Co.）	2 163 135	43%	57%
诺斯罗普·格鲁曼公司（Northrop Grumman）	2 135 500	39%	61%
国家保险和金融顾问协会（National Association of Insurance & Financial Advisors）	2 091 950	33%	67%
总计	41 420 379	42%	58%

资料来源：响应性政治研究中心根据 2017 年 11 月 27 日联邦选举委员会（FEC）发布的数据计算得到。

　　许多政客还成立了"领导力政治行动委员会"（leadership PAC），以此筹集资金，资助其他候选人的竞选活动。[3] 在 2016 年的选举周期中，各类领导力政治行动委员会共筹集资金 4 900 万美元。其中，民主党获得 1 900 万美元（38%），共和党获得 3 000 万美元（63%）。表 10.4 列出了 2016 年排名前 5 位的领导力政治行动委员会。

表 10.4　2016 年排名前 5 的领导力政治行动委员会

政治行动委员会名称	相关人物	总额（美元）	民主党（美元）	共和党（美元）
多数派委员会（Majority Committee PAC）	凯文·麦卡锡（Kevin McCarthy，加利福尼亚州共和党人）	2 086 513	0	2 086 513
繁荣行动（Prosperity Action）	保罗·瑞安（Paul Ryan，威斯康星州共和党人）	1 326 238	0	1 326 238
美国政治行动委员会（Ameri PAC）	斯滕尼·H.霍耶（Steny H. Hoyer，马里兰州民主党人）	1 019 499	1 019 499	0
虎之眼政治行动委员会（Eye of the Tiger PAC）	史蒂夫·斯卡利塞（Steve Scalise，路易斯安那州共和党人）	942 485	0	942 485
更多保守派政治行动委员会（More Conservatives PAC）	帕特里克·麦克亨利（Patrick McHenry 北卡罗来纳州共和党人）	697 000	0	697 000

　　超级政治行动委员会（super PAC）是法院裁决后产生的一种政治行动委员会新形式，2010 年的"SpeechNow.org 诉联邦选举委员会案"重塑了竞选资金制度。作为一个接受个人捐款的组织，SpeechNow.org 于 2008 年 2 月向美国哥伦比亚特区地方法院起诉联邦选举委员会，旨在推翻联邦捐款限额，以及对政治行动委员会的竞选独立支出的披露要求。地方法院驳回了该项起诉请求，SpeechNow.org 上诉至美国哥伦比亚特区巡回上诉法院。[4] 上诉法院决定暂缓审理此案，等待美国联邦最高法院对一个相关且争议极大的案件的裁决。

联合公民诉联邦选举委员会案

当 SpeechNow.org 网站提起上诉时，美国联邦最高法院正在审理"联合公民诉联邦选举委员会案"（*Citizen United v. FEC*）。作为一家保守的非营利性组织，"联合公民"想在 2008 年民主党初选前夕，播出一部批评希拉里·克林顿的电影，但 2002 年的联邦法律《麦凯恩—范戈尔德法》，禁止任何企业（或工会）在初选前 30 天或大选前 60 天内播放竞选广告。此外，企业也不能花钱宣传候选人的当选或失败。最高法院认为，这些法律条款与美国宪法相抵触。2010 年 1 月 21 日，美国联邦最高法院作出判决：宪法第一修正案的言论自由条款，禁止政府限制非营利性企业、营利性企业、工会和其他协会在传播方面的独立支出。

这一里程碑式的裁决，将会影响到美国宪法、竞选资金以及公司法。它仅以 5 比 4 的微弱优势获得通过，充满分歧和争议。肯尼迪（Kennedy）大法官的观点，得到了斯卡利亚（Scalia）、阿利托（Alito）、托马斯（Thomas）三位大法官和首席大法官罗伯茨（Roberts）的赞同，他们认为："宪法第一修正案如果不能禁止国会对仅仅参加政治演讲的公民或公民协会处以罚款或监禁，那就等同于该修正案无效。"与金斯伯格（Ginsburg）、布雷耶（Breyer）和索托马约尔（Sotomayor）三位大法官持有相同的少数派观点的史蒂文斯（Stevens）大法官认为，多数派所作出的判决"可能会对整个国家民选机构的诚信构成威胁和破坏。我担心，为达成目的所采取的种种途径，终将会损害我们的制度……当其选民成员相信法律可以被买卖时，民主将无法有效发挥作用。""联合公民"一案的裁决，是历史上最具争议的法院裁决之一。对其支持者而言,这是在维护宪法第一修正案的言论自由条款;而对于批评者来说,它基本上是让腐败合法化。

现在让我回到 SpeechNow.org 一案。按照美国联邦最高法院的裁决,2010 年 3 月,哥伦比亚特区巡回上诉法院推翻了联邦对独立支出的委员会的捐款限制。其基本逻辑是:"对独立支出的组织的捐款进行限制,无助于政府的反腐败。"现如今,这些独立支出的委员会,被称为超级政治行动委员会。

该裁决并不影响披露要求。"联合公民诉联邦选举委员会案"也不影响联邦禁止企业直接向候选人或政党捐款的禁令。巡回上诉法院支持政治行动委员会的披露要求。

总之,政治行动委员会和超级政治行动委员会的不同之处在于,超级政治行动委员会可以从企业、工会、协会和个人等处筹集想要的任何数量的竞选资金,然后不受限制地进行支出,以公开支持或反对政治候选人。但是,与传统政治行动委员会不同,超级政治行动委员会不能直接向政治候选人捐款,它们的支出也不能与它们支持的候选人的竞选开支相互配合。超级政治行动委员会不可以向候选人或政党直接捐款,但可以在联邦选举中独立支出,通过广告、邮件等方式宣传特定候选人的当选或失败。这些委员会定期向联邦选举委员会提交财务报告,涉及捐赠者及其支出等数据信息。

截至 2018 年 10 月 6 日,2018 年选举周期内 2 153 个超级政治行动委员会获得的总捐赠收入共计 7.92 亿美元,独立支出总额为 3.5 亿美元。表 10.5 列出了独立支出超过 300 万美元的超级政治行动委员会。保守派的超级政治行动委员会已经筹集 2.25 亿美元,自由派的超级政治行动委员会筹集到 1.72 亿美元。

表 10.5　2018 年独立支出超过 300 万美元的超级政治行动委员会

超级政治行动委员会	支持/反对	独立支出额（美元）	观　点	筹集资金总额（美元）
国会领导基金（Congressional Leadership Fund）		70 579 180	保守派	100 999 974
参议院多数派政治行动委员会（Senate Majority PAC）		46 632 153	自由派	95 693 285
参议院领导基金（Senate Leadership Fund）		40 977 919	保守派	61 962 292
众议院多数派政治行动委员会（House Majority PAC）		16 366 917	自由派	51 456 232
女性投票！（Women Vote!）		13 572 937	自由派	19 134 569
新共和党政治行动委员会（New Republican PAC）	支持斯科特（Scott）	12 129 362	保守派	10 864 801
保卫亚利桑那（Defend Arizona）	支持麦克萨利（Mcsally）	11 057 869	保守派	1 375 200
增长行动俱乐部（Club for Growth Action）		9 831 861	保守派	13 266 020
全国房地产经纪人协会（National Association of Realtors）		8 071 191		11 050 215
与荣誉同在基金（With Honor Fund）		7 026 669		17 683 994
美国优先运动（America First Action）		6 879 805	保守派	18 129 004
病人需要平价药运动（Patients for Affordable Drugs Action）		6 402 502		3 117 279
复兴政治行动委员会（Restoration PAC）		6 334 807	保守派	7 252 065
美国政治行动委员会（Americas PAC）		5 807 485	保守派	5 657 500
31 号高速公路（Highway 31）	支持琼斯（Jones）	4 232 558	自由派	4 367 528

超级政治行动委员会	支持/反对	独立支出额（美元）	观点	筹集资金总额（美元）
下一个就是威斯康星政治行动委员会（Wisconsin Next PAC）	支持武克米尔（Vukmir）	4 110 362	保守派	2 940 050
立即改革政治行动委员会（Change Now PAC）		3 897 079	自由派	1 782 491
诚信新泽西（Integrity New Jersey）	反对梅嫩德斯（Menendez）	3 462 048	保守派	2 125 000
总　计		277 372 704		428 857 589

对政客和企业有什么好处？

就研究人员来说，很难在竞选捐款与立法者和具体效果之间划上直线，因此，当前立法者为我们将大幕拉开的时候，会对我们尤其有帮助。

米克·马尔瓦尼（Mick Mulvaney）来自南卡罗来纳州，离开国会后曾在特朗普行政当局担任多个职务。他在2018年4月的一次演讲中，向一群银行业高管详细讲述了担任议员期间众议院的运作情况。

"在我的国会办公室里，是会把人分三六九等的，"他说，"如果你是一位从不给钱的说客，我不会和你沟通。相反，如果你给过我们钱，我可能还会和你谈谈。"他鼓动他的听众要不断地派遣说客到国会加强联系，敲门砖可能就是捐款。他将这个过程称为"我们代议制民主制的基本支柱"之一，并补充说，"你必须得持续这样干"。

相关研究支持这一观点。例如，斯蒂芬·安索拉韦埃雷、约翰·M.德·菲格雷多和小詹姆斯·M.斯奈德（Stephen Ansolabehere, John M. de Figueiredo, and James M. Snyder Jr., 2003）的研究表明，竞选捐款和游说呈正相关关系，这表明竞选捐款是利益集团换取接触政客的机会的途径。一旦能接触到政客，游说者就有机会兜售他们客户的利益。

那么，这会为政客和产业组织带来哪些利益呢？答案很简单：连任和影响力。

但是，像马尔瓦尼那样，直接承认钱就是接触政客的通行证，这种情况比较少见。一般而言，收集证据来直接证明一个看似简单明白的观点，是很难的。另一方面，那应该是显而易见的：竞选资金以及游说可以使企业接触和影响到监管机构。正如托马斯·施特拉特曼（Stratmann，2019）所解释的那样："这可能是因为，政治捐款会影响到候选人的立场、候选人的点名投票，甚至捐款人与候选人接触的时间。所有这些推测，都是基于企业追求利润最大化，因而并不会不顾及自身利益而进行政治捐赠的假定。企业捐款就是想获得回报。"

竞选筹资相应地也应该有利于竞选获胜。但施特拉特曼指出："到目前为止，相关的实证研究文献，还未就竞选开支在胜选中的作用形成共识。"

重要的是要记住，钱并不是影响选举的唯一因素。当说客代表某家企业而推动立法时，他们要做的第一件事，就是研究该企业在不同地区的就业分布情况。这是一个找到支持者的好方法。玛蒂尔德·邦巴尔蒂尼和弗朗西斯科·特雷比（Bombardini and Trebbi，2012）的研究表明，当一个产业在当地创造大量就业机会时，该地区选出的国会议员倾向于按照产业的意愿进行投票。因此，该产业不需要耗费太多支出用于直接竞选捐款。

显然，竞选捐款的目的不仅仅是为了影响选举结果，而且还要影响当选后政客的行为。W.P.韦尔奇（W.P. Welch，1980）的研究显示，多数捐款给了有可能获胜的现任议员，而不是那些势均力敌的候选人。类似地，施特拉特曼（Stratmann，1998）研究发现，捐款的时间至少与选举周期的支出时间一样，紧随着立法辩论的时间安排。

企业到底能从政治经济交换中获得什么利益？想弄清楚很难。由于各方都有动机隐瞒所得到的回报，因此不容易准确度量结果。研究人员在研究过程中不得不采用所有的可用数据。例如，传统上，关于竞选资金影响效应的研究，都采用点名投票数据，因为该数据最容易获取。但是，基于点名投票数据，能否揭示竞选资金的影响呢？用捐赠换取点名投票的做法，是摆在明面上的。这很可能会引起人们的注意和对腐败的怀疑。利益集团倾向于采用长期影响策略，而不是寻求对某一次特定投票的短期影响（Snyder，1992）。兰德尔·S.克罗斯纳和施特拉特曼（Randall S. Kroszner and Stratmann，2005）认为，就本质而言，政治行动委员会实际上是通过重复性的相互交流实现长期影响。但是这使得度量变得更加困难。

在观察选举结果时，我们会遇到与游说相同的内生性问题。麻省理工学院政治经济学家詹姆斯·斯奈德在一篇经典论文中表明，竞选资源的配置经过深思熟虑，且具有策略性（Snyder，1989）。想想看：谁愿意在竞选活动上花大把的钱：究竟是确定会赢的人，还是不确定会赢的人？可能是后者。另一方面，现任议员更容易筹集竞选资金，他们也更有可能获胜，原因在于已经胜选过一次。对胜选可能性与竞选过程中的支出数额的简单观察，并不能解答支出多少竞选资金才能够获胜，以及为什么在位议员具有竞选优势等问题。

亚历山大·富伊尔奈斯和安德鲁·B.霍尔（Alexander Fouirnaies and Andrew B. Hall，2014）巧妙地解决了该问题。他们通过对选区上届选举中以微弱票差败选的政党与以微弱票差胜选的政党的竞选捐款进行对比，估计在位议员的竞选优势。然后，找出竞选捐款对赢得下届选举可能性的因果效应。他们发现：捐款能够解释在位议员的很大一部分竞选优势；而渴望与政客接触的利益集团，可以解释在位议员竞选资金优势的三分之二。

政治关系对企业有多重要？要验证金钱与政治的关系，需要一些非常敏锐且富有创造性的研究者。西玛·贾亚钱德兰（Seema Jayachandran，2006）发现，美国企业存在着明显的"杰福兹效应"。2001 年 5 月，参议员詹姆斯·杰福兹（James Jeffords）退出了共和党，让美国参议院的控制权滑向了民主党。贾亚钱德兰重点分析了这次事件的后果。与共和党关系更密切的企业受损，而与民主党关系更密切的企业获益。她用一家企业给予全国性政党的软捐款，来度量关系的密切程度，选用股价来作为评估政客对企业的价值的指标。根据她的估算，在上一个选举周期中，企业向共和党每捐赠 10 万美元，会导致在这一事件发生的窗口期内（即杰福兹引起参议院控制权发生转移那一周）股票收益下降 0.33％。

因此，对于企业而言，政治关系显然具有价值。但政治风险很高。考虑到这个因素，我们预计企业会采取措施对冲风险，事实也确实如此。图 10.4 显示，各个产业会同时给两党捐款，尽管大多数产业给予共和党的比例略高。

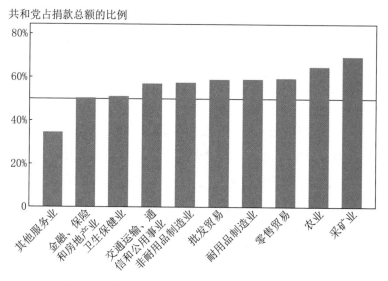

图 10.4　各个产业部门给予共和党的捐款比例

金钱在欧洲的作用并不突出

金钱试图影响各国政治。在法国,尽管竞选筹资法律规定相当严格,但亚丝明·贝库什和朱莉娅·卡热(Yasmine Bekkouche and Julia Cagé,2018)研究发现,竞选捐款还是会对选举结果产生影响。她们收集到 4 次市政选举和 5 次议会选举中的共 40 000 名候选人的数据。竞选支出的水平和演变过程与我们讨论美国的完全不同。20 世纪 90 年代,随着竞选筹资相关法律的修改——竞选支出限额下降,禁止企业捐款——议会选举支出由 1993 年的每位候选人约 22 000 欧元,减少到 2007 年的10 000 欧元。

然而,在一个选举周期内,竞选支出和所获选票数仍然紧密相关,这意味着存在内生性问题。也许那些更有可能会胜选的候选人能更好地筹款,也许人们偏好捐款给胜选人,但我们不能仅通过观察两者的相关性,而草率地得出金钱可以买到选票这样的结论。这正是研究创造力真正发挥作用的地方。贝库什和卡热指出,1993—1997 年间法国颁布了一项法律,禁止企业和工会等法人实体捐款。该法首次被用于 1997 年的议会选举。该项法律主要影响的是那些以前依赖法人实体私人捐款的候选人。贝库什和卡热估算,1993 年从法人实体每接受 1 欧元捐款,1993—1997年间接受的捐款收入平均将会减少 0.46 欧元。换言之,这些候选人需要填补大约一半的收入损失。

下面是他们的研究真正酷的部分。我们都知道,用实际的竞选支出模式并不能得出金钱可以买到选票的结论,因为存在逆向因果和遗漏变量偏误等问题。但我们可以利用立法改变引起的预期捐款收入变化。预期捐款收入变化,并不是由候选人的能力或获胜概率导致的。预期捐款收入损失,可以用来验证金钱与选举获胜之间的因果关系。他们发现,在1997年的选举中,竞选支出与获得的投票比例之间,存在着显著的因果关系。议会选举中一张选票的价格,大约为10欧元。

这一番讨论可以扩展到其他大多数欧洲国家。金钱无处不在地影响着政治。因此,美国的与众不同之处,不是金钱企图影响政治,而是异乎寻常的资金规模。如果说欧美之间的游说支出差异已经很大(正如我们在第9章中看到的,美国的企业游说支出是欧洲的2倍或3倍),那么竞选捐款差异更是大得惊人。图10.5显示出美国联邦选举的竞选捐款额与几个欧洲国家的竞选支出额占GDP的比例。欧洲国家的样本,主要基于2015年的欧盟议会,且考虑到要能够作为欧洲经济的代表。美国的竞选捐款是大多数欧洲国家的50多倍。

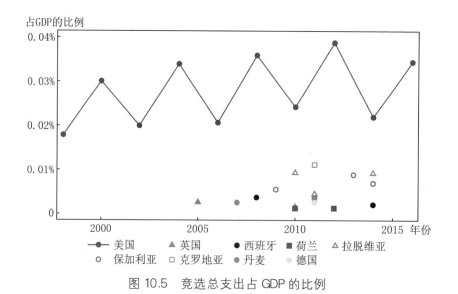

图 10.5　竞选总支出占 GDP 的比例

资料来源:美国数据来自响应性政治研究中心;欧盟数据来自欧盟议会(EU Parliament,2015)。关于德国,参看德国联邦议会文件(Bundestags-Drucksache,2013)。

这一证据再次与第 8 章提出的理论模型相一致。迄今为止,欧洲一直避免了我们在美国所观察到的、金钱在政治中的巨大作用。政治献金蔓延到监管机构。美国联邦贸易委员会和司法部的官员,很可能会受到当选政客的影响,或者至少当选政客会试图影响监管过程。例如,刚开始调查谷歌时,联邦贸易委员会收到了一些美国国会议员的来信,其中至少有一封信劝告该机构停止调查,并指出国会有能力限制联邦贸易委员会的权力。欧盟议会的议员不太可能写这样的信,即使写了,其努力也不太会产生很大影响。欧盟委员会竞争总司采取的反垄断行动,完全不受欧盟议会的影响。

美国的州级政治

现在让我们转而研究一下美国的州级政治。这方面的研究特别有用,原因在于,可以参考的选举有许多,而且它们不是同时发生的,这使得我们有机会剔除随机扰动因素的影响。

州级监管机构在美国经济中扮演着重要角色。各州总检察长(attorneys general)负责落实竞争政策。作为州政府的首席法律顾问和首席执法官,总检察长有权起诉任何违反州法律的行为。全国总检察长协会(National Association of Attorneys General,NAAG)叫以促进总检察长之间的互动交流,并收集下文所使用的相关数据。

竞选资金在州一级也受到监管。罗伯特·J.赫克肖恩(Robert J. Huckshorn,1985)将这种州际监管划分为五种主要类型:竞选捐款的来源限制、捐款的规模限制、政治支出的规模限制、信息披露法律,以及公共竞选筹资法律。

有证据表明，大多数情况下，不受约束的捐款有利于现任者。托马斯·施特拉特曼和弗朗西斯科·J.阿帕里西奥-卡斯蒂略(Thomas Stratmann and Francisco J. Aparicio-Castillo，2007)对各州竞选资金法规的变化情况进行了研究，显示州竞选捐款约束越严格，竞选角逐越激烈。具体而言，他们发现，捐款约束弱化了现任者的优势。基思·E.哈姆和罗伯特·E.霍根(Keith E.Hamm and Robert E.Hogan，2008)研究发现，捐款限额往往会降低现任者的竞选优势，使得选举竞争更激烈。蒂莫西·贝斯利和安妮·凯斯(Timothy Besley and Anne Case，2003)关注企业捐款限制，发现限制越严格的州，其选民投票率越高，在州议会中担任职位的女性所占比例和民主党人所占比例也越高。罗伯特·范伯格和卡拉·雷诺兹(Robert Feinberg and Kara Reynolds，2010)对影响州反垄断调查的主要因素进行了研究。他们发现：经济规模越大、政府支出越高的州，反垄断诉讼案件也越多；高失业率时期的反垄断案件也会增加。他们还发现，与竞选上任的州总检察长相比，被任命担任该职务的州总检察长所提起的反垄断诉讼案件更少。*

关于州政治支出对反垄断执法的影响，古铁雷斯和我进行了检验。基于全国总检察长协会的各州反垄断诉讼数据库，我们整理出一组由州总检察长提起的反垄断调查案件清单。我们从竞选资金研究所获得用于各州选举的竞选捐款数据。反垄断案件数据可追溯至 1990 年，但捐款数据只有 2000 年以后的才有。图 10.6 显示，与联邦反垄断执法类似，各州的反垄断执法自 20 世纪 90 年代以来出现减少。涉及垄断或合谋的非合并案件，下降幅度尤其明显。

---

* 在美国大多数州，州总检察长是通过普选产生。但在阿拉斯加、夏威夷、新罕布什尔、新泽西与怀俄明五个州，州总检察长由州长任命；田纳西州的州总检察长，由田纳西最高法院任命；缅因州的州总检察长，则由州议会投票选出。——编者注

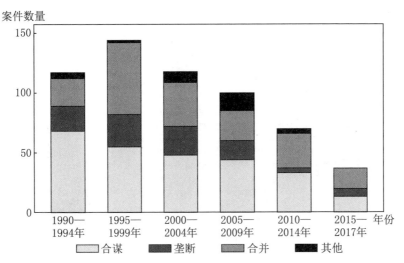

案件数量

图 10.6　总检察长担任原告的反垄断执法案件的类型与数量
资料来源：NAAG 各州反垄断诉讼数据库。

　　图 10.7 显示了各州非合并的反垄断执法案件数量与竞选捐款总额，后者自 2003 年以来几乎翻了一番。我们采用四年移动平均法对数据进行了处理，原因在于竞选捐款具有明显的周期性：州长选举时期，捐款会大幅增加。

　　那么，这两个变动趋势是否存在相关性。为此，我们来看一下，各州竞选捐款能否预测每个州选举周期中的反垄断执法案件数量。州级面板数据的一大优良特性就是，我们可以剔除选举周期和各州持久异质性的影响（包括州和选举周期的固定效应）。我们还可以控制某一个州的经济状况（如经济增长和失业）。

　　我们发现，州选举周期的高额捐款预示着，在随后几年，非合并的反垄断执法案件会显著减少。广义上讲，我们还发现，企业会策略性地利用各州竞选资金捐款，从而使自己免受未来的反垄断调查。

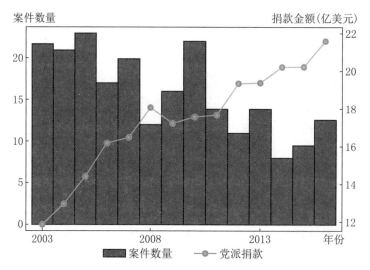

图 10.7　州政治捐款和非合并的反垄断执法案件

注：采用四年移动平均法是为了控制捐款的选举周期性。
　　资料来源：反垄断执法案例数据，来自 NAAG 各州反垄断诉讼数据库；各州竞选捐款数据，来自竞选资金研究所。

暗钱、慈善基金会、电视广告和旋转门

　　我们追踪政治支出数据的能力，存在明显漏洞。政治支出中一个越来越大的比例，其资金来源是我们不清楚的。政治性非营利组织没有被要求必须披露它们的捐款人名单。如果自愿的话，它们当然可以披露相关信息；但如果不自愿，没人清楚这些资金从何而来。从理论上讲，超级政治行动委员会应该披露它们的捐款人信息。问题是，超级政治行动委员会可能会从没有披露义务的政治性非营利组织那里接受捐款。自2008 年以来，未披露捐款人信息的政治支出大幅增加，而且自 2012 年以来，每个选举周期的该类支出都超过了 1 亿美元。

无党派、非营利性倡导组织"头号议题"（Issue One）认为，"暗钱"（dark money）的增加部分，主要是由 15 个团体的支出引起的。[5] 这些团体涉及工会、企业、超级捐赠者和其他特殊利益团体。正如报告所述，"暗钱以多种形式浸入政治，从暗箱操作的有限责任公司（LLC），到讳莫如深的社会福利组织和行业协会"。"头号议题"组织举出了几个显眼的案例。2011 年在犹他州，"一个名为'自由之路'（Freedom Path）的平淡无奇的团体播放广告"，旨在支持现任国会参议员奥林·哈奇（Orrin Hatch），反对前者的主要挑战者、州参议员丹·利延奎斯特（Dan Liljenquist）。在初选几个月后，哈奇赢得普选数周后的 2012 年 11 月，一份公开的文件披露，"一个被称为'美国药物研究与制造商'（PhRMA）的行业协会，作为美国药品制造企业的游说组织，2011 年为'自由之路'提供了近 90％ 的启动资金"。而且，正如人们所猜测的那样，参议员哈奇与"美国药物研究与制造商"组织关系密切。犹他州的选民无法获得这些信息，因为，在美国联邦最高法院对前文讨论的"联合公民"诉讼案进行裁决之后，"自由之路"是根据美国税法第 501(c)(4) 条，成立的一个非营利性"社会福利"组织，从而允许其捐赠者匿名。在最近的一个案例中，"2017 年补选的前一个月——此次选举是为了填补现任共和党参议员杰夫·塞申斯（Jeff Sessions）空出的参议院席位——一个名为'31 号高速公路'的超级政治行动委员会在亚拉巴马州突然出现，并花费 400 多万美元支持民主党参议员候选人道格·琼斯（Doug Jones）"。法律上的漏洞使得"31 号高速公路"可以规避信息披露要求，直到大选后一个月，该组织都一直由与民主党关系密切的团体所控制。

暗钱普遍存在又难以追踪。但是，当工作举步维艰时，正是杰出研究者脱颖而出的时候。玛丽安娜·贝特朗、玛蒂尔德·邦巴尔蒂尼、雷蒙德·菲斯曼（Raymond Fisman）和弗朗西斯科·特雷比在 2018 年的一项研究中,成功揭示了部分暗钱的资金流动(Bertrand et al.,2018)。他们揭示出企业是如何利用慈善基金会来影响政治人物的。贝特朗与她的合作者发现,如果一个国会选区中,有代表在关系到企业利益的委员会中任职,那么这些基金会就向位于这些选区的慈善组织提供更多的捐款。这一模式与要求公开披露信息的政治行动委员会的开支去向惊人相似。此外,他们还发现,一名国会议员的离任,会导致他所在选区慈善捐款的短期下降,这也很像政治行动委员会的开支变动情况。与政客直接相关的慈善组织也表现出类似的政治依赖模式。贝特朗与她的合作者研究发现,企业将它们所资助的慈善基金会,视为一种免税的寻求影响力的途径。他们基于描述政治影响的简明模型,估计出全美企业捐赠中至少有7.2%是出于政治动机。这几乎是政治行动委员会每年所获捐款的三倍,而且这还是保守估计。慈善捐赠不受法律披露要求的限制。因此,它属于政治影响的一种形式,而选民和股民大多不会察觉到这一点,而且纳税人还会直接为其提供资助。

企业总是在寻求影响政治人物的各种方式和方法,这种情况不仅存在于美国。意大利企业似乎十分具有创造力。在一篇精彩的论文中,斯蒂法诺·德拉维尼亚、鲁本·杜兰特、布赖恩·奈特和埃利安娜·拉·费拉拉(Stefano Della Vigna, Ruben Durante, Brian Knight, and Eliana La Ferrara,2014)的研究显示,意大利的企业将广告支出用于支持执政期间的贝卢斯科尼,后者在1993—2009年间曾三度执政,并始终控制着意大利主要的私营电视广播公司 Mediaset。他们发现,贝卢斯科尼的执政时期内,企业的广告支出,尤其是受到更加严格监管的行业中的企业,显著地偏向了 Mediaset 公司。他们估计,在此期间,Mediaset 的利润增加了10亿欧元,而受到监管的企业预计会从其政治投资中获得可观回报。

最后是旋转门。《华盛顿邮报》在2014年的讣告中指出,博格斯(即我们在第 9 章提到的著名说客托马斯·博格斯)"开创了'旋转门'(re-volving door)文化,即雇佣前国会议员和其他有足够名望的人,以便迅速找到对的人,并且可以直接打电话"。正如游说,旋转门有好的一面,也有坏的一面。当你听到人们抱怨"职业政客",或抱怨公务人员对私营部门面临的挑战缺乏了解时,实际上,你听到的是人们在要求更多的旋转门。当旋转门能够更好地促使专业知识和信息的共享时,它是有用的。当旋转门扭曲监管机构的激励机制或导致监管俘获时,它起到负面作用。在华盛顿特区,不乏这样的案例:监管者离开政府的工作岗位,加入一家企业,游说自己曾工作过的政府机构,或是大公司位高权重的高管,担任自己曾供职企业的高层监管者,而且从企业离任时往往还获得了丰厚的报酬。

这些年来,最令人震惊的旋转门,发生在联邦通信委员会(FCC),该委员会负责监管电话、互联网和电视服务。迈克尔·鲍威尔(Michael Powell)2001—2005 年担任联邦通信委员会主席,2011 年出任美国全国有线电视与电信协会(NCTA)的 CEO。乔纳森·阿德尔斯坦(Jonathan Adelstein)曾于 2002—2009 年担任联邦通信委员会委员,离职后执掌代表无线通信企业的产业组织 PICA。联邦通信委员会委员梅雷迪思·贝克(Meredith Baker)在其四年任期内仅任职两年,就于 2011 年离职并跳槽至康卡斯特公司,担任游说高管。2013 年,巴拉克·奥巴马任命美国全国有线电视与电信协会前主席、蜂窝通信与互联网协会(Cellular Communications & Internet Association)前 CEO 汤姆·惠勒(Tom Wheeler)担任联邦通信委员会主席。惠勒辞职后,唐纳德·特朗普任命 Verizon 电信公司前雇员兼通信行业律师阿吉特·帕伊(Ajit Pai)接替其职位。

在很多产业中,监管机构和被监管企业管理层之间的人员调动有据可查。戴维·卢卡、阿米特·塞鲁和弗朗西斯科·特雷比(David Lucca,

Amit Seru，and Francesco Trebbi，2014)研究了美国银行监管机构(联邦和州)与私营部门之间的人员流动。私营部门内部的人员流动性大,他们不停地换工作,失业又就业。大约三分之一至二分之一的新员工都是跳槽过来的。金融监管机构和私营企业之间,也存在很强的人员流动。平均而言,每年约有 5% 的监管人员离职,跳槽到私营部门工作,反过来,约有相同数量的人到监管机构任职。因此,这两种人员流动的总流动率约为 10%。私营部门的年均总流动率,通常处于 20%—25% 之间[例如,美国人口普查局的“当前人口调查”(Current Population Survey)所显示的数据]。因此,监管机构与私人企业之间的人员流动率,约为私营企业间人员流动率的三分之一至二分之一,这一比例随着时间的推移还在上升。监管机构面临着留住人才,尤其是最有才能的雇员的挑战。

旋转门带来的麻烦在于,它可能导致监管俘获。俘获方式既可以是直接俘获(利益交换),也可以是改变观念(意识形态)。哈里斯·塔巴科维奇和托马斯·沃尔曼(Haris Tabakovic and Thomas Wollmann，2018)在专利监管方面找到了直接俘获的证据。他们基于美国专利商标局提供的详细数据发现,专利审查员会向后来雇佣他们或可能雇佣他们的企业授予更多专利。这些企业还享有更好的知识产权保护。这可能涉及某种信息共享,但塔巴科维奇和沃尔曼还发现,额外被授予的那些专利质量较低,因为它们在随后的专利申请中很少被引用。

欧洲也存在旋转门。2016 年,欧盟委员会前主席若泽·曼努埃尔·巴罗佐(José Manuel Barroso),在规定的冷静期结束仅两个月后,就入职高盛,这一行为遭到批评。在 2008—2017 年间曾主持欧盟委员会金融监管的五位官员中,有四位转而去了金融企业,或为其代言的游说企业(Vassalos，2017)。[6]

尽管如此,欧洲竞争监管部门似乎没有受到同样的旋转门效应的影响。纵观过去十年旋转门的相关数据,与金融企业相关的案件有 18 起,与欧盟委员会竞争总司相关的仅有 4 起。欧洲各国的竞争监管机构亦是如此。它们似乎大多由忠于职守的监管人员构成。与我们理论的分析结果相同,反垄断游说在欧盟能够发挥的作用较小(至少到目前为止是这样),旋转门也不如美国那么常见。

欧洲能独善其身吗?

过去二十年,美国竞选资金发生了巨大变化。斯蒂芬·安索拉韦埃雷、约翰·M.德·菲格雷多和小詹姆斯·M.斯奈德在他们 2003 年的调查中发问,政治献金为何变得如此少。

> 许多关于竞选捐款的学术研究和公共讨论,似乎都是基于某些错误假定。竞选支出占 GDP 的比例似乎并没有出现上升。大部分竞选资金,并非源于利益集团的政治行动委员会,而是源于个人捐赠者……将竞选捐款视为一种对政治结果的投资,似乎并不准确……因为政客们能够轻易从个人手里筹集竞选资金,而寻租的捐赠者缺乏从立法中获取巨大私利的影响力。

这一陈述容易让人想到欧文·费雪 1929 年 10 月对美国股市作出的股价已经达到了“会永久保持的高位”的预言。不过,公平地讲,他们并没有像费雪一样预言未来。相反,他们在反思当时的共识,并基于对证据的分析,建议调整研究方向,不应再专注研究寻租的捐赠个人或组织。

此后,相关学术研究发生了很大变化,芝加哥大学经济学家路易吉·

津加莱斯在 2017 年的一篇文章中，不无忧心地认为，经济权力和政治权力存在一种恶性循环（Zingales，2017）。企业可以利用自己的经济权力来获取政治权力，然后利用自己取得的政治权力，建立市场壁垒，损害竞争。津加莱斯称，这一幕我们都看过。意大利佛罗伦萨的美第奇家族，在 15 世纪利用与罗马天主教会的借贷关系，获得欧洲的政治影响力。美国是正在变得更像中世纪晚期的佛罗伦萨，还是变得更像一个开放社会呢？

进行这项研究时，我发现了一个最令人惊讶的事实，即欧盟的大多数市场要比美国市场更加自由。正如欧盟前竞争事务专员马里奥·蒙蒂所解释的那样："例如，在竞争政策方面，欧盟不仅实施反垄断政策，而且还对一个国家可以为企业提供多少补贴进行管制，并对成员国政府对经济和金融市场的干预提供其他形式的监督。"

美国的竞争政策无法发挥作用的一个原因在于，其架构陈旧。存在两个职能重叠、目标冲突的联邦监管机构，以及 50 位州总检察长。相反，欧洲于 2004 年就对其竞争监管架构进行了现代化改革。在欧盟委员会的有效监督下，各成员国的反垄断调查案件由各国的竞争监管机构处理。

竞争政策无法发挥作用的另一个原因在于，美国的反垄断执法机构受到选举周期的直接影响。欧洲反垄断执法机构的行政管理体制，能够更好地免受政治压力的影响。

正如我们所看到的那样，在美国给政客捐款的那些人或组织的一个主要目标，就是想改变同对企业的国家补贴和政府对市场的干预行为相关的法律法规。欧洲面临的一个问题是：欧洲的政治能否继续免受金钱的影响？对此，存在两种看法。

悲观的看法认为，管制机构变得腐败需要时间，但最终一定会变腐败。此时的欧洲正在步美国的后尘，只是晚了十年而已。欧盟委员会竞争总司虽然是新组建的，势力强，但它不会持续太久。

乐观的看法认为，欧洲人是幸运的，他们组建的监管机构的独立性超乎想象，而且这种特质还将一直保持下去。诸多关于制度的研究表明，制度会持续发挥作用，且会拥有自己的生命，因此，我倾向于认同第二种乐观的看法。但这绝不是一个板上钉钉的结果，没有任何可以自满的理由。

注释

[1] Henry Ford 在密歇根州的参议院竞选中输给了 Truman Newberry，Ford 声称 Newberry 在竞选期间的竞选开支超过了 10 万美元的法定限额。1921 年，Newberry 被判有罪，之后向美国最高法院上诉。最高法院站在 Newberry 一边，取消了竞选开支限制。

[2] 政治行动委员会必须在成立 10 天内向美国联邦选举委员会登记，并提供政治行动委员会、其财务主管以及任何相关组织的名称和地址。就捐款限额而言，附属政治行动委员会被视为同一个捐赠者。尽管通常被称为"政治行动委员会"（PAC），但联邦选举法将其账户称为"独立基金"，原因在于捐献给政治行动委员会的资金，被存放在一个与一般企业或工会的金库分开的银行账户中。

[3] 自 2008 年 6 月起，根据 2007 年出台的《诚实领导与公开政府法》（Honest Leadership and Open Government Act），领导力政治行动委员会的电子报告，必须列出发起该政治行动委员会的候选人姓名。领导力政治行动委员会通常表明政治客有谋求国会职位或更高领导职位的政治抱负。

[4] 地区法院认为通过进行中间审查，限制委员会的捐款额度，会使其支出独立，有助于防止实际且明显的腐败行为，从而服务于重要的政府利益。回顾那些未同委员会一起注册的所谓"依据美国税法第 527 条成立的团体"（527 group）过去的行为，它们与主要政党存在着紧密联系，2004 年支出了数百万美元影响联邦选举，法院发现，这些"名义上独立的"组织所具有的"独特法律地位，使其可以通过买到接触政客的机会以及规避软钱禁令两种方式，成为腐败的渠道"。

[5] 参见 Issue One，"Dark money illuminated"，https://www.issueone.org/wp-content/uploads/2018/09/Dark-Money-Illuminated-Report.pdf。

[6] 亦见 Corporate Europe Observatory，"Revolving door watch，" https://corporateeurope.org/en/revolvingdoorwatch。

第四篇

对一些行业的深入考察

本书的前三篇，对过去二十年美国经济和政治的演变进行了总体分析。可以将我的观点概括为以下三点。首先，美国市场变得越来越缺乏竞争性：许多产业的市场集中度高，市场领先的企业地位稳固，导致利润率过高。其次，市场竞争性的缺乏，损害了美国的消费者和劳动者的利益：它引起更高的物价、更低的投资率和更低的生产率增长率。最后，与通常的观点相反，合理的解释主要在于政治层面，而非技术层面：我认为，市场竞争性下降的原因，在于市场进入壁垒的增多和反垄断执法的弱化，而造成这一局面的是大量的游说和竞选捐款。

我一直试着想让读者了解，经济学家究竟是怎么探讨自由市场、管制与政治经济学的。我向你展示了一些经济学家用于分析经济发展的工具。现在，你已经明白了投资的基本规律、市场进入的动态、并购审查，以及财富对国内商品与服务价格的影响（请回忆一下理发与法拉利的例子）。

让我们运用这些方法，来分析几个颇有争议的产业：金融业、医疗保健业，以及巨头广泛存在的互联网业。在所有这些分析的案例中，我们将看到，相同的经济因素在发挥作用：市场竞争性不足、市场进入壁垒，以及游说。但细节各不相同，这也正是产业分析的趣味所在。金融业告诉我们,效率与复杂性不是一回事,而放松监管说起来容易,做起来难。医疗保健业将会让我们看到,寡头垄断是如何从行业的一端传导到行业的另一端。最后,互联网巨头同我们的主题尤其相关,因为它们经常被视为通过"网络"效应实现有效集中的例证。虽然这一观点有一定的合理性,但被普遍夸大了。数据还将告诉我们,今天的明星企业比不上昨天的那些明星企业。至少对我而言,这听起来很有趣……但话说回来,我是经济学家。

银行家的薪酬为何如此之高？

金融中介的费用率约为 200 个基点，与一个世纪前持平，这令人费解。尽管拥有高效的计算机和信用衍生工具，但与 1910 年的金融体系相比，现今的金融体系并不能更有效地将资金由储户转移到借款人。今天金融业的效率，怎么可能会不比 J.P.摩根时期的金融业更高呢？

我宁可看到金融位谦而产业位尊。

温斯顿·丘吉尔,1925 年

金融业(几乎)是人人都讨厌的行业。一本讨论寡头寻租和政治俘获的书,如果关于银行的内容连一章都凑不够,那就甚是奇怪了。但不管怎样,任何一个缺乏健全完善金融体系的国家,都不可能实现经济繁荣。因此,我们不妨去看看银行家究竟是干什么的。

只要资本主义还存在于世,关于金融的真正作用,经济学家就会争论不休。英国经济学家琼·罗宾逊(Robinson, 1952)将金融视为实体经济的附属。她主张"企业主导,金融跟随"。相反,金融经济学家、诺贝尔奖得主默顿·米勒(Merton Miller, 1998)认为,"金融市场的发展有助于推动经济增长,这是一个如此简单明了的命题,甚至都不值得认真探讨"。

温斯顿·丘吉尔对经济学家评价不高,上面的两个陈述似乎印证了他的那句名言:"如果请来两个经济学家,你会得到两种不同观点,除非其中一个是凯恩斯勋爵,这时候你会得到三种观点。"

如你所见,这种争论并非新近才发生。然而我认为,经济学家已经取得了进展,分歧的范围已大大缩小。我们这一代经济学家,对意识形态没有那么感兴趣，而我们有多得多的数据可用。虽然这并不是取得成功的充分条件，但在我看来，起码这是一个更好的研究起点。

金融史充斥着金融危机、金融法规改革、相对平稳的发展，以及新的金融危机的循环过程。从表面上看，金融似乎始终在变化。此外，还有人认为，随着计算机的出现，金融服务效率得到了大大提升，运行成本出现了大幅下降。我将向你展示，这些都没有发生——事实上，过去一百年，至少直到最近，基本没有什么变化。

金融到底是干什么的？

金融中介活动源于储户与借款人之间资金融通的需要。在缺少金融中介机构的情况下，拥有储蓄资金的家庭不得不与借款人直接进行资金借贷。这并非轻而易举。

借款人通常需要长期的承诺资本。最好的例子是抵押贷款和企业贷款。如果你贷款购买房产或工厂，你需要分数年还款。此外，这些贷款从根本上讲都存在风险：资信良好的借款人可能会出现意外，失去工作或失去客户；而资信较差的借款人也可能会假装自己的资信很好。

另一方面，储户偏好低风险和高流动性。他们不想买到臭鸡蛋，也不想把所有的鸡蛋放在同一个篮子里，而且还希望想卖的时候，能够顺利把鸡蛋卖掉。这些在经济学中有专门的名词：臭鸡蛋是指道德风险（moral hazard）和逆向选择（adverse selection）；鸡蛋放在不同的篮子里是指多元化（diversification）原则；可以出售的鸡蛋是指流动性资产（liquid assets）。

对于金融家来说，问题和机遇都在于，借款人和储户的要求是冲突的。这就产生了对金融中介机构的需求。缺少中介机构，信息搜寻成本将使家庭很难甄别和监督企业,也使企业无法有效集中家庭资金,筹集足够的资本。这些成本还将使家庭难以在实现投资多元化的同时,及时获取流动性。金融中介机构在这些工作中具有专业优势,因而它可以作为储户与借款人之间的中间人,提供支付手段、交易记录保存,以及保险和流动性等服务,并收取费用。

金融业运作如下。图 11.1A 展示了一个简单的银行系统,其中包括 100 美元存款和 100 美元贷款。银行提供 5％的存款利率,收取 7％的贷款利率。在 7％的现行贷款利率条件下,借款人(企业或家庭)想贷款 100 美元。在 5％的现行存款利率条件下,储户愿意到银行存储 100 美元。储户与借款人的资金流动需要通过银行系统融通。银行的收入来自贷款利息收入和存款利息支出之间的差额。这种收入称为净利息收入。

这些钱去哪里了? 银行与所有企业类似,需要有劳动力和资本支出。它需要维护自己的分支机构、自动取款机和 IT 系统,需要给员工发工资。因此,银行收取的 2 美元收入用于支付工资和资本支出。在 11.1A 图中的银行系统中,我们可以说经过中介的资金数量为 100 美元,中介费用为 2 美元,单位费用率为 2/100＝2％。

现代金融已经发生了很大变化,超出了传统银行模式的简单性。图 11.1B 展示了一种有差异但本质相同的金融中介运作方式。在传统银行业中,金融中介活动都是在同一个机构中完成的:银行发放贷款;记入账簿;赚取净利息收入。这一收入足以补偿中介成本,涉及甄别和监督借款人、管理贷款期限和信用风险,以及收取付款。

相比之下,发起—分销模式则包含着一种中介的菊花链。许多交易发生在黑箱内。不再像传统模式那样可以简单地度量净利息收入,现在有发起费、资产管理费、交易利润等。

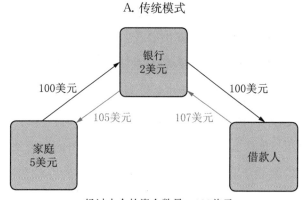

A. 传统模式

- 经过中介的资金数量＝100美元
- 净利息收入＝2美元
- 单位费用率为2%

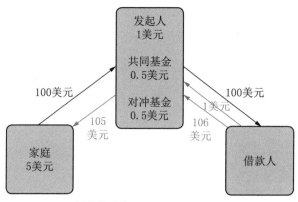

B. 发起—分销模式

新的劳动分工：
- 甄别和监督费用＝1美元
- 资产管理费＝0.5美元
- 信用风险对冲成本＝0.5美元

图 11.1　两种本质上相同的金融体系

这里有一个棘手的问题：当金融中介是这两种模式不断变化的混合时，随着时间的推移你应该如何去度量它？

答案就在于黑箱进出的东西和费用。在某种意义上，后一种更复杂的模式与传统模式是相同的。所有中介活动的工资和利润总额依然为 2

美元,黑箱外部所看到的经过中介的资金数量亦是 100 美元。而中介活动的单位费用率仍然是 2%。

在某种基本的层面上,金融就是同信息打交道。因此,人们认为计算机和信息技术的出现,将使金融服务变得更便宜、更有效率。奇怪的是,这并未发生。

金融业费用率仍维持在 200 个基点

正如我们刚刚所解释的那样,支付给金融中介机构的利润和工资总额,代表着金融中介活动的成本。我(Philippon,2015)测算了 1870—2010 年间金融中介成本占 GDP 的份额。从图 11.2 中可以看到,金融中

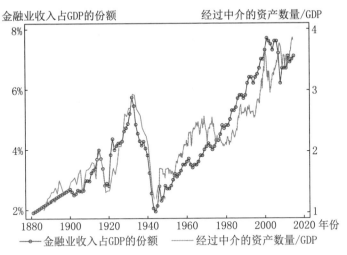

图 11.2　金融业收入与经过中介的资产

注:这两个变量都表示为与 GDP 之比。金融收入是指金融保险业的国内收入,即总收入减去净出口。经过中介的资产包括非金融企业发行的债务和股份、家庭债务,以及提供流动性服务的各种资产。经过中介的资产数据的时间范围为 1886—2012 年。

介的总成本随着时间推移发生了很大变化。1880—1930 年，金融中介成本占 GDP 的份额由 2％升至 6％，到 1950 年降至不足 4％，到 1980 年缓慢提高至 5％，之后迅速上升，2010 年达到近 8％。

与百年前相比，为什么现今金融中介活动的支出高得多呢？为了回答该问题，让我们来构建经过中介的金融资产总量。对于企业，我们计算股票和债券，而股票又可分为增发新股和首次公开募股（IPO）。我们还要计算存款和货币市场基金带来的流动性收益。其原理就是分析非金融用户、家庭和非金融企业的资产负债表。这是进行会计核算的正确方法，而不是查看金融中介机构的资产负债表。将各种类型的信贷、股票发行和流动性资产进行加总后，就得到了金融部门为非金融部门提供中介服务的金融资产数量，即图 11.2 中的浅色线。

图 11.2 中带圆圈的深色线表示美国金融中介机构的收入占 GDP 的份额。实际上，它相当于图 11.1 中支付给中介机构的 2 美元。浅色线是通过将债务、股权和流动性服务按照适当的理论权重相加总而构建的。它相当于图 11.1 中的 100 美元。

需要提醒的是，两个时间序列的基础数据来源完全不同。事实上，两个序列变动轨迹非常接近，这绝非巧合！现在，我们可以用支付的费用（图 11.2 中用深色线表示）除以得到的收益（图 11.2 中用浅色线表示），来估算金融的价格。

图 11.3 显示，这个单位费用率约为 200 个基点，与图 11.1 所举案例基本相同，并且随着时间变迁保持相对稳定。换言之，据我估计，发起和维持 1 美元的中介金融资产，每年需要支付费用为 2 美分。这就相当于说，储户的年利率比借款人的融资成本平均低 2 个百分点。用最新数据得到的序列，与原论文中的序列变动相似。图 11.3 中的原始数据没有考虑借款人特征的变化。在本书附录 D 中，我对金融服务的质量调整问题

进行了探讨。在别处我还表明,将金融作为服务业的一部分进行测度,并且将金融净出口排除在外时,同样的模式仍然成立(Philippon,2015)。

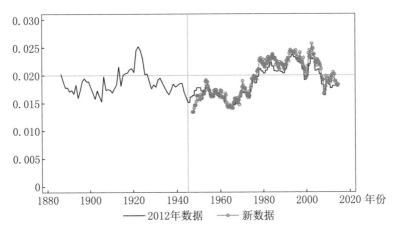

图 11.3 金融中介服务的原始单位费用率

注:这个原始指标是金融业收入与经过中介的资产的比例,两者如图 11.2 所示。2012 年的数据来自 Philippon(2015),而获得的最新数据截止时间为 2016 年 5 月。数据的时间范围为 1886—2015 年。

资料来源:Philippon(2015),数据有更新。

如今,金融中介的费用率约为 200 个基点,与一个世纪前持平。这越想越令人费解。尽管拥有高效的计算机和信用衍生工具,但与 1910 年的金融体系相比,现今的金融体系似乎并不能更有效地将资金由储户转移到借款人。

金融的价格没有下降,但工资肯定出现了上涨。菲利庞和雷谢夫(Philippon and Reshef,2012)计算了金融业雇员相对于其他私营部门雇员的工资。我们还构建了一种方法,来度量金融的管制放松程度。1930年之前,金融业基本没有管制。大萧条之后,相应的管制得以就位。在 20 世纪 80 年代至 90 年代,这些管制措施逐步取消。同一时期的历史数据显示,与非农业私人部门相比,金融业的教育水平、工资水平,以及工作的复杂程度,都呈现出 U 形变动趋势(图 11.4)。

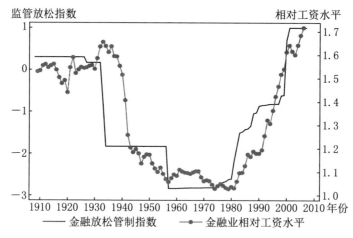

图 11.4　金融业的工资与监管

资料来源:Philippon 和 Reshef(2012)。

　　1909—1933 年,金融业属于高学历、高工资的产业。高技能劳动者所占比例比私人部门高 17 个百分点。这些劳动者的相对工资比其他私营部门的劳动者平均高出 50%。20 世纪 30 年代中期之后发生了巨大变化。到 1980 年,金融部门的工资与非农业私人部门的工资大致相等。1980 年以后,金融业再次成为高技能、高工资的行业,劳动者的相对工资和高技能劳动者所占比例几乎完全恢复到 20 世纪 30 年代的水平。2007—2009 年危机之后,相对工资出现了下降,但幅度有限。

　　过去四十年的技术发展,在很大程度上促进了金融业效率的提高。今天金融业的效率怎么可能会不比约翰·皮尔庞特·摩根(John Pierpont Morgan)时期的金融业高呢?

　　信息技术(IT)必然会降低购买和持有金融资产的交易成本。合适的类比是零售业与批发贸易业。毕竟,零售银行业和零售贸易业都提供中介服务。正如我们在第 2 章中所讨论的,零售和批发行业在信息技术方面做出了投资。它们变得越来越有效率,价格也出现了下降,与金融业形成鲜明对比。但是,在信息技术方面投资的金融业,价格却并未下降。

金融业的问题出在哪?

前面的数据令人费解。金融业价格昂贵,而计算机的应用也没有使价格变得便宜。虽然大多数的现有文献主要研究美国,但菲利庞和雷谢夫(Philippon and Reshef,2013)以及巴佐(Bazot,2013)提供了其他国家的相似证据。显然,金融业受益于信息技术革命,这无疑会降低零售金融业务的成本。然而,每单位美元的中介费用率保持不变,而金融服务开支占 GDP 的份额出现上升。那么,非金融部门为何将如此多的收入转移到金融部门呢?

当一个行业放松管制时,工资和价格通常会下降。但金融业的工资和价格却似乎出现了上升。在大多数行业,创新有利于增长,但金融创新似乎对资本配置效率改善不大。

那么,金融的问题在哪? 为什么它的表现与其他行业不同呢? 我要强调三点:频繁出现的零和博弈、根深蒂固的市场势力,以及繁重且时有误导的监管。

哈佛大学经济学家罗宾·格林伍德和戴维·沙尔夫斯泰因(Robin Greenwood and David Scharfstein,2013)研究了黑箱内部的活动,为现代金融增长提供了一个富于启发性的图景。他们发现,1980 年以来,金融业的增长主要来自资产管理业务(证券业)和家庭信贷业务(信贷中介业)。信贷中介业占 GDP 的比例,由 1980 年的 2.6%,提高到 2007 年的 3.4%。传统银行业务收入基本保持不变,而包括贷款发放和现金管理在内的收费交易服务有所增长。换句话讲,他们揭示了从图 11.1A 到图 11.1B

的转变过程。同时，资产证券化和短期融资也在增长，形成了现在通常所说的影子银行体系。

证券业占 GDP 的比例，由 1980 年的 0.4％，升到 2007 年的 1.7％。在这个行业中，传统收入来源（交易费用和利润、承销费用）逐渐减少。同时，资产管理费和衍生品交易合同的利润出现增加。关于资产管理，他们发现了重要的特征事实：个人收费通常会下降，但资产配置已转向高收费的资产管理公司，因而每一美元资产的平均费用率基本保持不变。

财富管理业还会助长逃税，形成负和博弈。金融窃贼的创造力是无限的。例如，所谓的 Cum-Ex 骗税团伙骗取了欧盟数十亿欧元的税收收入。股票交易者会互相出借大公司的股份，从而迷惑税务机构，使它们以为每一股都有几个持有者。一方谎称资本利得税已经被缴纳，其他人则可以要求退税。

问题不是金融业没有创新，它有创新。关键在于，这些创新似乎并没有提升金融体系的整体效率。在网上银行领域，每出现一个有用的创新，就会有好几个基本上无用甚至有害的创新。为了更快地获取市场信息而展开的竞争，就是一个明显的例子。如果你注意到了信息流，并且成功地在其他人之前一微秒利用这些信息做出交易，就能够赚取高回报。但这种行为对系统的整体效率不会有帮助。在每一分钟、每一秒钟，甚至每一微秒，是不是都有信息被嵌入到价格之中，对于系统整体效率而言并不重要。正如经济学家杰克·赫舒拉发（Jack Hirshleifer, 1971）解释的那样，尽管预知与发现可以产生相同的私人回报，但是就社会福利而言，两者存在很大区别。私人回报和社会回报的不一致，在大多数行业都存在，但经济学家倾向于认为，市场自由进入和竞争，可以限制由这种不一致产生的低效率的严重程度。

然而，近几十年来，金融业普遍存在的问题是缺少新玩家进入市场。

艾伦·伯杰、丽贝卡·S.德姆塞茨和菲利普·E.斯特拉恩（Allen Berger，Rebecca S.Demsetz，and Philip E.Strahan，1999），回顾了 20 世纪 90 年代的并购交易情况。1988—1997 年，全美银行及从事银行业务的组织数量下降了约 30%，最大的 8 家银行机构占全国资产总额的比例，由 22.3%升至 35.5%。每年发生数百起并购案，其中包括资产超过 10 亿美元的机构间的大型并购案。并购交易的主要动机，在于获取市场势力，实现多元化经营。伯杰及其同事几乎找不到有成本效率提高的证据，这与图 11.3 所显示的讯息一致。罗伯特·德·扬、道格拉斯·伊万诺夫和菲利普·莫利纽克斯的研究（Robert De Young，Douglas Evanoff，and Philip Molyneux，2009）表明，21 世纪初并购交易仍在进行。他们认为：越来越多的证据表明，并购交易的动机部分是为了获得"大到不能倒"的市场地位；并购对某些类型的借款人、存款人和其他外部利益相关者，产生了负面影响。

金融业的市场进入，受到严格且往往带有偏见的法规的限制。第 2 章提到的沃尔玛，就是一个说明市场进入的好处的好案例。为什么今天我们看到的是臃肿低效的金融业，而不是精益高效的沃尔玛？事后我们得知，沃尔玛曾于 2005 年申请银行牌照，但由于银行家的大力游说，这一申请遭到了拒绝。这是一个惨痛的教训：零售店老板基本无法阻止沃尔玛的扩张，但银行家做到了。当然，这种游说总是以银行和商业应分离经营，以及要保护社区银行等名义进行的，仿佛借记卡和储蓄账户是零售企业根本不能提供的神奇产品。

技术可以给金融带来什么

金融本可以而且本应该远比现在便宜。信息技术进步给金融业带来的好处，要多于其他产业。但与零售业不同的是，技术进步并没有以低成本的形式，传递给金融所服务的最终用户，资产管理服务收费仍很高。银行获得了巨额的存贷利差（Drechsler，Savov and Schnabl，2017）。

不过，多亏有金融科技（fintech）的介入，情况可能正在改变。金融科技是指能够打破现有金融服务的数字创新。创新通常都是一把双刃剑。创新可以为创业提供新的途径，使金融服务趋于大众化，但也会给隐私、监管和执法带来重大挑战。当今的核心金融科技创新，包括移动支付系统、众筹、智能投顾、区块链，以及人工智能和机器学习的各种应用。所有的大型金融企业都搭上了科技快车。摩根大通（JPMorgan Chase & Co.）最近宣布，将要求其资产管理分析师学会使用 Python，这是一款功能强大、应用灵活的编码语言。

这并不是说所有金融科技创新都很好。很多仅是炒作和流行概念而已："大"数据只不过是数据；"机器学习"通常只是指基于大数据集处理大量的非线性回归；而比特币很多时候被用于毒品、色情和武器等非法交易。

但也有一些真正有用的创新。成功的例子就是汇款市场。汇款（remittance）是指在外国工作的劳动者将钱汇回母国的支付方式。几十年来，贫困家庭一直被高度集中的银行业所盘剥。幸亏有像 TransferWise 转账平台这样的企业进入市场，汇款费率才变得越来越便宜。例如，过去十年中，世界银行对 48 个汇出国的抽样调查中，200 美元的汇款成本，已经由 9.8％降至 7.1％。当然，7.1％还是很贵，但起码趋势正朝着好的方向发展。

然而，金融科技要想真正取得成功，就必须对法规进行改革。与其他行业一样，金融科技领域的初创企业，针对特定服务，推出了颠覆式创新。市场上现有金融机构的主要优势在于其客户基础、产业演变的预测能力，以及对现有法规制度的了解。初创企业的主要优势在于，它们不受现有金融体系羁绊，愿意选择冒险。例如，在银行业，接二连三的并购交易给许多大银行留下了多个层级的遗留技术，它们之间充其量只进行了部分整合（Kumar，2016）。相比之下，金融科技初创企业从一开始就有机会建立起恰当的体系。此外，它们还共享一种高效运作的企业文化，而这正是许多现有金融机构所缺乏的。

如何更好地监管金融

在金融业中，市场进入者与在位者之间的竞争存在偏向性。保证公平竞争的环境是监管的传统目标。在金融科技的背景下，塞尔日·达罗勒（Serge Darolles，2016）对这一观点进行了探讨，并认为，从微观经济学视角来看，监管机构的确应该维持公平竞争的环境。然而，这一观点并不能简单适用于诸多困扰金融业的市场扭曲问题。例如，当市场在位企业太大而不能破产时，或者当它们过度依赖短期杠杆融资时，公平竞争的环境意味着什么？当市场进入者与在位者经营相同的业务时，公平竞争原则才能发挥作用，才能保证产品更好、价格更便宜。但如果监管目标是为了改变行业的某些结构特征，那么，对这一原则的严格执行可能会碍事。

历史表明，监管措施越是推出得尽可能早，比如当行业刚刚起步时，监管效果越好。让我们设想一段简单的、反事实的货币市场共同基金的历史。假定20世纪70年代监管机构规定，所有共同基金原则上应使用和报告浮动资产净值，而不是固定资产净值。固定资产净值如同一笔存款：你存入1美元，随时可以提取1美元；不用讨价还价，也不用管发生了什么事。但这是个骗局。要保证你的这1美元完全安全，唯一的办法就是：要么全部投资于短期政府票据，要么为它投保。这就是为什么要给银行存款投保，以及银行为什么要向联邦存款保险公司（FDIC）支付保险费的原因。货币市场共同基金想从银行吸收存款——这是公平竞争——它们清楚，人们喜欢固定、安全、等额的存款。然后，它们决定报告固定资产净值，将其股票的价格一直维持在 1 美元，从而使股票看起来等同于存款服务。但它们没有投资于安全、短期的政府票据。2008 年 9 月，Reserve Primary 基金（一个大型货币市场共同基金）因投资雷曼兄弟投资银行发行的商业票据，而"跌破面值"（break the buck，也就是说，承认其股票价值不到 1 美元）。受累于雷曼兄弟投资银行的破产，Reserve Primary 基金出现亏损，投资者纷纷赎回资金，以免进一步亏损。该基金被迫冻结赎回，美国财政部不得不为稳定整个货币市场基金行业，制定了一项临时担保计划！安全投资的日子到头了……危机结束后，监管者实施了一系列改革措施，迫使货币基金报告投资组合的浮动资产净值，避免出现安全假象。这项改革并不顺利。货币基金业界进行了反击，耗费了数年时间才达成平庸的妥协方案。我这里要说的是，当行业规模较小时，法规实施将是一个相对简单的过程，这些法规也能够引导市场的发展，鼓励企业按照金融的稳健原则进行创新。当该行业管理着数万亿美元的资金时，改革制度要困难得多。

因此，监管者所面临的挑战，是在处理金融科技问题时要有前瞻性。有效的监管，要求监管者尽早确定他们希望金融科技具备的一些基本功能，并强制推行这些功能。我认为这是金融科技监管最关键的一环。我记得，在最近一次关于区块链和隐私的会议上，开展了一次很有意思的交流。区块链的原理（比如其信息保存的永久性）与个人要求删除其私人数据的权利存在冲突。然而，令我惊讶的是，区块链专家认为，只要让他们了解监管者的目标，这并不会是一个很大的挑战。换言之，可以发展出一种区块链技术，其中的私人数据在某些条件下可以被删除。但一开始就必须这样来构想。如果等到区块链技术成长起来，十年后再要求新的功能来保护隐私，要困难得多。

金融科技也可能引起新的消费者权益保护问题。想想投资组合管理的智能投顾的例子。正如贝克和德拉特（Baker and Dellaert，2018）所讨论的那样，智能投顾肯定会产生新的法律和经营问题，这对于消费者保护机构很是棘手。但如果目的是为了保护消费者，智能投顾并不需要完美：它只需比现有体系更好。必须记住的是，人类投顾以往的表现糟糕透顶。他们拥有一个强大而好斗的游说团体。直至最近，他们还在一直设法瞒着客户，收取高额咨询费用。大多数人压根不知道他们自己支付了多少。这个行业中的利益冲突普遍存在。例如，丹尼尔·贝格斯特雷塞、约翰·M.R.查默斯和彼得·图法诺（Daniel Bergstresser，John M.R.Chalmers，and Peter Tufano，2009）发现，经纪人出售的共同基金，即使在扣除分销成本之前，其经风险调整后回报也较低。约翰·查默斯和乔纳森·罗伊特（John Chalmers and Jonathan Reuter，2012）的研究表明，与可比的目标日期基金（target-date funds）的投资组合相比，经纪人的客户投资组合获得的、经风险调整后回报率要低得多。经纪人的客户将更多的资金配置到收费较高的基金上。事实上，投资者在缺少经纪人的情况下，往往表现更好。森德希尔·穆莱纳坦、马库斯·内特和安托瓦妮特·绍阿尔（Sendhil Mullainathan，Markus Noeth，and Antoinette Schoar，2012）指出，投顾未能消除客户的偏见，反而是经常强化其偏见。投顾鼓励客户追逐高回报的行为，即使客户一开始就有一个多元化、低收费的投资组合，他们还是会推荐收费更高的主动式管理基金（actively managed fund）。马克·伊根、格雷戈尔·马特沃斯和阿米特·塞鲁（Mark Egan，Gregor Matvos，and Amit Seru，2016）指出，在美国，金融投顾的不当行为，主要集中于拥有零售客户的企业，以及低教育水平且人口老龄化严重的县。他们还记述了劳动力市场中对投顾不当行为的小额处罚。

关注说客

可以说，金融正在（缓慢地）向提供更便宜、更安全的金融服务转变。但是这条路将是崎岖不平的。我需要强调三个隐患。

第一个隐患是，金融行业的在位者仍在赚取巨额的经济租金，并将会为保护这些经济租金而斗争。仅举一例，私募股权公司获得了纳税人的巨额补贴。它们受益于附带权益（carried interest）获得的不合理的税收优惠。附带权益是指，投资基金收益中按 23.8％的资本利得税率，而非按高达 37％的普通所得税率计税的部分。特朗普总统在竞选总统期间承诺要堵住该漏洞，但国会最终屈服于私募股权公司的游说，没有堵住漏洞。国会并未彻底否决，而是要求基金的普通合伙人持有相关投资满三年而不是一年。此外，私募投资基金经理还找到了一种方法，可以在税法对公司的豁免中，维持附带权益的税收优惠。他们为享受附带权益的高管设立了相应的公司结构。

第二个隐患是，美国缺乏一种保护数据及其所有权的制度框架。美国的银行试图防止客户信息泄露，以避免同业竞争。同样的争论在欧洲也曾发生，正如你所预料的，欧洲的银行极力游说，反对共享数据。然而，与立法者立即屈服的美国不同，欧盟仍在推进相关立法。后者努力的结果就是，《通用数据保护条例》（GDPR）得以通过，该条例从根本上规定了人们拥有自己的数据。根据《通用数据保护条例》，由于个人拥有银行账户的数据信息，你可以决定谁有权访问这些信息，而谁无权访问。这与美国发生的情况形成鲜明对比。事实上,美国的银行客户并不拥有自己的数据,且美国立法者听任其发生。

我在法国长大。与美国相比,法国的大银行传统上对政策的影响力更大。我从没想过,有一天这个事实会被推翻。欧洲和美国之间银行业开放程度的差距越来越大,这绝非偶然。这与我们在第 8 章中提出的关于欧洲监管的理论相一致。欧洲人可能不像美国人那样,天然偏好自由竞争市场,但当他们同意在欧盟层面对市场进行监管时,他们会选择创建强硬、独立的监管机构。我已经解释过,为什么这就是政治博弈的均衡。事实证明,2010—2012 年危机之后,欧洲人决定在欧盟层面对银行进行监管。自那时起,银行监管机构变得越来越强硬,越来越具有独立性,而银行业的说客已经失去了一些影响力。这一点在《通用数据保护条例》和《支付系统指令 2》(PSD2)的争论和修订过程中,变得显而易见。当第 13 章和第 14 章讨论 Facebook 和谷歌时,我们将更广泛地探讨《通用数据保护条例》和隐私问题。

第三个隐患是,资产管理可能已经变得过于集中。指数基金和交易所交易基金(ETF)都是伟大的发明。它们成本低,易于理解,对于 95％的投资者来说,肯定优于主动式管理基金。它们获得迅速扩张。2000 年以来,机构投资者在上市股票价值中的持有比例出现上升,这主要是由准指数型(quasi-indexer)投资机构的增长所推动。这些变动趋势令人振奋,但也意味着股票投资组合管理的集中度很高。其中一个问题是,相较于资本支出,大型投资基金的经理似乎明显偏好股票回购。在古铁雷斯和我(Gutiérrez and Philippon,2017)的一篇论文中,我们表明,那些拥有较高准指数型所有权的企业,回购也增长得更快。大型投资者积极投资受到进入壁垒保护的企业,因为他们清楚市场势力的价值。像沃伦·巴菲特(Warren Buffett)这样的投资者,在某种程度上正是通过这样做,才取得了惊人的成功。当然，这是一个完全合法的投资策略。然而，大型资金管理公司的增长，可能会直接或间接地强化美国经济向高成本加成率和低投资率变动的趋势。

总而言之，金融领域有诸多新事物，也有非常有价值的东西。然而，很多时候，有价值的东西不一定新，新的东西也不一定有价值。有理由认为，这种情况可能正在改变，这在很大程度上要归功于金融科技企业。但金融科技创新不会自动增强或实现金融服务的稳定性或大众化。如果想从更好的金融科技中获益，我们就需要组建一个不受游说影响的金融监管机构。

美国的医疗：自作自受的灾难

公平地说，美国的医疗保健产业正受困于低效率。寡头垄断、利益冲突、监管俘获，以及政治俘获，美国的医疗保健体系提供了这几种主要经济弊病的典型案例。不幸的是，这些共同导致了美国医疗保健的高昂支出和低劣服务水平。

现在的中年人现在有相当大的机会达到所谓的"长寿逃逸速度"*。

奥布里·德·格雷（Aubrey de Grey）

现在的中年人在老年时过的生活，可能要比现在的老年人差。

安妮·凯斯与安格斯·迪顿（Anne Case and Angus Deaton）

没有什么比健康话题，更能体现出经济学家与技术乐观主义者之间的冲突了。讽刺的是，恰恰就在科学家们开始争论在技术上无限期延长人类寿命是否可行时，美国正经历着和平时期预期寿命的第一次下降。自工业革命以来，这在任何一个民主国家当中尚属首次。

技术乐观主义者从技术可行性角度看待世界。但可悲的是，我们早就知道，糟糕的公共政策，可以使得技术上可行的事情在现实中变得不可能。大约四十年前，诺贝尔经济学奖得主阿马蒂亚·森（Amartya Sen）就

---

* 长寿逃逸速度（longevity escape velocity）是一种有关预期寿命的假说，该假说认为，以后人类延续生命的速度，可能要快于衰老的速度。例如，如果延续生命的科技在一年内的进步，能延续人类两年的寿命，那么就可以说人类达到了长寿逃逸速度。——编者注

已证实，大规模饥荒首先是政治问题："饥饿是一些人不能得到足够食物时的特征，而不是食物不足时的特征。虽然后者可能是前者的原因，但它只是众多可能原因中的一个。饥饿与食物供给是否存在联系以及如何发生联系，需要进行实地调查"（Sen，1982）。森认为，问题并不是食物供给不足，而是那些掌权者缺少让饥饿的人获取食物的意愿或欲望。换句话说，饥荒通常是人为政策造成的灾难。

美国的医疗保健体系似乎也是如此。我们本可能做的事与我们实际能做的事之间的差距，远远大于数十年来技术变革的速度。美国拥有最好的医院和最好的医疗技术，但它的医疗保健服务水平一般。虽然效率低下、寡头垄断、时而腐败的医疗保健体系并不是唯一原因，但它确实是一个主要原因。

美国是世界上最大的经济体，也是人均最富有的国家之一。然而，与其他富裕国家相比，其贫困人口比例更高，婴儿死亡率更高，预期寿命更短。[1]

图 12.1 显示了美国、法国、英国和哥斯达黎加等四个国家新生儿预期寿命的变动情况。我之所以选择哥斯达黎加，目的在于扩大对比范围，突出收入与健康之间的差异。2000 年，法国新生儿的预期寿命为 79.2 岁，而美国为 76.7 岁，低了 2.5 岁。2016 年，这一差距扩大至 4.2 岁，法国的预期寿命达到 82.8 岁，而美国只有 78.6 岁。当然，美国新生儿的预期寿命也低于其他富裕国家，但美国的预期寿命居然还低于一些不太富裕的国家：2016 年哥斯达黎加新生儿的预期寿命比美国新生儿高了 1.2 岁，而且这一差距近年来还在持续扩大。

图 12.2 显示了婴儿死亡率的变化。全球婴儿平均死亡率一直在下降。2010 年后，美国的婴儿死亡率停止降低，并一直高于英国和法国等其他富裕国家。2014—2016 年的数据显示，美国活产婴儿死亡率为 5.9‰，法国为 3.7‰，英国为 3.9‰。哥斯达黎加的死亡率明显更高，大约为 8‰。

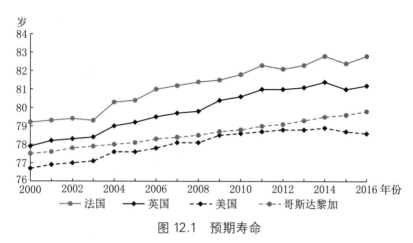

图 12.1 预期寿命

资料来源:OECD。

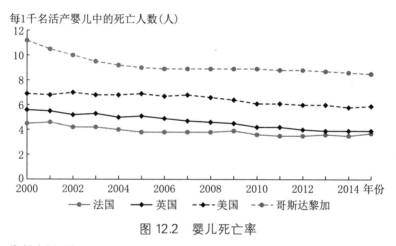

图 12.2 婴儿死亡率

资料来源:OECD。

美国的医疗保健支出

除了令人沮丧的医疗保健状况,美国的医疗保健支出也远高于同类型国家。2018 年,美国雇主医疗保险的家庭计划平均成本接近 2 万美元。我们需要对该数字保持谨慎，因为美国是一个富国，正如第 7 章中所讨论的那样，鲍洛绍—萨缪尔森理论告诉我们，在富国，非贸易商品和服务的价格整体上更高。因此，发达国家的医疗保健也应该更加昂贵。

图 12.3 显示了医疗保健的鲍洛绍—萨缪尔森效应。可以看到，人均医疗保健费用随着人均收入的增加而整体上升。然而图 12.3 也显示，美国的医疗保健费用完全离群（准确地说，是远离了回归线）。美国的人均医疗保健费用远高于挪威和瑞士，后两个国家的人均 GDP 基本相同。（卢森堡和爱尔兰的人均 GDP 受大型跨国企业经济活动的影响较大。）

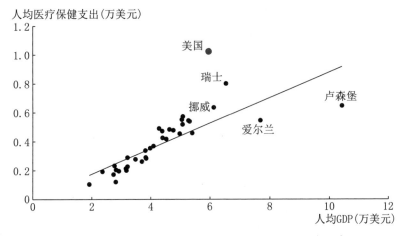

图 12.3　选定国家的人均 GDP 与人均医疗保健支出

资料来源：凯泽家族基金会（Kaiser Family Foundation）基于 OECD 数据计算得到。

图 12.4 显示了美国和可比经合组织国家（平均水平）的医疗保健支出占 GDP 的份额。有两个事实很明显：首先，各个国家的医疗保健支出都在增加；其次，美国的增加幅度要大得多。美国的医疗保健支出一直高于其他富裕国家，但自从 20 世纪 80 年代以来，这一差距急剧扩大。

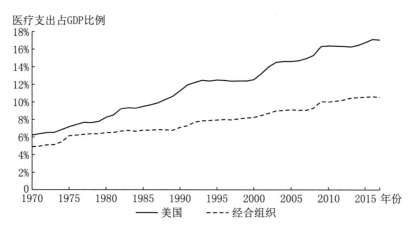

图 12.4　美国和经合组织(平均水平)的医疗保健支出占 GDP 的比例

资料来源:同图 12.3。

　　2018 年,美国的医疗保健支出约占 GDP 的 18%,即 3.3 万亿美元。这些支出从何而来? 医院护理是美国医疗保健支出中最大的一部分,每年支出超过 1 万亿美元。第二大类支出是医生和临床服务,其中许多服务现在也是由医院系统提供的。第三大类支出是处方药,约为 3 300 亿美元。

　　医疗保健支出在公共部门与私人部门之间的分布,也可以提供有用信息。美国医疗保健的公共支出与其他国家几乎完全相同;另一方面,美国医疗保健的私人支出则是经合组织平均水平的 3 倍。美国的公共部门和私人部门内部,都存在数个医疗保健体系。公共部门包括联邦医疗保险(Medicare)、医疗补助(Medicaid)、印第安人卫生服务局(Indian Health Service)和退伍军人卫生管理局(Veterans Health Administration),所有这些体系都是相互独立的。此外,不同的州在如何组织医疗系统方面,也存在很大的差异。同样,私人部门的医疗保健体系不是一个体系,而包括许多子体系。这种复杂性当然可以部分解释医疗保健的超额支出。

美国的医疗保健支出占 GDP 的比例，可能很快会超过 20%，这几乎是其他国家对应支出份额的 2 倍。我们怎么理解这一事实？

价格 vs. 数量

美国人在医疗保健上支出这么多，原因在于价格昂贵，而不是他们消费了更多的医疗服务。医疗保健费用研究所（Health Care Cost Institute）发现，2012—2016 年，雇主提供的医疗保险的理赔增长，"几乎完全是由急诊室就诊、外科住院和用药的价格上涨"引起的。另一方面，医疗保健的实际服务量"保持不变或有所下降"。

2018 年，约翰斯·霍普金斯大学的医疗保健经济学家杰拉德·安德森（Gerard Anderson），在接受《华尔街日报》采访时表示，"市场没有发挥作用"。保险公司必须与医疗保健供应商就雇主医疗保险计划的报销展开谈判，支付的费用平均比联邦医疗保险多出 50%，而这些不断上升的成本，是"美国在医疗保健上花费如此之多的罪魁祸首"（Mathews, 2018）。

研究者还比较了各国具体医疗保健项目的费用，以找出导致美国医疗保健服务如此昂贵的原因。[2] 无论是看医生的次数，还是住院的时间或频率，都不能解释额外的费用。这些指标与其他富裕国家的平均水平基本一样。我们又一次看到，价格是造成这种差异的原因。在美国，每年人均药费为 1 443 美元；而在欧洲，每年人均药费为 749 美元。

美国医疗价格高企的另一个重要驱动因素，是其庞大的"行政管理"成本，包括规划、监督和管理医疗保健体系及服务的相关成本。在美国，这些行政管理成本似乎很高，约占医疗保健总成本的 8%，这是其他国家平均 3% 的行政管理成本份额的 2 倍多。其他研究对行政管理成本进行了更宽泛的定义——考虑了间接成本，如行政管理工作上耗费的时间——在新的口径下，行政管理成本占医疗保健总成本的比例高达25％（Tseng et al.，2018）。

我之所以用引号将"行政管理"标记起来，原因在于，这些成本实质上是从保险公司到医院的数十层医疗中介方和供给方索取的经济租金。大量的经济学研究告诉我们，缺乏竞争就会导致高昂的"行政管理"成本。

劳动力成本也解释了部分差异。美国医生和护士的薪资高于其他国家。例如，美国全科医生的年收入约为22万美元，而其他富国平均为12万美元。这远远超过了人均GDP的平均差距，而且也不能被鲍洛绍—萨缪尔森效应所解释。但有一点需要注意的是：其他国家几乎都有免费的医学教育；而在美国，医学生在毕业时，背负着超过20万美元的学费贷款。

美国的医疗保健体系效率低下

可以这样来总结下面这些结论，美国似乎并没有有效地为国民提供其所需的良好医疗服务：它的支出超过任何国家，而国民的平均寿命更短，平均健康水平更低。

当然，医疗保健体系并不是唯一的罪魁祸首。其他因素也会对预期寿命产生影响，如基因遗传、生活习惯、社会经济条件，以及环境与身体的影响。多数研究发现，医疗保健体系对观察到的发病率和死亡率的解释程度不到20％。吸烟、不合理饮食和缺乏体育锻炼都会造成很大的影响。[3]安妮·凯斯和安格斯·迪顿（Anne Case and Angus Deaton，2017）进行了开创性研究。他们发现，自世纪之交以来，美国非拉丁裔白人在中年的死亡率和发病率出现上升。在没有大学文凭（高中文凭及以下）的非拉丁裔白人中，所有年龄组的死亡率都出现上升。相反，非洲裔在所有年龄组的死亡率都出现下降。他们还发现，在高中及以下学历的人群中，自杀、过量用药以及与酒精相关的肝病引起的死亡率显著增加。"中年人的两大杀手——癌症和心脏病——所引起的死亡率下降，被这一时期由药物使用过量、自杀以及与酒精有关的肝病引起的死亡率的显著增加抵消了。"

医疗护理本可以避免的死亡率（mortality amenable to health care），能够更好地对世界各国的医疗保健体系进行比较。基于疾病、伤害和风险等因素的数据，最近的一项大规模研究，为 195 个国家建立了"医疗可及性与质量指数"（Healthcare Access and Quality Index，HAQ 指数，参见 GBD 2016 Healthcare Access and Quality Collaborators，2018）全球医疗质量排行榜 2018）。他们追踪了 32 种若能得到有效治疗就能活下来的疾病和伤害，看看到底有多少人能活下来。如果每个人都能从理论上可以避免的死亡中幸存下来，由此得到的数据就是一个完美指数。表 12.1 显示了 HAQ 指数最高的 9 个得分及其对应的国家。

表 12.1　医疗可及性与质量指数最高的国家

HAQ 指数	国　　家
97	冰岛、挪威
96	荷兰、卢森堡、澳大利亚、芬兰、瑞士
95	瑞典、意大利、安道尔、爱尔兰
94	日本、奥地利、加拿大
93	比利时
92	新西兰、丹麦、德国、西班牙、法国
91	斯洛文尼亚、新加坡
90	英国、希腊、韩国、塞浦路斯、马耳他
89	捷克共和国、美国

指数最高的是欧洲国家以及加拿大、澳大利亚和新西兰。美国的排名并不能反映出财富或医疗支出水平。在这项研究中，美国还有两个特点：2000—2016 年间，在富裕和中等收入国家中，美国 HAQ 指数的绝对提高幅度最低；而且美国国内 HAQ 指数的不平等程度相对较高。密西西比州 HAQ 指数最低（81.5 分），而东北部各州、明尼苏达州和华盛顿州的指数与欧洲相当。

这项研究并不完美，它还存在归因问题。任何结果的度量指标都有其自身的困难。但如果我们看一下国外的一系列研究，可以清楚看到：美国在急性病治疗结果方面做得相当好，而在人口健康结果方面做得非常糟糕。

因此，可以公平地讲，美国医疗保健产业正受困于低效率。然而，如果更深入地去研究，我们会发现，美国医疗保健体系提供了几种主要经济弊病的典型案例，如寡头垄断、利益冲突、监管俘获，以及政治俘获。不幸的是，这些问题共同导致了医疗保健的高支出和糟糕后果。

行业集中

医院通过并购交易提升了市场势力。2010 年以来，每年发生近 70 起并购案。如今，居住在大都市区的美国人中，有近 80% 的人都生活在医院高度集中的地区。例如，最近得克萨斯州的两家大医院，达拉斯的 Baylor Scott & White 健康中心和休斯敦的 Memorial Hermann 医疗系统，宣布了合并计划。这将产生一个包含 68 家医院的庞大医疗系统，成为美国最大的医院集团之一。尽管这些医院名义上被归为非营利组织，但它们的总收入超过 140 亿美元。

管理者总是声称并购可以提高效率、降低成本和改善医疗服务，进而为并购交易辩护。他们却谨慎回避了市场势力问题。以史为鉴，提高效率不大可能发生，但提高价格的可能性却非常大。

令人惊讶的是，医疗部门似乎将航空业作为效仿的榜样。"规模至关重要，"Bon Secours Mercy 健康中心的 CEO 小约翰·斯塔彻（John Starcher, Jr.）在接受《华尔街日报》采访时说，"对任何人来说这都不是秘密……与航空业等其他行业相比，医疗产业的整合程度还落后得多。"

是的，你没有搞错。航空公司是医院计划效仿的榜样？天哪！

事实上，医院合并的一个重要原因，就是在与医疗保险公司谈判时，有机会获得更大的议价能力。当医院试图合并时，保险公司的高管（令人讽刺的是，他们在美国许多州享有事实上的垄断地位）会迅速提出异议。当城镇中存在一家占市场主导地位的医疗服务提供商时，所有的保险公司都只能将其纳入医疗保险计划。当一家医院系统是某地区住院服务的唯一提供商时，给本地人提供保险服务的保险公司将别无选择，只能将它包括在内。作为垄断企业，这家医院实际上就可以随意要价。

当然，市场买卖双方中一方的合并，也会给另一方采取同样行动的理由。最近，CVS 连锁药店以 700 亿美元收购了医疗保险公司安泰（Antna），该公司未来还计划收购医疗业务。

限制性合同

反竞争行为在医疗保健业比比皆是，而且往往隐匿于医疗保健服务提供商和保险公司所签合同的条款之中。让我们来回顾一下几个损害竞争的合同案例。

强制纳入

医院通常与保险公司签订合同，迫使后者将其纳入可能提供的任何保险计划。这会导致保险公司无法提供更优惠的合同。例如，信诺保险公司(Cigna)和医疗服务提供商 Northwell，希望通过排除某些医疗服务提供商，开发一种低成本的保险计划。此计划最终因信诺和 Northwell 的竞争对手纽约长老会医院(New York-Presbyterian Hospital)另签有合同而受阻。现有合同条款使得信诺不能提供任何排除纽约长老会医院的保险计划。

在北卡罗来纳州夏洛特市，司法部起诉占该地区巨大市场份额的医疗系统 Atrium Health，称这家医院运营商"利用其市场势力，阻止保险公司与竞争对手就价格和保费更低的保险计划进行谈判"。加利福尼亚州总检察长以反竞争行为为由，起诉加利福尼亚州北部经营着 24 家医院的运营商 Sutter Health。

反引流

医疗保险合同中另一种减少竞争的条款，就是禁止保险公司将病人引向价格较低或质量较高的医疗提供商。强制纳入条款使得保险公司无法将高收费的提供商排除在保险体系之外。同时，反引流条款还阻碍保险公司为病患提供优惠，使其不能选用费用更低或质量更高的医疗保健服务提供商。

2018 年 9 月，《华尔街日报》报道称，沃尔玛向为其员工提供保险的各家保险公司寻求许可，要求将表现最差的那 5% 的医疗服务提供商从其保险系统中剔除。安泰保险、阿肯色蓝十字与蓝盾和联合健康(United Healthcare)等三家保险公司告知沃尔玛，它们与服务提供商系统签订的合同不允许这样做。

信息不透明

金融业的投资顾问一直试图隐匿服务费。医疗保健提供商同样如此。许多合同中的一些条款让服务提供商有权拒绝透露定价信息。

换句话说，当保险公司向它们的客户提供价格线上对比服务时，这意味着它们必须允许一些服务提供商选择不提供这些价格信息。该合同条款实际上阻止了病人获取自己将被收取的价格信息。在撰写本文时，美国政府正考虑发布一项行政命令，要求保险公司和医院披露价格信息。希望这一想法能贯彻到底。

监管俘获

读到上一节，你可能会想："监管者为什么没有对此采取措施呢？"这涉及另一个问题：监管俘获。

在美国，保险业受到州级监管，这意味着全美各州都有保险专员负责监管保险业。尽管监管者的行为不受大多数新闻媒体的关注，但这些职位有极大的影响力。但如果说公众忽视了保险专员，保险公司可不会，它们还有更多的诉求。

在 2016 年发布的一份报告中，新闻调查组织"公共诚信中心"（Center for Public Integrity）找到了保险公司影响保险专员而进行的大量贿赂活动的证据，这些活动通常包括奢华娱乐、旅行和其他福利（Mishak，2016）。在公共诚信中心发现的一个案例中，阿肯色州保险专员朱莉·贝纳菲尔德·鲍曼（Julie Benafield Bowman）在判决涉及联合健康保险的医疗费用纠纷时,曾多次与该公司的说客在一起吃饭、喝酒。她在发给联合健康保险的律师的邮件中写道:"周一晚上玩得很开心,真是感谢热情款待。"她最终作出了有利于该保险公司的裁决,这一结果不足为奇。两年后法院介入,因其"表现出不当行为"(appearance of impropriety),而推翻了该裁决。不过,此时鲍曼已经离职,你可以猜到,她已到联合健康保险工作了。

泛滥的阿片类药物

监管俘获可能会导致更严重的后果。21世纪初以来,阿片类药物的过量使用,在美国迅速蔓延,导致了一些严重后果。阿片类药物的过量使用是美国历史上最严重的药品泛滥问题。1999—2010年,因过量使用阿片类处方止痛药而致死的人数,增加至近4倍,超过了20世纪80年代快克可卡因(crack)泛滥期间的死亡率。快克可卡因导致的死亡率为每10万人死亡2人。类阿片类药物导致的死亡率为每10万人死亡10人,在西弗吉尼亚州甚至已经达到每10万人死亡40人。

需求和供给共同引起阿片类药物泛滥。在需求侧,美国的社会和经济状况起着重要作用,不能简单地归咎于医疗保健体系的缺陷。在供给侧,医疗保健系统的失败,强化了药物供给。有证据表明,盈利激励和监管俘获共同导致处方药开出过量。供需同等重要。早在奥施康定(阿片类药物)之前,"绝望而死"(凯斯和迪顿语)就已存在,但过量开药使境况变得更加糟糕。

即使阿片类药物泛滥如此严重,制药企业仍在忙于游说,反对处方限制。例如,过去十年,游说组织"疼痛护理论坛"(Pain Care Forum)耗费

了约 7.4 亿美元，游说联邦和州立法机构反对对阿片类处方药的限制
(Perrone and Wieder，2016)。2018 年 1 月，朱莉安娜·戈德曼(Julianna
Goldman)和劳拉·斯特里克勒(Laura Strickler)在哥伦比亚广播公司新
闻网(CBS News)节目中报道称："过去三年，制药企业对州总检察长的各
种政治协会的捐款逐年上升，民主党和共和党获得的这类捐款的总额，分
别达到 70 万美元和 170 万美元。"如今，阿片类药物的制造企业正在积极
游说，寻求庇护，希望免于因药物泛滥而被诉讼。戈德曼和斯特里克勒
补充道："这些捐款本身是合法的，但这些钱让企业可以在闭门会议、高
尔夫球赛和高端晚宴上接触到州总检察长。"据《华盛顿邮报》和哥伦比
亚广播公司(CBS)的《60 分钟》节目报道，汤姆·马里诺(Tom Marino)
曾力推一个法案，该法案削弱了美国缉毒局阻止药品分销商或药店分
销阿片类止痛药的能力。该新闻报道后，曾被特朗普总统提名出任美
国国家药品管制政策办公室主任一职的汤姆·马里诺，被迫放弃提名。
"制药业、生产商、批发商、分销商和连锁药店对国会的影响前所未有，"
2015 年前担任过美国缉毒局药品管制部门负责人的约瑟夫·T.兰纳
齐西(Joseph T. Rannazzisi)在《华尔街日报》上指出，"我的意思是，在阿
片类药物泛滥已经如此严重的情况下，国会居然还能通过一项保护它
们利益的法案，这件事恰恰表明它们所具有的影响力"(Higham and
Bernstein，2017)。

阿片类药物一旦泛滥，就很难逆转。美国政府试图限制购买这类药
品，但药物滥用已经如此普遍，以至于限制政策只会引起其他毒品如海洛
因的广泛替代。为了限制阿片类药物的滥用，2010 年美国推出了一种能
够抑制滥用的新款奥施康定。然而，几组研究人员发现，这种抑制滥用的
新配方产品，导致众多消费者转而选用海洛因。[4]今天，超过 50 万美国
人对海洛因上瘾，其中 80%的人之前都曾滥用过阿片类药物。

失败的公共政策

美国医疗保健产业的集中态势令人担忧。如果对参与各方进行戏剧化的解读，那么它们各自的剧本可能如下：

医院：我们希望像银行一样进行合并，达到大而不能倒的规模。然后如航空公司对待乘客一样对待病患。

保险公司：我们需要进行合并，从而可以更好地与医院和大型制药企业进行谈判。

大型制药企业：我们市场份额的集中已经完成，但如果这些医院和保险公司也开始合并，我们何不继续保持下去呢？

有效提供医疗保健服务，是一场全球性的斗争。不仅仅是美国，所有国家都致力于解决该问题。在新兴国家，资本、基础设施以及高素质劳动力的匮乏，导致医疗水平低下，误诊频发。富国正试图解决高额医疗支出、过度药物治疗，以及昂贵医疗程序的过度使用等问题。然而，即使在这种多元化的格局中，美国也是异类。截至目前，美国的医疗费用远为最高，但实际医疗效果还达不到平均水平。有人可能会以为，美国的政策制定者将会对这一可被视为重大失败的公共政策进行调整。不幸的是，在美国，人们几乎不对医疗保健问题进行理性讨论。

所有国家都存在非理性的一面。法国相信其社会模式令全世界羡慕。英国相信它与美国保持着特殊的外交关系。当一个国家陷入这种思维定势时，理性讨论几乎变得不可能。[5]不管给出多少证据，情况都不可能改变。在美国，也有两个碰不得的议题，一个是医疗保健，另一个是枪支管控。枪支管控非本书主题，我本不打算讨论该问题，但最近出版的医学杂志上发表的一篇论文（Schuur，Decker，and Baker，2019），迫使我不得不讨论。事实显示，隶属于医生组织的政治行动委员会，捐赠给反对枪支安全立法（如政治背景调查）的政治候选人的金额，多于支持这些立法的候选人。这似乎与几个公开呼吁美国加强枪支安全法律的医生团体的公开立场相矛盾。这些政治行动委员会支持的是反对医疗改革的候选人，而这些候选人可能恰好也反对枪支安全法，这样一种解释似乎是合理的。当我们将经济租金和政治结合在一起进行分析时，结论总是出人意料。

当我听到美国医疗辩论中提到的某些论点时，我不得不承认我有点晕头转向。让我指出其中的两个。我经常听到的一个论点是：美国是一个自由市场国家，民众不想让政府来运营他们的医疗保健系统。我们来讨论一下。首先，政府已经介入医疗保健市场：它被称为"联邦医疗保险"。其次，你不用怎么费劲，就可以找到另一个政府深度介入其中的主要市场，尽管它本不应该：住房市场就是如此。美国政府通过效率低、经营差的企业（房利美、房地美），为数万亿美元的抵押贷款提供保险。

现在我们自问：哪一个市场更有可能经历需要政府介入并加以纠正的市场失灵问题呢？医疗保健市场，还是抵押贷款市场？没错，这几乎是一个反问，因为答案显而易见。医疗保健市场存在外部性、逆向选择和市场失灵等问题。这对每个人来说都简单明了。事实上，这对美国以外的所有人都是显而易见的，这也就是为什么世界各地政府都以某种方式介入医疗保健市场。

另一方面，大多数国家存在私人抵押贷款市场。丹麦拥有流动性强、高效率的私人抵押贷款市场，以及国家运营、高效率的医疗保健体系，而不是反过来。在法国，当购买房子时，你会从私人银行得到私人贷款。顺便说一句,贫困家庭可以获得补贴(效率通常不高),但贷款市场是私人的。美国有一个效率低下、半私人半公共的医疗保健体系,同时还有一个由纳税人补贴的扭曲的抵押贷款市场。美国人反对政府干预市场的观点,从根本上经不起推敲。

我经常听到的第二个论点是,美国企业在医疗保健相关产品的全球研发支出中占有很大份额,从而使得医疗价格如此之高。美国家庭支付高价,自愿资助全球新药研究,从而使地球上的每个人受益。除了可疑的自圆其说之外,这一论点也不可信。美国公民为何要对预期寿命更长的人予以补贴?要接受这种论点,你必须得相信,美国政客和监管者,在某种程度上情愿损害本国公民的利益,也要惠及世界其他地区。诚然,美国国立卫生研究院(National Institutes of Health)是基础医学领域最大的资助机构,但这并不构成美国药品昂贵的理由。

在这本书一开始,我们就讨论了,当面对证据证明先验假定不成立时,就需要重新考虑这些假定。在美国的医疗辩论中最有必要这样做。的确如此,一种尺寸不可能适合所有人。不同国家作出不同的选择。但理性的决策者应该看到,几乎所有其他发达国家都采用了与美国模式截然不同的医疗保健服务体系,而这些国家以更低的成本创造出了更高的效率。

请记住,这并不需要一个单一付款人的医疗体系。其目标应该是全民医保,也就是说,一个向全体民众提供优质服务的医疗保健体系。然而,实现这一目标的途径,应该通过公开辩论来确定。许多国家都没有采用单一付款人的医疗体系,但依然实现了全民医保。例如,在欧洲大部分国家,存在受到监管的私人保险市场,居民必须从私人保险公司中选择一套基本保险。其中许多国家还有私人营利性医院,它们接收公共保险的病患。

如果目标是避免增强政府在经济中的影响力，一个合理的解决办法可能就是关闭房利美和房地美，同时保留医疗补助、联邦医疗保险与受到监管的私人保险的某种组合，以实现全民覆盖。这将使政府置身于一个不属于它的市场之外，并提高另一个亟待整顿的市场的效率。

注释

[1] 2016 年，有 4 060 万人（占美国人口的 12.7％），根据官方贫困衡量标准属于"贫困"，这比 2014 年峰值 4 670 万人减少了 600 万人。官方贫困衡量标准依据的是家庭的税前收入；例如，在 2016 年，一个年收入低于 24 339 美元的四口之家，会被视为贫困。贫困衡量标准很复杂，因为它们往往没有适当考虑社会转移支付。Bruce Meyer 和 James Sullivan 解释说："关于不平等的争论几乎完全依赖于收入数据，这些数据表明，近数十年来不平等现象正在加剧。事实证明，这些数据所展示出的美国经济福利不平等的变动状况，是不完整的，有时还是扭曲的。"参见 Meyer 和 Sullivan(2018)。我关注的是预期寿命和儿童死亡率，因为它们更容易在各国之间进行比较。

[2] 参见 Papanicolas，Woskie 和 Jha(2018)所发表的相关论文。他们使用了 2013—2016 年的国际数据，数据涵盖了 11 个高收入国家，它们分别是美国、英国、加拿大、德国、澳大利亚、日本、瑞典、法国、丹麦、荷兰和瑞士。

[3] 用公共卫生专家的话来讲，发病和死亡是两种完全不同的情况。发病是指生病状态。死亡是指死亡状态。

[4] Abby Alpert、David Powell 和 Rosalie Liccardo Pacula 认为，2010 年以来导致海洛因致死人数急剧上升的很大一部分原因在于奥施康定的新配方。他们发现，2010 年之前奥施康定滥用率较高的州，奥施康定滥用率的下降幅度也较大，但紧接着新配方的奥施康定上市后的海洛因致死人数上升幅度也较大（Alpert，Powell and Pacula，2018）。William N. Evans、Ethan Lieber 和 Patrick Power (2019)也将翻了两番的海洛因死亡率归因于奥施康定的新配方："2010 年 8 月阿片类药物消费不再增加，接下来一个月海洛因致死人数开始攀升。新配方上市前海洛因和阿片类药物消费更多的地区，海洛因致死人数增长也更快。"新配方并未引起海洛因和阿片类药物综合死亡率的下降——阿片类药物死亡率的任一

例下降,都对应着一例海洛因死亡率的上升。

[5] 在法国,几乎不可能对两个经济议题进行理性探讨:工作时间的国家强制减少,以及公共部门的生产率。很多人认为,强制人们减少工作时间可以解决失业问题。也有很多人(往往是同一群人)拒绝承认下面这一点:在不破坏整个社会模式的情况下,削减公共部门的开支和职位,通常是可能的。

对明星企业的考察：顶尖公司真的不一样吗？

最顶级的科技企业是美国经济的支柱，对这种观点稍加分析就可见其是错误的。这些明星企业的显著特征是，它们雇佣的劳动力和从其他企业采购的产品都很少，而不是赚了多少钱或者股票市值有多大。因而无论它们发生任何事，对经济整体生产率的影响都不会太大。

我认为对国家有利的事情对通用汽车也有利，反之亦然。

查尔斯·威尔逊(Charles Wilson)

让我们来谈一谈互联网经济的明星企业：谷歌、亚马逊、Facebook、苹果和微软。它们简称 GAFAM，该词是由这些明星企业名称的头一个字母构成的缩略词。关于首字母缩略词，我这里再多说两句。在欧洲，这些互联网明星企业被称为 GAFA；在美国，它们被称为 FAANG。我发现这两个缩略词有误导性。它们排除了微软，原因大概是它相比其他企业而言创立时间更早，但微软不仅现在而且将来都是数字经济的重要参与者，与苹果和其他企业不相上下。缩略词 FAANG 还包含了 Netflix，但其市值仅为 Facebook 的三分之一，而 Facebook 市值也仅为苹果的一半左右。此外，Netflix 现在仅是一家重要的内容制造商，所以我不确定对比其与 Facebook 的商业模式是否有意义。因此，我将重点分析 GAFAM（下文简称"五巨头"）。

每个人对五巨头似乎都有各自的看法。有些人认为，它们是有史以来最伟大的企业。有些人认为，它们会对所在地区的民主构成威胁。然而，每个人似乎都认可一点，那就是：这些企业与之前的企业相比完全不同,老旧的资本主义规则对它们根本不适用。真的是这样吗?

不可否认,互联网企业是当今市场的明星企业。表 13.1 给出了 2018 年春季全球前十大市值的企业排名。两个事实引人注目:首先,美国企业有八家,中国企业有两家,而欧洲企业和日本企业完全消失不见(它们包含在数据中,只是没有达到标准);其次,前六家企业都是互联网科技公司。

表 13.1　全球市值前十大企业:2018 年春季

企　业	国　家	市值(亿美元)
苹果	美　国	9 269
亚马逊	美　国	7 778
Alphabet(谷歌母公司)	美　国	7 664
微软	美　国	7 506
Facebook	美　国	5 415
阿里巴巴	中　国	4 994
Berkshire Hathaway	美　国	4 919
腾讯	中　国	4 913
摩根大通	美　国	3 877
埃克森美孚	美　国	3 441

这些公司无疑都是明星企业。但经济体中总是会存在明星企业。这些明星企业有何不同吗?

卡门·莱因哈特和肯尼思·罗戈夫(Carmen Reinhart and Kenneth Rogoff,2009)的那本名作表明,认为"这次不一样",是引起金融危机爆发的快捷途径。宏观经济学中,没有所谓"这次不一样"的说法。但也许在互联网领域,情况可能会有所不同。存在某些技术上的理由使人们相信,这次可能会不一样。互联网企业成长迅速。Snapchat 只用了 18 个月,就使其估值达到了 10 亿美元,而谷歌达到同样估值整整耗费了八年才得以实现,对于《财富》500 强企业而言,达成这一伟绩平均需要花二十年时间才能做到。数字数据的使用方式，是存储在纸张上的数据所不能比拟的。通过非常大的、细粒度的数据集训练的学习模型，比传统的学习模型走得更远。尽管我们需要认识到，数据与知识之间存在着根本性差异（10亿条推文意味着很多数据，但不一定意味着很多知识），但依然有可能创造出更多知识。

我对这个话题的看法要稍微实际一些。我注意到，最深信五巨头"不一样"的人，通常是对这些企业知之甚少的人。他们中的大多数人不花时间查看数据，只知鹦鹉学舌。相反，人们对这些企业了解得越多，他们就越倾向于运用相对标准的商业概念来对它们进行描述。

理解五巨头可以有很多个理由，它们特别有助于我们理解市场集中度。当然，这些企业非常成功，也具有创新性，而且还控制着国内市场的大部分份额。我认为，不考虑对消费者和整体经济造成的负面影响，是很难全面理解美国航空业、电信业和医疗保健业不断上升的市场集中度的。应该如何评价五巨头的市场集中度，没有明确答案。它们高度集中的市场份额，或许会提高经济效率，如同沃尔玛所推动的零售业的集中一样，也或许并不是完全有效率的，但却是产生大型互联网企业所要付出的必要成本。至少，我们应将明星企业接管市场所引起的市场集中，与低效率的在位企业所推动的市场集中进行区分。

因此，我们需要搞清楚，这些明星企业与之前企业相比，是否存在差异。更重要的是，我们需要搞清楚，这些明星企业是否会为整体经济创造出色的业绩。

在下一章中，我们将会研究五巨头的游说和政治影响力。但是，在深入研究它们最近是如何在华盛顿大显身手之前，有必要从企业角度对它们进行详细研究——尤其是要考察受到广泛质疑并使它们长期逃避监管的两个假定：一是，五巨头属于一种特殊类型的企业，决不应受监管干扰；

二是，五巨头是保证美国经济健康运行不可或缺的组成部分，必须谨慎处理。

我所知道的唯一方法就是分析数据。那就让我们开始吧。

明星企业的商业模式

让我先简单地讨论一下这些企业的商业模式。苹果是一家奢侈品制造企业。谷歌和 Facebook 都是在线广告公司。亚马逊是一家拥有云服务的交易平台和零售商。微软的经营要稍微多元化一些。

苹果销售 iPhone 手机。iPhone 受欢迎的原因在于，其性能好且造型漂亮。iPhone 已经成为地位的象征，就像香奈儿包包或爱马仕围巾一样。苹果还销售平板电脑和电脑。这三项产品合计占苹果营业收入的84%。但苹果属于奢侈品牌。它赚钱不仅因为销量大，还因为销售利润率高。韩国三星的智能手机销量高于苹果：三星市场份额为 27%，而苹果为 24%，但三星手机价格相对便宜。*

在智能手机市场，iPhone 如同汽车市场中的梅赛德斯-奔驰，不同之处在于苹果拥有 24% 的市场份额，而梅赛德斯-奔驰的市场份额不到其十分之一。2017 年，梅赛德斯-奔驰的全球汽车销量大约为 230 万辆（该企业销量创纪录的一年），占全球汽车市场的 2%—3%。其销售收入约为 1 200 亿美元，利润约为 135 亿美元，所以其销售利润率约为 10%。苹果每年销售约 2.2 亿部 iPhone。2017 年，其总销售收入约为 2 300 亿美元，仅 iPhone 的销售收入就贡献了 1 500 亿美元。苹果的利润约为 500

---

* 本书英文原版初版于 2019 年。——编者注

亿美元，所以销售利润率超过 20％。苹果的市值 10 多倍于梅赛德斯-奔驰。然而，苹果作为一家特殊的制造企业，让奢侈品实现了规模化生产。与其他奢侈品制造企业的另一个重要差异在于，苹果开发了大量软件和服务（iTunes、Apple Music 和 App Store），它们在支撑其制造业收入方面发挥着战略性作用。这些服务和软件被用于吸引和留住消费者，并建立起有效的市场进入壁垒。

谷歌和 Facebook 的大部分收入来自广告：广告占谷歌和 Facebook 总收入的比例，分别为 88％和 97％。它们两家占有很大的市场份额，合起来占到了数字广告总支出的约三分之二。它们吸引顾客的方式各有不同。谷歌协助人们进行网上搜索。2018 年，谷歌每秒在全世界处理约 4 万次搜索查询，即每天 35 亿次，或每年 1.2 万亿次。谷歌处理全球约三分之二的在线搜索，其余市场的大部分搜索由微软必应和雅虎提供。至于手机互联网搜索市场，谷歌所占市场份额超过 90％。你进行搜索时，谷歌并不会由此得到收益。只有当你点击付费链接时，谷歌才会有广告收入。你马上就能明白广告商为何喜欢这种模式：它们只有在你点击时才会付费。此外，它们的广告不是随机出现的，而是基于你的搜索结果给出的反馈，所以你更有可能对它们提供的东西真正感兴趣。

Facebook 提供吸引你注意的内容，然后播出一堆广告。Facebook 的商业模式与旧媒体企业、报纸、电台和电视网络的商业模式没有太大差别。主要差别在于制作的内容和成本结构。Facebook 自身不制作任何内容。内容就是你、你的图片和视频，以及你朋友的图片和视频。在某种意义上，你们是自产自销，而 Facebook 从中分得一杯羹。这是一种相当聪明的商业模式。正如其首席执行官马克·扎克伯格（Mark Zuckerberg）所说："我们提供社交技术，他们提供音乐。"另一个区别是 Facebook 对你、你的朋友和你的家人了如指掌。因此，Facebook 可以精确地定位广告。

这正是广告商所喜欢的。这也给 Facebook 带来了政治风险。

微软创立的时间早于谷歌和 Facebook。或许正因如此，它的收入来源也更加多样化。它从办公软件 Office、操作系统 Windows 和游戏机 Xbox 销售中获得了可观的收入，也有部分收入来自云服务（云计算的操作系统 Azure）。微软曾是 20 世纪 90 年代的明星企业，2000 年其股价达到 55 美元。2009 年，降至 20 美元，2011 年又升至 25 美元。但微软作出了一系列正确的商业决策，比如扩大云业务，从而使其现在再次稳居明星企业的行列。与谷歌和 Facebook 的一个重要差别在于，微软不是一家社交媒体企业。这可能会被认为是弱项，但它也降低了微软在该领域可能会面临的风险。

亚马逊是一家拥有媒体业务和云服务业务的在线零售商。它也是一个市场交易平台。在某些方面，亚马逊与其他四家公司大不相同。亚马逊拥有众多员工，包括蓝领工人，而且进行大量的有形投资。亚马逊的员工规模依然少于沃尔玛，但这只是因为沃尔玛太大。过去几年，美国零售业的资本和研发支出的增长，主要来自亚马逊。记住这一点很重要。我们在第 5 章就投资进行探讨时，发现近年来企业的投资和生产率的增长一直较弱，而规模巨大、盈利能力强的企业在很大程度上能够解释相对于利润的低投资率。正如第 2 章所讨论的那样，零售业是个例外。大多数人认为，零售业仍然具有相当的竞争性和生产效率。

今日明星 vs. 昨日明星

与数十年前的明星企业相比，五巨头表现如何？我们总能听到有人说这些企业的市值前所未有。苹果确实是第一家市值突破 1 万亿美元的企业。但这好比拿苹果与橘子相比（这里的双关语是故意的），它们之间并无可比性。这里用的是当期美元，且当时股票市场繁荣。

苹果的市值真的史无前例吗？不。

表 13.2 给出了将五巨头与前明星企业进行比较所需的信息。这些数据表明，前 5 大企业通常占美国股票总市值的比例约为 10％。20 世纪 60 年代，AT&T 所占份额超过了 6％。今天的苹果还不到 3％。现在来看，五巨头确实不一样，但并非如人们所认为的那般不一样：它们……很小！

表 13.2　七个年代的明星企业

年代	排名	企　业	利润率（％）		市值占比/就业占比	经济份额（％）		
			营业利润/销售收入	纳税额/营业利润		市值占比	就业占比	已售商品成本/GDP
20 世纪 50 年代	1	AT&T	24.9	45.6	7.3	7.01	0.957	0.62
	2	通用汽车	16.9	57.2	7.5	6.71	0.891	1.22
	3	埃克森美孚	16.8	38.2	24.7	5.70	0.231	0.57
	4	杜邦	28.7	59.7	39.0	5.55	0.142	0.16
	5	通用电气	12.7	57.9	8.0	2.98	0.373	0.47
		平均	20.0	51.7	10.8	合计 27.95	2.595	3.04
20 世纪 60 年代	1	AT&T	30.9	44.6	7.4	6.40	0.869	0.56
	2	IBM	25.3	53.1	19.1	4.08	0.213	0.12
	3	通用汽车	16.3	51.9	4.5	4.25	0.952	1.25
	4	埃克森美孚	13.5	43.0	14.5	2.98	0.206	0.69
	5	德士古	12.9	23.3	20.9	1.88	0.090	0.25
		平均	19.8	43.2	8.4	合计 19.59	2.330	2.86
20 世纪 70 年代	1	IBM	24.6	50.3	14.1	4.66	0.330	0.18
	2	AT&T	25.5	35.0	4.4	3.91	0.894	0.69
	3	埃克森美孚	17.5	66.6	15.6	2.46	0.158	1.03
	4	通用汽车	9.2	46.4	2.5	2.20	0.873	1.31
	5	伊士曼柯达	24.1	47.5	12.6	1.72	0.137	0.10
		平均	20.2	49.2	6.3	合计 14.95	2.391	3.30

续表

年代	排名	企　业	利润率(%)		市值占比/就业占比	经济份额(%)		
			营业利润/销售收入	纳税额/营业利润		市值占比	就业占比	已售商品成本/GDP
20世纪80年代	1	IBM	19.6	42.6	9.4	3.31	0.354	0.31
	2	埃克森美孚	9.8	44.5	15.8	2.08	0.132	1.14
	3	AT&T	12.8	18.7	4.4	2.21	0.472	0.85
	4	通用电气	11.5	33.5	4.6	1.48	0.320	0.42
	5	通用汽车	4.3	11.3	1.5	1.05	0.710	1.21
		平均	11.6	30.1	5.0	合计 10.03	1.987	3.94
20世纪90年代	1	通用电气	22.5	17.4	10.1	2.12	0.209	0.49
	2	微软	39.0	35.5	93.6	1.28	0.014	0.01
	3	埃克森美孚	7.7	38.1	23.9	1.71	0.072	0.67
	4	沃尔玛	5.0	39.4	2.5	1.27	0.517	0.80
	5	可口可乐	23.1	31.7	55.2	1.34	0.024	0.05
		平均	19.5	32.4	9.2	合计 7.73	0.836	2.02
21世纪00年代	1	埃克森美孚	13.0	48.2	41.1	2.51	0.061	0.88
	2	通用电气	23.8	10.3	10.5	2.35	0.223	0.44
	3	微软	40.7	31.6	44.8	2.05	0.046	0.03
	4	沃尔玛	5.1	36.0	1.3	1.63	1.223	1.52
	5	辉瑞	32.0	16.3	20.5	1.47	0.072	0.02
		平均	22.9	28.5	6.2	合计 10.01	1.625	2.89
21世纪10年代	1	苹果	29.6	25.8	41.8	2.54	0.061	0.24
	2	埃克森美孚	8.3	34.4	36.7	1.91	0.052	0.87
	3	微软	32.8	18.4	23.0	1.68	0.073	0.07
	4	Alphabet	27.7	23.2	43.3	1.56	0.036	0.09
	5	Berkshire Hathaway	15.2	13.2	6.6	1.43	0.216	0.58
		平均	22.7	23.0	20.8	合计 9.11	0.438	1.84

　　注：表中企业为 Compustat 数据库中总部设在美国的企业。所有数据均为百分比。已售商品成本(COGS)按企业出口所占比例进行了调整。市值占比是指股票市值与美国股票总市值之比。就业占比是指企业所雇佣人数与美国非军方就业总人数之比。市值占比/就业占比是市值占比与就业占比之比。20世纪50年代 AT&T 的已售商品成本数据缺失，以 1960 年的数据代替。采用企业现行名称标记历史数据（埃克森美孚、AT&T）。

　　表 13.2 包含了诸多信息，让我们逐一讲来。它给出了每个年代的明星企业的一些关键事实。Compustat 数据库最早的数据可以追溯到 1950 年，因此我们的分析从 1950 年开始。对于每一个年代，我们先计算每家公司的平均市值，然后挑选排名前 5 的公司列入表 13.2（排名前 20 的企业在下文图中会用到）。表中每一列包含不同的信息。

　　表中的"排名"是按照股票市值进行排序。20 世纪 50 年代，通用汽车的市值排名居第 2 位，当时上市企业规模很小，通用汽车占总市值的份额达到 6.71％。它雇佣的劳动者占总就业人口的 0.89％。通用汽车还要从经济体中的其他企业采购大量投入品。其已售商品成本（cost of goods sold，COGS）平均而言占到美国 GDP 的 1.22％。已售商品成本是一个会计科目，涉及中间投入（汽车零部件、钢材、能源）以及生产工人的工资。通用汽车的生产工资约占美国 GDP 的 0.5％，它购买的中间投入品约占 GDP 的 0.72％。这意味着通用汽车与美国经济深度融合。

　　在每个年代的最后一行，我给出了前五大企业的平均值和合计值。20 世纪 50 年代，五大明星企业的平均营业利润率为 20％（表中营业利润与销售收入之比）。它们将营业利润中的 51.7％（纳税额与营业利润之比）用于纳税。它们的市值合计占到上市公司总市值的 27.95％，雇佣人数合计占非军方就业人数的 2.59％（就业占比），中间投入品合计占 GDP 的 3.04％（产品销售成本与 GDP 之比）。

　　表 13.2 讲述了一个经济如何随时间变化的精彩故事。20 世纪 50 年代，明星企业主要是来自制造业和石油业。60 年代，IBM 出现在表中，90 年代通用汽车退出，微软和沃尔玛进入。21 世纪最初十年，出现了谷歌和苹果。要想看到亚马逊和 Facebook，需要等到 21 世纪最初十年的末期，如表 13.1 和表 13.3 所示。

表 13.3 2017 年底的明星企业

排名	企 业	利润率(%)		市值占比/就业占比	经济份额(%)		
		营业利润/销售收入	纳税额/营业利润		市值占比	就业占比	已售商品成本/GDP
1	苹果	24.9	26.4	36.5	2.92	0.080	0.37
2	Alphabet	16.9	19.7	47.3	2.46	0.052	0.15
3	微软	16.8	13.6	27.6	2.22	0.081	0.09
4	亚马逊	28.7	35.0	5.2	1.90	0.367	0.42
5	Facebook	12.7	18.4	105.8	1.73	0.016	0.01
6	Berkshire Hathaway	30.9	25.4	6.7	1.65	0.245	0.70
7	强生	25.3	15.4	14.5	1.26	0.087	0.05
8	摩根大通	16.3	19.1	7.5	1.23	0.164	0.08
9	埃克森美孚	13.5	−43.4	26.4	1.19	0.045	0.75
10	美国银行	12.9	17.9	7.5	1.02	0.136	0.06
11	富国银行	24.6	24.0	5.9	1.00	0.171	0.05
平均	1—5	20.0	22.7	18.8 合计	11.23	0.596	1.03
	除亚马逊外四巨头	17.8	19.6	40.8	9.32	0.229	0.61
	6—10	19.8	6.9	9.4	6.35	0.677	1.64
	前 10	19.9	14.8	13.8	17.58	1.273	2.68

注:表中企业为 Compustat 数据库中总部设在美国的企业。所有数据均为百分比。已售商品成本(COGS)按企业出口所占比例进行了调整。市值占比是指股票市值与美国股票总市值之比。就业占比是指企业所雇佣人数与美国非军方就业总人数之比。市值占比/就业占比是市值占比与就业占比之比。除亚马逊外四巨头包括谷歌、Facebook、苹果和微软四家。因 2017 年税率发生变动,采用 2016 年税率。

你可能想知道,为什么 21 世纪最初十年居然没有银行上榜,花旗集团的确是这一时期的明星企业,但它在 2008 年金融危机中受打击严重,以至于它十年间的平均排名没法上榜。摩根大通和美国银行(Bank of America)进入了 2017 年的前十名,如表 13.3 所示。

埃克森美孚是唯一一家 70 年来一直位居前 5 的企业。[1]正如在普鲁斯特的《追忆似水年华》中,帕尔马公主的母亲提醒女儿的那样,"上帝大慈大悲,让你拥有苏伊士运河的几乎全部股份,此外,还使你在荷兰王国公司的投资比埃德蒙·德·罗特希尔德多两倍",还值得庆幸的是,"世系的悠久历史是谁也改变不了的,而且,人们永远需要石油"*。然而,随着时间的推移,埃克森美孚已经发生了很大的变化。它的就业比重已经缩减至不足初期的四分之一。

五巨头赚得太多了吗?

五巨头获取超额利润了吗? 让我们来看一看它们的利润率。从表 13.2 可以看出,前五大企业的税前营业利润率一般都在 20% 左右。现今的税前利润率并未脱离历史水平。然而,这些企业需要交纳的平均税率发生了改变。AT&T 过去的营业利润率为 25%,但其缴纳的税率为 45%。21 世纪 10 年代,苹果的营业利润率接近 30%,缴纳的税率不及 26%。税后利润率出现大幅增加。但这种情况是一种普遍现象,还是五巨头的特殊现象?

图 13.1 显示了美国前 20 大企业(按市值排序)、五巨头,以及排除五巨头后前 20 大企业的营业利润率。近年来,营业利润率出现了上升,并维持在较高水平。五巨头的营业利润率明显高于其他前 20 大企业。但五巨头不足以明显改变平均水平。不管包含还是排除五巨头,前 20 大企业的营业利润率相当接近。无论哪种情况下,我们都能看到,在 2000 年

---

* 此处是潘丽珍、许渊冲的译文。——编者注

左右的营业利润率呈现出大幅增长,我们在本书中已经对此现象进行了讨论。无论有没有算进五巨头,这种增长趋势都存在。

营业利润与销售额之比的加权平均

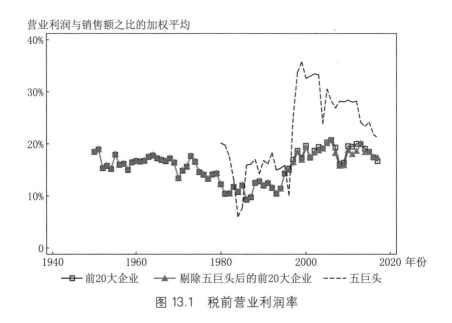

图 13.1　税前营业利润率

　　五巨头的营业利润率非常高,其实过去的明星企业也同样如此。2017 年,这 5 家企业的平均营业利润率为 20.0%(见表 13.3),但接下来的 5 家企业的平均营业利润率为 19.8%。2017 年,苹果的营业利润率为 24.9%,20 世纪 60 年代和 70 年代 IBM 的营业利润率基本一样,而 AT&T 曾经在 30 年的时间里有着更高的平均营业利润率。明星企业盈利多,所以才被称为明星企业。但是如今的明星企业创造的利润并不比过去的明星企业高。它们只是利润留存更多一些。

　　更令人惊讶的是,与诸多评论相反,五巨头的市值似乎没有什么特殊之处。与之前的明星企业相比,五巨头的市值份额没有高出多少。2017 年,五巨头占美国股市总市值的比例为 11.2%。20 世纪 80 年代,通用电气、通用汽车、IBM、AT&T 和埃克森美孚所占份额为 10.03%。苹果的市场份额不到 3%，但整个 20 世纪 80 年代 IBM 的市场份额超过 3%，21 世纪最初十年埃克森美孚也占到了 2.51% 的市场份额。

上述数据告诉我们，科技公司在某种程度上与之前的垄断企业完全不一样的假定，是站不住脚的。

这让我们想到另外一个假定，即五巨头对维持美国经济的健康发展至关重要，必须加以保护。

我们要指出的是，这些新企业与之前企业的差别在于：它们雇佣的员工极少，且与其他产业部门缺乏关联。实际上，符合这一描述的是除亚马逊外四巨头，正如我们在后面将会看到的那样，它不适用于亚马逊。

经济足迹为何重要

现在让我们来看一看这些明星企业的经济足迹。理论上讲，经济足迹很重要，它决定着企业经营对国家整体经济的影响程度。

当一家企业从经济中其他企业手中采购大量的中间投入产品时，它已经与整体经济深度融合。深度融合不仅对该企业有利，往往也对整体经济有利。1953 年，通用汽车 CEO 查尔斯·威尔逊（Charles Wilson），在国防部长人选的参议院提名确认听证会上，稍作改动之后重申了一句老话：明星企业可以造就明星经济。

专栏 13.1 解释了经济足迹的重要性。关键在于，与一家不与经济中的其他部分交往互动的明星企业相比，一家位于经济中心位置的企业更为重要。

专栏 13.1 投入、产出和经济足迹

一个简单例子即可说明经济足迹为何重要（见图 13.2）。设想存在两个经济体，各有 3 家企业。所有企业都有产出，它们总产出构成 GDP（简例中相对价格不变）。在第一个经济体中，企业 1 生产 x_1 个单位，企业 2 生产 x_2 个单位。企业 3 生产 q 单位，总产出为 (x_1+x_2+q)。我们可以用简便的数学来表示：$x_1=2$，$x_2=1$，$q=1$。现在假定企业 3 的生产率提高了 10%，即从 1 提高至 1.1。会引起什么样的变动？GDP 由 4 增加至 4.1，增长了 2.5%。这是因为企业 3 占 GDP 比重为 1/4，其生产率提高 10%。对整体经济的影响即为 10% 的 1/4。这一影响还可以，但不是很大。

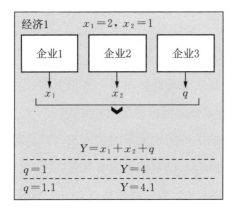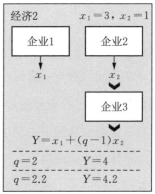

图 13.2 经济足迹为何重要

现在看看第二个经济体。企业 2 为企业 3 生产提供中间投入产品。企业 3 从企业 2 采购 x_2 个投入产品，生产 qx_2 单位产出。由于消耗了中间投入，企业 3 的生产增加值为 (qx_2-x_2)。假定 $x_1=3$，$q=2$，那么 GDP 的初始额依然为 4，与第一个经济体时相同。企业 3 占 GDP 比重仍为 1/4。因此，第二个经济体与第一个经济体看似相同。但现在设想公

司 3 的生产率提高 10%。可以看到,总产出会增加 5%。是之前增长的两倍。怎么可能呢? 原因在于,现在企业 3 的销售额占 GDP 的比重达到 1/2。尽管它的生产增加值占 GDP 比重与前例相同,其市值份额也一样,但现在它与经济中其他部分的融合程度更高。因此,与第一个经济体相比,企业 3 的产出增加在第二经济体中影响更大。

如何才能衡量一家企业的经济足迹呢? 这与企业所在行业密切相关,所以很难回答。在制造业,已售商品成本(COGS)是较为合适的衡量指标。在制造业之外其他行业,该指标不能很好起到作用。在金融业,其毫无用处。由于没有更好的指标,我将选用就业占比作为经济足迹的衡量指标。表 13.2 给出的企业的就业占比与 COGS/GDP 的相关系数为 0.86。虽然并不完美,但已经足够满足本书的简单分析。

图 13.3 显示了 1950 年以来排名前 20 大的企业的就业占比。明星企业的劳动足迹随着时间推移变得越来越低。新近的回升还是由沃尔玛

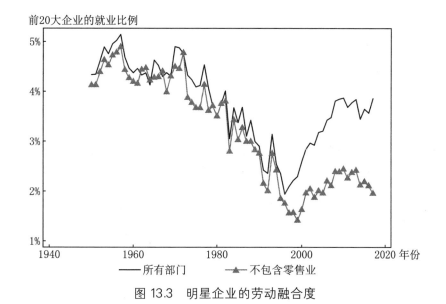

图 13.3 明星企业的劳动融合度

引起的。本书前面章节中，我们已经探讨了美国零售业的效率问题。这是一个竞争特别激烈、特别有效率的行业。但如果剔除零售业，那么在过去七十年，明星企业的劳动足迹（就业占比）实际上由 4.5％ 降至 2％。

如果我们将范围缩小至前 5 大企业，劳动足迹缩减程度甚至更大。表 13.2 显示，前 5 大企业的就业占比，由 20 世纪 50 年代的 2.59％ 降至 21 世纪初的 0.44％。

"隐士企业"的出现

我将 MV/Emp 定义为企业市值占比与其就业占比之比。要理解这一点，设想存在这样一个世界：所有劳动者相同，所有企业的生产效率相等并使用相同的资本劳动比进行生产。在这种条件下，企业只是表现为规模差异，而其规模可以用雇佣劳动者的人数、利润或市场价值进行衡量。利润、市场价值将与雇佣劳动力的人数成正比。所有企业的 MV/Emp 为 1。

当然，在现实经济中，企业所雇佣的劳动力在生产效率和技能上存在差异。当企业具有较高的人均市场价值时，它们的 MV/Emp 也较高。原因可能在于：它们使用了大量资本；采用了先进的生产技术；雇佣了高技能的劳动力。

当聚焦于明星企业时，我们相当于是挑选出了一组生产率很可能是出类拔萃的企业。它们也可能比其他企业雇佣技能水平更高的劳动力，还可能使用大量资本（如机器、计算机、软件），因此，预计明星企业的 MV/Emp 会很高。事实也确实如此。20 世纪 50 年代至 80 年代，这些顶级企业的平均 MV/Emp 介于 7.5—15 之间。

五巨头中的亚马逊比较例外，它看起来最像一家普通企业。2017 年其

市值占比为 1.9%,就业占比为 0.37%,因此,其 MV/Emp 为 $1.9/0.37=$ 5.2,与 20 世纪 50 年代和 60 年代的通用汽车相似。

然而,自 20 世纪 90 年代以来,MV/Emp 开始急剧上升。微软、苹果和谷歌都超过了 25。如果剔除亚马逊,我们会发现,除亚马逊外四巨头市值占比为 9.3%,但就业占比仅为 0.23%。可得 MV/Emp 等于 40.8。当然,最极端的例子是 Facebook,其 MV/Emp 为 105.8。Facebook 只雇佣高技能水平的劳动力,并内部解决一切问题。它基本上不从其他企业采购任何中间投入产品。

光芒黯淡的明星企业

那种认为最顶级的科技企业在一定程度上是美国经济支柱的观点,稍加分析就知道是错误的。这些新一代明星企业的显著特征,不是赚了多少钱,也不是股票市值有多大。如果剔除亚马逊,新一代明星企业的显著特征是:它们雇佣的劳动力和从其他企业采购的产品都很少。正如谷歌联合创始人拉里·佩奇(Larry Page)所说的:"要产生那样一个想法,你并不需要一家 100 人的公司。"

正是因为它们的经济足迹很少,无论五巨头发生何事,对美国经济的整体生产率的影响都不会太大。如果 1960 年通用汽车的生产率翻了一番,人们会感受到这种变动的影响。汽车将变得更便宜、更安全、更省油,通用汽车所带动的整体供应链的生产率也会变得更高。[2] 如果 Facebook 的生产率在一夜之间翻番,你不会感受到有何变化。你在浏览应用程序时所看到的广告,可能会变得更具有针对性,但其他企业不会由此变得更有效率。

关于五十年来明星企业对美国整体经济增长的贡献,古铁雷斯和我(Gutiérrez and Philippon,2019a)进行了研究。图 13.4 显示,与过去几十年相比,现今的超级明星企业对生产率增长的贡献度较小:过去二十年,超级明星企业对美国生产率增长的贡献度下降了 40% 以上。

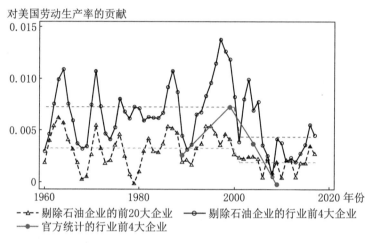

图 13.4　明星企业对美国经济增长的贡献

我们可以将超级明星企业定义为任一年份市值前 20 的企业(整个经济的明星企业)或一个行业中市值前 4 的企业(行业明星企业)。明星企业或任何一家企业都可以在两个方面推动经济增长:一是提高现有劳动者的生产率(内部贡献);二是生产率提高后雇佣更多劳动者(再配置贡献)。专栏 13.1 所述的一些原理将会帮助我们正确进行核算。我们发现,20 世纪 90 年代中期以来,企业的内部贡献大幅下降,而企业的再配置贡献变得非常明显。尽管如此,加总之后,图 13.4 显示:明星企业(使用"行业明星企业"的定义)过去每年能为劳动生产率带来大约 0.7% 的增长,但这一数字现在只有 0.4% 了。

我们的研究结论,挑战了人们关于新经济中明星企业的通常看法,它有助于理解埃里克·布林约尔松和安德鲁·麦卡菲（Erik Brynjolfsson and Andrew McAfee，2014）与罗伯特·J.戈登（Gordon，2016）之间的争论——前者将数字技术视为所有技术的基础，后者对新技术创新的影响持怀疑态度。我们的研究结论对历史学者来说，也许不那么令人惊讶。历史学者很清楚下面这两种偏见：今天不一样［套用莱因哈特和罗戈夫（Reinhart and Rogoff，2009）的话］；以及，我们当前的明星是例外情形。但在美国经济中，明星企业一直存在，而且它们一直都是规模巨大、生产效率高。在我们给出的数据中，可以发现，今日的明星企业还无法（目前看来）与过去的明星企业相比。

明星企业需要做得更多

Facebook、苹果、谷歌和微软都比几十年前的明星企业的规模小。当它们的生产率增长时，其影响不及过去通用汽车的类似生产率增长会带来的影响。或许你所使用的手机的电池续航时间更长，或许你所使用的笔记本电脑运行速度更快，再或许你在地铁里能够更方便地观看电影。这些福利收益具有经济意义，当然应该纳入经济统计之中。但就 GDP 和预期寿命而言，它们基本不会引起多少变化。

如果这个结论听起来过于悲观，那可能是对这些企业所产生的过度炒作的反应。毫无疑问，在我看来，五巨头确实令人印象深刻，但之前的通用汽车、通用电气、IBM 和 AT&T 亦是如此。五巨头并不特别，也应该受到与其他企业同样的尊重和小心对待。

如果经济史只教会了我们一件事，那就是一流企业需要受到竞争对手的挑战（这肯定也适用于五巨头，包括亚马逊）。我们不清楚生产率为何放缓。也许像布卢姆等人(Bloom et al.,2017)所说的那样,提出新思想变得越来越难。但正如本书所指出的那样,竞争减弱和市场进入壁垒的强化,使得在位企业安于现状。我们需要引入更多竞争。对于互联网企业而言,问题是要找到引入竞争的合适方法。

注释

[1] 1999 年底,联邦贸易委员会批准了埃克森和美孚的合并交易。

[2] 尽管仅是初步分析,但下面这项研究可以给我们更具普遍意义的教益。OECD 的研究人员 Dan Andrews、Chiara Criscuolo 和 Peter Gal(2015)基于一致的跨国数据,对前沿企业进行了研究。他们将全球前沿企业定义为:自 21 世纪初以来,在 NAICS 编码为两位数的行业中,劳动生产率或全要素生产率处于前 5% 的企业。按照定义,全球前沿企业更具生产效率。它们的资本密集度更高、规模更大、利润更高、专利更多,也更有可能成为跨国集团的一部分。他们辩称,过去二十年生产率放缓,并非因为前沿企业生产率增长放慢,而是因为全球前沿企业与其他企业之间生产率差距的日益扩大。2001—2013 年,制造业和市场服务业中全球前沿企业的劳动生产率的年均增长率分别为 2.8% 和 3.6%,而这两个产业门类中的所有其他企业的相应增长率约为 0.5%。尽管如此,文中所说的前沿公司并不是指五巨头。在他们的样本中,制造业"前沿"企业的平均营业收入约为 4 000 万美元,而服务业的平均营业收入约为 500 万美元。

监管还是不监管，这是一个问题

科技五巨头拥有大量用户数据，导致与之竞争的初创企业无法在市场上立足。数据收集也为五巨头压制其客户或供应商提供了便利。正如论者观察到的那样："如果亚马逊能看到你的银行数据和资产，还有什么能阻止它以你所能支付的最高价格向你出售贷款呢？"

考虑到我们科技产业的活力以及监管可能会适得其反的可能性，美国联邦贸易委员会在审查谷歌、Facebook、Twitter 或任何其他科技公司时，应慎重行事。

贾里德·波利斯(Jared Polis)

2012 年，至少有 13 名美国国会议员，就谷歌调查一事向联邦贸易委员会致函。其中的一些函件反映出这样一种看法：如同"太大而不能倒"的银行，谷歌作为美国五大科技企业之一，因为它太重要而不应该被调查。来自科罗拉多州的民主党人、美国众议员贾里德·波利斯，无不担忧地指出："针对谷歌的反垄断调查，将是一个具有严重误导性的行动，将威胁到我们反垄断体系的完整性，并可能最终引发国会采取反制措施，从而导致联邦贸易委员会实施关键的反垄断保护措施的能力被削弱。"

在上一章中，我们对五巨头(谷歌、亚马逊、Facebook、苹果和微软)的商业模式和业务范围进行了分析。我认为，数字经济的明星企业并不像人们所想象的那么特殊。或者，更准确地说，它们并不是因为多数人通常所以为的原因而特殊。它们不是美国经济的支柱。它们的营业利润率和市值份额与历史水平基本一致。新的地方在于，它们在实体经济领域留下的足迹比以前的明星企业更少。如果剔除亚马逊,新的明星企业最显著的特征就是雇佣的劳动力少,从其他企业采购的物资也少。

在本章,我们将探讨与五巨头相关的争议话题(如游说、逃税、数据隐私和反垄断),以及这些议题在多大程度上会形成市场自由进入的障碍。我们还将研究大数据如何使用的问题,并考查价格歧视的隐性影响。

五巨头齐聚华盛顿

联邦当局,尤其是国会,最初对监管新兴的科技产业有点畏手畏脚。当亚马逊、谷歌和 Facebook 等网络初创企业,迈出成长为如今的明星企业的第一步时,立法者对要求在线零售商强制征收营业税的呼吁置若罔闻,袖手旁观。

由于华盛顿做出重大干预的风险相对较低,大型科技企业没有效仿其他主要产业在首都构建起庞大的游说机构。成立于 1994 年的亚马逊,直到 2005 年才开始花钱游说决策者;而成立于 1998 年的谷歌,直到 2006 年才开始加入这场游戏;成立于 2003 年的 Facebook,直到 2013 年才开始耗费大量资金用于针对联邦政府的大量游说;1976 年开始营业的苹果,直到 2014 年左右才开始进行最低水平的游说。

不过,在过去十年,五巨头齐聚华盛顿。它们大幅增加游说支出,2017 年耗费了大约 5 000 万美元。它们游说的议题包括移民、网络中立性、广告管理规则,以及公司特定议题。

图 14.1 显示出五巨头的游说支出是近期才发生的。除微软以外,其他几家都支持上述结论。1998 年,美国司法部对这家软件巨头提起反垄断调查,指控微软将互联网浏览器与 Windows 操作系统捆绑销售。据

称，这种做法明显对创建 Navigator 浏览器的创新型初创企业 Netscape 形成了致命打击。这场诉讼案件耗费两年时间才结束，微软差点被一名联邦法官判定拆解。如图 14.1 所示，微软 20 世纪 90 年代末被司法部调查的经历，似乎使该企业认识到在华盛顿设立办事处的重要性，此后其游说支出一直保持稳定。

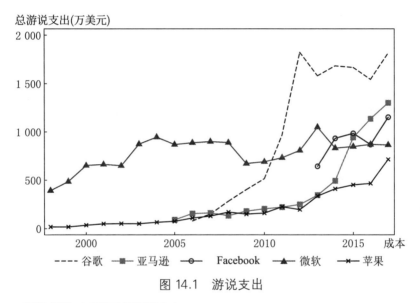

图 14.1　游说支出

资料来源：响应性政治研究中心。

五巨头的其他成员为什么突然觉得需要雇佣说客呢？正如第 9 章所看到的那样，正是当企业感到受到威胁或至少是潜在的威胁时，通常才会提高游说力度。随着五巨头的市场主导地位越来越明显，加之深陷一系列与用户数据管理有关的丑闻之中，它们开始受到越来越多的监管审查。

亚马逊收购食品连锁店 Whole Foods 后，其游说活动有所增加。Facebook 卷入了一系列数据隐私丑闻，其中之一还涉及咨询公司 Cambridge Analytica。谷歌下属的自动驾驶汽车部门 Waymo 面临着潜在追责问题以及其他问题。谷歌、Twitter 和 Facebook 还被牵涉进了 2016 年大选期间俄罗斯特工针对其用户的行动之中。

一般来说，企业会基于四个主要原因对华盛顿施加影响。前两个原因与它们希望通过游说获取的利益有关：它们要么想继续保有特权，要么想说服决策者授予它们尚未取得的特权。后两个原因与它们希望避免的成本有关：企业游说旨在说服决策者放松管制，或者阻挠出台新的管制。

我们将从一个与所有企业相关的议题开始：税收。然后，我们着重分析科技企业当前所享受的特殊利益：大规模市场集中和网络效应。我们还将探讨它们急于避免的管制：为其用户提供新的隐私保护。

五巨头缴够税了吗？

没有，五巨头没有真正负担起它们应缴纳的税收份额，但老实讲，其他跨国企业也没有做到。所有大型企业所支付的税率，随着时间的推移变得越来越低。图 14.2 显示出大企业缴纳的税额与其营业收入之比。企业的实际税率随着时间推移逐年下降。1980 年，缴纳的税额约占营业收入的 50%，之后降至不及 20%。五巨头的税率与其他市场主导企业的税率变动路径基本相同。如果你想要知道的话，图 14.2 中 2016 年税率的大幅下跌，主要是因为埃克森美孚的报告中出现了与油价下跌相关的异常变动。

企业所得税是一个相当复杂的议题。按照经典经济学理论，对企业利润进行征税并非良策。对投资者（利息、股息和资本利得）征税，通常更有效率，原因在于企业所得税更有可能降低投资。

税额与营业收入之比的加权平均

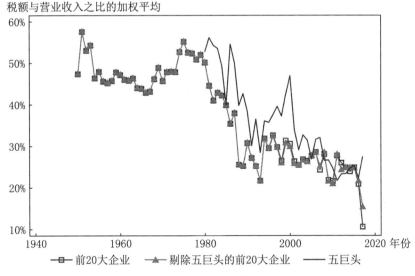

图 14.2 企业所得税税率：申报税收总额与营业收入之比

上述为理论分析。实证检验呢？证据支持理论分析的标准论证，但不具有压倒性。总的来说，研究人员已经发现，企业所得税对投资会产生负面影响，但不同的研究所得到的影响程度差异很大。艾伦·J.奥尔巴赫（Alan J. Auerbach, 2002）对已有研究进行了综述，西米恩·詹科夫等人（Simeon Djankov et al., 2010）探讨了近年来的相关实证研究证据。不过经济学家们还是取得了一些共识，认为企业税不宜过高，更重要的是，企业税覆盖面应尽可能广，不应有漏洞。

近年来，企业避税问题日益突出，虽然这在某种程度上合法，但代价高、效率低。根据加州大学伯克利分校的经济学家加布里埃尔·祖克曼（Gabriel Zucman）的研究，因企业将利润转移至避税天堂，美国每年会损失约 700 亿美元的税收收入。[1] 这几乎占企业税收总额的五分之一。正如祖克曼所解释的那样："据报道，美国跨国公司境外约三分之二的利润，留在了六个低税率或零税率国家：荷兰、百慕大群岛、卢森堡、爱尔兰、新加坡和瑞士。"

五巨头缴纳的税率似乎并不比其他大企业更低。制药、金融和制造等行业中的大型企业与五巨头大致类似，也会采取利润转移和避税行为。

五巨头非常普遍的一个问题是：确定利润的位置通常要更困难。这正是五巨头的税收问题在欧洲具有政治上的爆炸性的原因。有提议认为，应根据营业收入而不是申报的利润来计算应缴税额。如果一家企业在某个国家获得了很高的营业收入，即使它没有在该国申报高额利润，也应向该国缴纳更多的税款。

2018年，美国通过《减税与就业法》(Tax Cuts and Jobs Act)，改变了国际利润的征税方式。它将企业税的法定税率，由35％下调至21％。一旦你意识到，早在2018年之前的税收减免和避税漏洞，已经把实际税率降至35％以下，你就会明白这并不是什么太大的变化。智库税收与经济政策研究所(Institute on Taxation and Economic Policy)研究显示，2008—2015年，《财富》500强企业缴纳的联邦税率平均为21.2％。但封堵税收漏洞和降低法定税率很可能是个好办法。

《减税与就业法》包含许多缴税条款，现在评估其效果还为时过早[早期评估可参看 Chalk 等人（2008）的相关研究]。然而，《减税与就业法》影响了企业申报和缴纳税额的方式。2018年之前，企业可以进行如下选择：要么作为离岸收入缴纳税款，并将其计入当地的名义所得税(headline taxes)，要么将这些收入作为美国境外的永久性再投资，不用缴纳任何税款。苹果选择对其很大一部分离岸收入缴纳税款，这也就解释了为何它的海外名义所得税率显得相对较高。与此同时，苹果极力游说，以确保它不会真正缴纳这些税款。《减税与就业法》通过一条汇回条款证明了游说努力的正确性，该条款规定以15.5％的低税率对企业带回的海外收入进行征税，这不及通常要缴纳税率的一半。结果，苹果2018年之前的应纳税额中,有很大一部分将永远不用上缴。所有大企业都在进行利润转移,其中大多数在利用避税天堂进行避税。尽管如此,登记自己不希望支付的税款,显得特别虚伪。

在结束税收讨论时,我们必须强调的是,企业避税标志着公共政策的明显失败。企业避税大多是合法的,只需要最低限度的政治意愿,就可以减少甚至消除企业的避税行为。另一方面,富裕家庭的逃税行为大多是非法的,这也是一个更难以解决的问题。

在数字经济中，高市场集中度是必要的吗?

信息技术(IT)市场高度集中。要弄懂市场集中对五巨头的益处,我们就必须理解网络经济学的基本原理。不考虑政治经济学和游说,存在两种经济力量可以解释市场为什么会以及将如何趋于集中。第一种解释认为,存在规模经济:IT企业的固定成本高,边际成本低。这是很早的一个观点,并非仅适用于IT市场,它也适用于制药企业或飞机制造企业。由于信息传播的边际成本通常很低,甚至为零(经验观察所得到的结论),因此规模经济在IT产业中表现得更为明显。

第二种解释(网络效应,即经济学中所称的外部性)更切合IT产业。网络越大,网络成员就越有机会相互交流。反过来,不在同一个网络中的人不容易发生互动。专栏14.1对网络经济学的基础知识进行了梳理和解释。

专栏 14.1　网络经济学

两个概念在网络经济分析中发挥着重要作用:规模经济和网络外部性。

一是规模经济。假定消费者希望购买一个行业 Y 单位的商品。为便于分析，假设行业总需求 Y 无弹性：它与商品的平均价格无关。当 $Y=10$ 时，意味着消费者想购买共 10 单位的商品，尽管他们想从出价更低的生产商那里购买商品。这个行业存在 N 家竞争企业。它们具有相同的边际成本 c。充分竞争和消费者相对价格弹性，使得价格等于边际成本与成本加成 mc 之和，因此价格 $p=(1+m)\times c$。由于每一家企业的边际成本和加成率相同，它们面对着相同价格。我们说，均衡具有对称性。每家企业生产 Y/N 单位产品，都能产生 $mc\times Y/N$ 单位利润。

用 k 表示任一家企业进入该行业所需支付的成本，并假定可以自由进入市场。自由进入意味着，只要新企业预期会收回进入成本，它们就会持续进入该行业。因此，在自由进入市场假定下，存在 $mc\times Y/N=k$，这意味着行业中的公司数量由 $N=mc\times y/k$ 给出。c/k 是指边际成本与固定成本的比率。当固定成本相对于边际成本较大时，即 c/k 较小时，规模经济较大。因此，规模经济意味着 N 值较小，产业集中。需要注意的是，在市场自由进入条件下该结论正确，所以市场集中并不意味着存在经济租金。它只是反映了这样一个事实：利润必须足以弥补进入成本。

二是网络外部性。假定你和其他 h 个人同属一个网络。如果你从网络获得的效用 $u(h)$ 随着用户数 h 的增加而增加，则存在正的网络外部性。现在假定有两个网络和 H 个正在考虑加入哪个网络的人，网络 1 已有 h_1 用户，网络 2 已有 h_2 用户。假定你是 $(H-h_1-h_2)$ 个用户中尚未下定决心加入哪个网络的用户。加入网络 1 和网络 2 带来的效用分别为 $u(h_1)$ 和 $u(h_2)$。如果 $h_1>h_2$ 并且存在正外部性，你就会意识到 $u(h_1)>u(h_2)$。那么，你更有可能加入网络 1。当你的朋友在你之后作出决定时，数字就变为 (h_1+1) 对上 h_2。她更有可能加入网络 1，所有剩余的用户也会选择网络 1。网络 2 的用户将会注意到自己的平台人气不高，一旦有机会，他们也将转换到网络 1。假定不存在任何反制力量，网络 2 最终会消失，网络 1 将垄断整个市场。

网络能够共存的主要方式是实现差异化服务，其关键之处在于针对不同收入群体或不同用户群体，提供不同服务功能，打破 h_1 和 h_2 之间的简单比较。这就是 iOS 和 Android 网络，或者美国运通、Visa 和万事达卡网络可以共存的方式。

网络外部性是一种协同效应。当总体大于部分之和时，就会产生正协同效应。假定两家公司合并，它们可以通过合并 IT 系统、人力资源管理和其他职能降低成本，也可以通过技术融合生产出更好的产品。

网络外部性本身分为两种类型：直接效应和间接效应。Facebook 的网络就是直接外部性的例子。我们之所以这么看重 Facebook，原因在于我们的朋友也用 Facebook。一般来说，当我们通过与网络上的另一个人直接接触而获得效用时，就会产生直接外部性。

当其他用户的存在，使网络能够提供我们也能享受到的服务时，就会产生间接外部性。我们不用在乎是否与网络上的其他人有联系，只要共享相似兴趣即可。一个很好的例子就是手机、平板电脑或电脑操作系统的应用程序开发生态系统。在该例子中，我们不打算与其他用户产生直接互动。但随着用户数量的增加，开发者就有动力设计出更多的应用程序，我们都能从中获益。归根结底，尽管我们不重视与其他用户的直接互动，但我们仍然重视他们在网络上的存在。一个用户很少的网络，会因应用程序太少，而降低对我们的吸引力。

大多数网络都有直接外部性和间接外部性。例如，当越来越多的人使用搜索引擎和像 Waze 这样的 GPS 系统时，它们就会变得更加精确和可靠。

人们常常认为，在现今的无形数字经济中，正协同效应和网络外部性比以前更常见。进而，这一论点被随意用来作为支持市场高度集中和企业主导地位的论据。我认为这种观点具有误导性，广泛的正协同效应一说，不如大多数人所以为的那么有力。

新经济存在协同效应，但旧经济也存在协同效应。新经济的领导企业，如同旧经济的领导企业一样，倾向于高估它们经济活动的正外部性。拉娜·福鲁哈尔（Rana Foroohar）就零工经济，在英国《金融时报》（2018年8月）撰文指出，拼车服务企业优步的创始人兼前CEO特拉维斯·卡兰尼克（Travis Kalanick），几年前告诉一批企业高管，五年内"交通堵塞将不存在"。好吧，如果纽约最近的经历可以作为检验证据，那么上述情况并未出现——2010年，市中心汽车的平均行驶速度为每小时6.4英里（10.3公里）。根据纽约市交通部的《流动性报告》（Mobility Report），2017年为每小时5英里（8公里）。

马蒂亚斯·科瓦鲁维亚斯、赫尔曼·古铁雷斯和我（Covarrubias，Gutiérrez，and Philippon，2019），对规模经济假说进行了实证研究，但没有发现足够的支持证据。我们基于美国的详细数据，估算了各个产业的规模收益。并对1988—2000年和2001—2016年的变动情况分别进行了分析。没有证据表明，过去三十年里规模收益出现了显著增长。其中一个实证模型的回归结果显示，今天的规模收益与过去相比相差无几，而另一个模型的回归结果显示，规模收益可能提高了5%。仅有极个别产业的规模收益明显大于1。

也没有理由认为，无形资产比有形资产更有可能产生正外部性。专利是无形资产的典型代表。今天的许多专利以及围绕它们进行的大部分诉讼，都源于所谓的"专利流氓"（patent troll）。它们滥用专利制度，造成负外部性。另一个例子是市场调查和广告，或者更普遍的市场营销。这些活动在数字经济中正变得越来越重要,但它们涉及的零和经济活动的比例,要比其他类型的研发活动高,原因在于一家企业的收益与另一家企业的损失直接相关。

这并不是说数字经济不存在正外部性。在信息共享方面,正协同效应的可能性确实增加了。维基百科就是一个很好的案例。GitHub 和 StackOverflow.com 为开发人员提供了宝贵的在线帮助,使他们可以访问数以百万计的代码。[2]但我们至少可以说,数字经济所蕴含的正协同效应和规模经济效应,只有通过提高市场集中度才能实现,这一看法具有误导性。

大数据会带来什么问题?

过去十年,五巨头已经发展出比潜在竞争对手更大的网络优势。它们拥有大量用户数据信息,导致与之竞争的初创企业很难甚至无法在市场上立足。数据收集也为五巨头压制其客户或供应商提供了便利。

康奈尔大学教授绍列·奥马罗娃(Saule Omarova)观察到:"如果亚马逊能看到你的银行数据和资产,还有什么能阻止它以你能够支付的最高价格向你出售贷款呢?"[3]

这凸显出日益严重的价格歧视问题,专栏 14.2 对价格歧视给出了其具体定义。市场中的价格歧视有益还是有害?答案主要取决于市场能否自由进入,或者至少市场是否是可竞争的。就最大化全部交易的总盈余而言,价格歧视是有效率的。当企业获取全部信息时,它就可以针对每一个客户提出一个对方所能接受的最高价格或合同。当存在价格歧视时,只要交易在经济上是可行的,交易就会发生。当不存在价格歧视时,有些人会占便宜,有些人会吃亏,还有些人会因为价格而被排除在外。然而,令人担忧的是,拥有充分信息的垄断企业可以榨取所有盈余。这也正是奥马罗娃所担心的。这里的关键在于,当企业价格歧视变得越来越严重时,市场自由进入就显得更为重要。

专栏 14.2　价格歧视

假定市场存在 A 和 B 两种类型的消费者以及一家生产成本为 c 的企业,A 类消费者对企业产品的评价为 $v_a > c$,B 类消费者对企业产品的评价为 $v_b > v_a$。

首先,让我们考察一下不存在价格歧视的情况,如果企业不能区分 A 和 B,它必须向两者提供相同的价格。它有两个选择。一是,可以定价 $p = v_a$,所有的消费者都会接受这个报价并购买商品。它的利润为 $(v_a - c) \times (n_a + n_b)$,其中 n_a 代表 A 类消费者的数量。二是,也可以定价 $p = v_b$,放弃 A 类消费者。它的利润将为 $(v_b - c) \times n_b$。当 $(v_b - v_a) \times n_b > (v_a - c) \times n_a$ 时,放弃 A 类消费者是一个最优策略选择。这里的权衡显而易见。不等式左边表示对 B 类消费者收取更高的价格获得超额利润,不等式右边表示不与 A 类消费者发生交易引起的损失。当 A 类消费者人数较少(n_a 较小)或存在严重收入不平等($v_b - v_a$ 较高)时,企业更可能放弃 A 类消费者。在这种情况下,A 类消费者因定价过高被挤出市场,经济此时可能表现为效率低下和不公平。

现在考察一下存在价格歧视的情况。假定企业可以隔离 A 类消费者和 B 类消费者,然后提供两个价格,$p_a = v_a$ 和 $p_b = v_b$。A 类消费者不存在因定价被挤出市场的风险。从这个意义上说,价格歧视是有效率的。另一方面,这家企业获取大量利润:它从消费者那里榨取了所有的盈余。这就是企业进行价格歧视时,市场自由进入如此重要的原因。价格歧视与自由进入相结合,市场实现效率,消费者最终获得消费者剩余。

平台使用各种工具限制竞争，有时还会阻止价格歧视。诺贝尔经济学奖得主让·梯若尔（Jean Tirole，2017）强调了价格一致性的重要作用，它也被称为"最惠国"条款。这一名称最初源自国际贸易协定。这一观点认为，平台会阻止其商家在平台外提供更低的价格。在线预订服务平台要求餐馆或酒店不能在后者自己的网站上提供更便宜的价格。亚马逊在许多国家对其供应商施加了类似的限制。美国运通要求商家不得向持有美国运通卡的消费者收取更高价格，即使美国运通收取的费用通常要高于其他信用卡企业。这里重要的一点是，额外成本只能由不使用该平台的客户支付，因为商家被迫向每个人收取了相同的价格。为了理解出现这种情况的因由，假设存在一个经济体：一半人很富有，偏好使用一张昂贵的信用卡，该卡收取 4％ 的高额交易手续费；另一半人使用另一种类型的信用卡，手续费为 2％。如果商家能将手续费完全进行转嫁，对于价值 100 美元的商品，商家将向普通消费者收取 102 美元，而向富人收取 104 美元。在这两种情况下，他们只是从每位顾客身上净收取了 100 美元。如果被迫向所有消费者收取相同价格，他们将向每个消费者收取 103 美元。平均而言，商家仍将获得 100 美元的净收益，因而可以继续经营下去。但现在，穷人和富人都要支付 103 美元。故事还未结束。富人可能偏好花哨的奖励计划，否则一开始他们就不太可能去购买昂贵的信用卡。那么，在本例中出现的情况就是：价格一致性迫使穷人补贴富人。

解决办法有吗？你猜到了：市场自由进入！有效的价格歧视再加上市场自由进入，就可以一举两得。完全信息和市场自由进入相结合，可以在最大化消费者剩余的同时，实现有效市场。

这是重要的一课。大数据使得市场自由进入变得比以往任何时候都重要。没有自由进入的大数据，可能比根本没有大数据更糟糕。如果我们不能确保市场自由进入（或可信的市场可竞争性），那么我们最好要限制企业的数据搜集能力。如果我们要让这些企业大规模使用我们自身的数据，就必须确保市场可以自由进入。有大数据却没有实质性的市场可竞争性，在当前经济环境下，是不可接受的。

数字时代市场可竞争性的一个关键点是，赋予人们对自身数据的产权。竞争和隐私在这方面深深交织在一起。

大数据与隐私

隐私和数据保护议题已经成为新闻焦点。2015 年，Facebook 声称已经制定出严格制度，限制外界获取个人信息。三年后，该公司披露，其已给予数十家企业访问用户数据的特殊权限。在发给国会的 700 多页回应中，Facebook 承认，它已与 52 家硬件和软件企业共享了用户数据，其中许多企业此前从未披露过相关信息。新名单涉及苹果、微软和亚马逊，以及包括华为在内的几家中国企业。Facebook 一直以来，都在同设备制造商、移动运营商 AT&T，以及高通（Qualcomm）等芯片设计企业共享用户数据。

道格拉斯·麦克米伦（Douglas MacMillan）和罗伯特·麦克米伦（Robert McMillan）在《华尔街日报》上的独家报道（2018 年 10 月 8 日）显示，谷歌刻意隐瞒了涉及数十万 Google＋用户私人数据的泄露事件。该报看到了一份由谷歌法律和政策工作人员撰写并与高管分享的备忘录。这份备忘录警告称，披露这一事件可能会"立即引发监管关注"。

或许它们不必为此担心。美国监管机构对此类问题处理缓慢，相关争论已经转移到大西洋彼岸。欧盟通过了《通用数据保护条例》（GDPR），在网络隐私监管方面迈出了大胆一步。2018 年 5 月，《通用数据保护条例》正式生效，它赋予个人新的权利，并对企业施加新的数据保护义务。

《通用数据保护条例》限制了企业在未经欧盟居民同意的情况下收集个人数据的能力。人们有权查看企业所收集到的、与他们自身相关的信息，并有权要求删除这些信息。企业必须有限制地收集数据，删除不再需要的数据。《通用数据保护条例》还要求违反规定时，数据保管人应即刻通知用户。[4]

《通用数据保护条例》是大胆而雄心勃勃的一步，也带来了较大混乱。怎么可能不是这样呢？这是第一次尝试解决一个极其重要和复杂的问题。企业高管面临的一个挑战是，这项立法没有明确规定监管机构将如何评估合规性，这使得企业很难决定自己是否已经对数据保密政策作出了足够有效的修改，或者在系统升级方面投入了足够资金。

当听到美国人对该项数据隐私立法的防御性反应时，我震惊了。许多美国评论员非但不承认这些问题的存在，也不提出改进措施，反而讥笑这项新立法。我听过无数律师抱怨称，《通用数据保护条例》表述模糊，定义不完善，使得合规变得越来越难。换言之，他们在抱怨说，为了保护 5 亿欧洲人的隐私，欧洲人正在让数百名企业合规主管的工作变得更为复杂。真的吗？这种说法不仅无知，也是软弱的表现。

面对这样艰巨的挑战，有两种反应：一种是坐下来、拖延和找借口；另一种是尝试去做一些事情，即使别人抱怨你所做的并不完善。每个人都清楚，数字时代需要设立新的数据隐私保护立法。《通用数据保护条例》的争论让美国监管者和说客扮演着满腹牢骚的无用者的角色，而欧盟议员则扮演着监管开创者的角色。二十年前我不会想到会发生这种逆转。对美国人来说，站在场边批评，而不是上场去拼搏，是很少见的。

限制五巨头

科技行业的产业集中提出了这样一个问题：五巨头是否会利用其巨大的经济规模，来不公平地压制竞争？此时是否应该对它们进行拆分？这样做是否利大于弊？

首先让我们指出，在某种意义上，当前谷歌、亚马逊、Facebook 和苹果的成功，应归功于美国司法部，后者于 20 世纪 90 年代末阻止了微软垄断互联网。因此，当我们听到谷歌声称反垄断执法没有必要，会感到虚伪。开放的、竞争性体系的受益者，一旦成功确立市场地位，通常会封闭系统，并扼杀竞争（Rajan and Zingales，2003）。当取得成功的企业发展壮大时，它们会寻求改变现有政治体制，以维持它们的优势，并提高市场进入成本。

限制五巨头的方法有三种，这些方法并非互不相容，按争议性从小到大分别是：限制其收购、限制其利用市场势力，以及对其进行拆分。

限制其收购小企业，应该是目前阶段显而易见的一步。事后看来，准许谷歌收购 Waze 和 DoubleClick，或准许 Facebook 收购 Instagram 和 WhatsApp，无疑是个坏主意。这些初创企业本应成长为真正的挑战者。在位企业的主要优势在于其用户基础和财务资源。初创企业的主要优势在于，它们愿意作出冒险选择，打破现有市场体系。就五巨头而言，在位企业的另一个优势是其对市场的了解。它们比其他企业或个人更了解初创企业的发展潜力，并能在后者变得足够大而引起市场注意之前，尽早进行收购。这样做使它们可以逃避并购审查。一般来说，如果出现以下情形，则需要提交并购申请：

拟收购交易任一方的全年净销售额或总资产不低于 1 亿美元，而另一方的全年净销售额或总资产不低于 1 000 万美元。

以及

在拟议中的并购交易完成之后，收购方将持有被收购方超过 1 500 万美元的股票和资产。当收购另一方少于 1 500 万美元的有表决权证券时，如果完成收购之后，收购人将持有发行人 50% 甚至更多的有表决权证券，且该发行人的年净销售额或总资产在 2 500 万美元或以上，那么也需要申报。

通过提早收购潜在的竞争对手，五巨头过度滥用其市场势力。这些收购交易需要进行审查和限制，但这说起来容易做起来难。在互联网时代，大致有三种方法可以改善并购申请和并购审查。

一是降低并购申请和审查门槛。德国最近已经尝试过这种做法，但结果并不怎么振奋人心。为保证有效性，门槛必须很低，进而中型企业之间的诸多并不会引起任何反垄断担忧的普通收购，也需要提出并购申请。

二是用收购价格作为判断指标，而不是收购目标企业的营业收入。Facebook 为收购通信服务商 WhatsApp，支付了大约 200 亿美元。考虑到当时 WhatsApp 的营业收入非常低，且员工不到 50 人，这已经是一个令人震惊的收购价格了。然而，WhatsApp 每月有超过 4.5 亿的活跃用户，而 Facebook 比任何企业或个人都清楚，这可能会对自己的市场主导地位构成威胁。这一价格揭示了这笔收购真正的经济重要性，也可以用来证明并购审查的必要性。这种方法也存在问题，与营业收入不同，收购价格可能会被随意操纵。企业可以想方设法地人为降低并购交易价格，以避免审查。

　　第三种改进并购审查的潜在方法，就是对某些并购交易进行事后控制。事后控制有一个特别的优势：它可以获取并购申请时无法提供的、关于并购交易会如何影响竞争的相关信息。但另一方面，事后补救的成本通常更高，因为资产已经掺和在一起。事后控制也会引起法律上的不确定性。现在判断这些方法中的哪一个（如果有的话）最切合实际，还为时尚早。但在我看来，收购的重要程度还应该取决于收购价格，而事后控制在迅速变化的商业环境中会更加有用。

　　限制五巨头的第二个选择颇有争议。限制五巨头利用市场势力，将直接威胁到其市场主导地位。尽管美国不愿意这样做，但欧盟已经对欧洲企业和在欧洲运营的美国企业的市场主导地位发起了挑战。耶鲁大学经济学家菲奥娜·莫顿（Fiona Morton）的研究表明，欧洲监管机构在新经济领域的执法方面，比美国监管机构更加活跃。欧盟委员会的竞争总司已经处理过很多与大型科技企业相关的经济问题，比如忠诚折扣、IT 平台的主导地位等等。德国和布鲁塞尔的监管机构，开始针对 Facebook、亚马逊和谷歌的市场操纵和数据采集活动进行反垄断调查。

　　为了限制 Facebook 等企业在一个网络中的过度主导地位，监管机构可以确立审查的两个特征：互通性（即同其他网络相互联通的能力）和数据可移植性（即将数据从一个网络移动到另一个网络的能力）。这些特征与过去强加给电信公司的特征非常相似。

　　关于数据采集方面，监管机构可以附加一个条款，允许用户有权选择退出横向网络追踪。如今，无论用户是否喜欢，谷歌和 Facebook 是仅有的两家能够在数百万网站上，实现数十亿用户网络追踪的企业。这就是它们为何能够维持在线广告的市场主导地位的原因。选择退出条款将允许用户有权决定，是否让谷歌和 Facebook 在其他网站上追踪他们的网络访问记录。然而，凭借市场的力量不太可能产生有效的退出条款。正如迪娜·斯里尼瓦桑(Dina Srinivasan)所解释的那样,"第一,Facebook 本身过去和现在都没有允许消费者选择退出新的站外追踪的选项。第二,Facebook 选择忽略消费者通过浏览器选择拒绝追踪的明确请求。第三,当消费者安装广告拦截器来规避追踪和定向广告时,Facebook 的回应是绕过用户安装的广告拦截器"(Srinivasan,2019)。有效的退出选择,可能会要求监管方的控制。这将增强市场竞争性,提高消费者的福利。

最后一个选择就是拆分五巨头。这是最具有争议的选择,而且也确实很复杂。问题在于,五巨头的经营活动要比 AT&T 更加一体化。以 AT&T 为例,长途服务与本地的基础设施企业有着显著差异。目前尚不清楚如何拆分亚马逊或谷歌。拆分似乎像是本末倒置。应该优先考虑的是确立隐私监管和数字数据产权,并给予客户有效的退出选择条款。

与过去几十年相比,反垄断监管可能倾向于更多的事后控制。过去导致垄断地位的收购是拆分的天然候选对象。市场也需要强有力的补救措施。以苹果为例,最近许多争议集中在其应用商店,那里价格隐匿,规则晦涩难懂,利益冲突层出不穷。亚马逊既是一个交易市场(在线零售平台),也是一个市场参与者(拥有自己的品牌),这种情况也会产生利益冲突。

两个两难境地

关于五巨头,我能看出一个乐观的理由与两个两难境地,都涉及数据的使用。第一个两难境地涉及大数据和市场自由进入。正如我所指出的,大数据会引起严重的价格歧视。虽然那会提高市场效率,但也会把全部消费者剩余转移到垄断企业手中。随着大数据的出现,市场的可竞争性变得越来越重要。这里的两难境地是,大数据本身就构成了市场自由进入的障碍。

第二个问题还涉及经济足迹和隐私问题。正如前一章所述，五巨头没有提高美国经济增长率的一个原因是，它们的经济足迹要小前几代明星企业。这导致了第二个两难境地。如果维持原来的基本发展模式，它们对经济增长的影响仍然会很小，且令人失望。如果它们向外进行经济扩展，扩大经济足迹，可能会对总生产率产生重要影响。但是，如果扩大经济，隐私问题必然变得更糟。

谷歌和 Facebook 目前只是两个大型的广告机器。它们对许多广告企业和几乎所有报纸造成了冲击。虽然这不能显著提高总生产率，但确实会导致某些政治和民主问题。苹果亦如此。旅行时，iPhone 使得访问数字信息更为方便。苹果在这方面做得确实不错，但如果它能做的仅止于此，那么将不会对总生产率的提高产生任何影响。此外，iOS 的应用市场并不透明，利益冲突充斥各处。

要对经济增长产生重要影响，五巨头及类似企业需要促进真正重要的那些市场的发展，如运输业、能源产业和医疗保健业。如果谷歌确实有助于创造出高效的无人驾驶汽车市场，如果 Facebook 确实对银行系统形成冲击，如果其他数字技术能够改善医疗服务的有效供给，那么我们将看到真正的、广泛受益的社会福利改善。

但这里有一个两难境地。上述情况中，隐私问题至关重要。在这些新市场中，五巨头将会访问更多的个人数据，以及比今天所能访问到的更敏感的数据。如果我们已经很难相信它们会妥善处理现在所采集的数据，那么我们又将会如何看待我们的汽车或医疗保健服务提供商直接输送给私营企业的数据呢？

然而，这个问题并非无解。技术能够解决它所带来的问题。例如，人工智能技术也可以被用于打击黑客和防止数据泄露。技术能够使人们更容易、更快捷地追究网络攻击。科技记者亚当·亚诺夫斯基（Adam Janofsky）指出，企业正在"利用机器学习对数以百万计的恶意软件文件进行分类，以寻找有助于识别新型网络攻击的共同特征。它们随时辨析人的声音、指纹和打字风格，确保只有被授权的用户才能进入它们的系统。它们每时每刻搜寻线索，找出谁在发动网络攻击，并确保它们不能再次发动"。[5]

竞争也有助于保护隐私，正如迪娜·斯里尼瓦桑 Srinivasan，2019）所言："在 2007 年和 2010 年，Facebook 曾试图背弃其不追踪用户的承诺，但激烈的市场竞争，使得消费者有充足的选择，阻止 Facebook 作出尝试。"只有当获得垄断市场地位后，Facebook 才有可能无视用户的隐私问题。

好消息是，政策制定圈才思出众的智囊开始关注此类问题。2018 年9 月，英国财政大臣成立了一个专家小组，由白宫经济顾问委员会前主席贾森·弗曼领衔。该小组所撰写的一份颇具影响力的报告，对数字经济监管过程中某些复杂问题进行了分析，并提出了一套指导政策决策的原则（Furman et al.，2019）。其政策建议强调"采取措施提升数据的流动性，以开放标准改进网络系统，并提高数据的开放度"。

新技术拥有促进生产率增长的潜力，但它们尚未实现。如果我们能找到解决数据保护问题的途径，五巨头在促进生产率增长方面可以发挥引领作用。我们必须确保大数据不会成为市场自由进入的障碍，同时也要确保私人数据受到保护。

注释

[1] 参见下面这篇评论文章：Zucman，G.，"How corporations and the wealthy avoid taxes"，*New York Times*，November 10，2017。

［2］StackOverflow.com 是一个软件开发人员能向其同行寻求帮助的网站。它有 900
万用户，每年产生 1 600 万个问题和 2 500 万个答案。GitHub 是开源软件开发的
核心平台和代码存储库，拥有一个包含 2 500 万用户和 5 000 万个存储库。2018
年 6 月，微软宣布将以 75 亿美元收购 GitHub。此举有望帮助微软与亚马逊云服
务（AWS）展开竞争。

［3］Omarova 的话引自 Rana Foroohar，"Banks jump on to the fintech bandwagon,"
Financial Times，September 16，2018。

［4］《通用数据保护条例》要求企业在 72 小时内将违规行为告知监管机构。在美国，
没有与之相对应的、联邦层面的违规告知法条。取而代之，公司只能在五花八门
的各州法规中摸索着前进。

［5］Adam Janofsky，"How AI can help stop cyberattacks," *Wall Street Journal*，
September 18，2018.

买方垄断势力与不平等

亚马逊确实没向消费者收取高价。然而，亚马逊却利用庞大的业务规模，从供应商那里获取折扣。如果一个平台能够压低所购商品的价格，商品生产商也将不得不降低劳动者工资。因此，监管机构应该确保折扣等形式的买方垄断租金，不会成为市场进入的障碍。

无论何时何地,雇主们都会秘而不宣但又始终如一地相互联合,将劳动者的工资保持在不超过实际工资率的水平上。

亚当·斯密,《国富论》

市场势力分为两种类型:卖方垄断和买方垄断。卖方垄断势力更为人所熟悉。当一家企业因客户几乎没有其他可选择的产品,并借此向其收取高价时,即拥有了卖方垄断势力。这很容易理解,我们已经在前面对其影响进行了探讨。

当一家企业能够对其雇员以及供应商施加市场势力时,它就拥有了买方垄断势力,因为后者几乎没有其他地方可以出售他们的劳动力、商品和服务。

在我攻读研究生时,买方垄断势力被认为无关紧要,以至于这方面的内容已从标准课程作业中删除。我们用来分析经济的现代经济学模型,已不再涉及买方垄断势力。它是"19世纪才会出现的事"。

然而,让我吃惊的是,这种现象再度出现。有证据表明,在美国各地的一些地方劳动力市场上,买方垄断势力越来越大。同时,互联网平台的定价权,就像信用卡企业的定价权一样,也是一种买方垄断形式,只不过它针对的是供应商而非消费者。

虽然买方垄断和卖方垄断形成的根源不同，但两者对整体经济的影响却是相似的。假定存在一个生产过程只投入劳动力一种生产要素的经济体：一个劳动者能生产一单位商品。设想一家垄断企业对工资的加成率为 50%。这意味着，如果竞争性工资为 1，那么商品价格即为 1.5。如果经济体有 100 个劳动者，他们生产出 100 单位商品。那么名义 GDP 为 150 美元，劳动收入为 100 美元，资本收入为 50 美元。劳动收入占 GDP 的 2/3，资本收入占 1/3。但是劳动者同时也是消费者。单个劳动者收入为 1，但仅能支付价格 1.5 中的 1 或单位商品价格的 2/3。

现在假定买方垄断。商品价格为 1，因劳动者没有其他地方可供选择，工资不再是 1，而是被压低至 2/3。注意，这个结果与之前基本相同。劳动者收入占 GDP 的 2/3，资本收入占 1/3。虽然在完全竞争市场条件下他可以购买完整 1 单位的商品，但现在劳动者仅能购买 2/3 单位的商品。

因此，买方垄断和卖方垄断整体上对劳动者生活水平的影响是相同的。无论是企业将价格提高 50%，还是雇主将工资压低 1/3，都无关紧要。在这两种情况下，劳动者的购买力都降低了 1/3。

劳动力市场的集中度

据最近几家新闻报纸报道，美国劳动力市场的买方垄断势力正在重新抬头。这一看法是相对清楚明白的。如果找工作的劳动者只能在有限的雇主间进行选择，那么雇主对劳动者就拥有了市场势力，并能支付更低的工资。

那么,首要的问题是:劳动力市场的集中度到底有多大呢? 2016 年,若泽·阿扎尔、伊万娜·马里内斯库、马歇尔·斯坦鲍姆和布莱迪·塔斯卡(José Azar, Ioana Marinescu, Marshall Steinbaum, and Bledi Taska, 2018)对一家分析软件企业收集到的在线招聘职位进行了研究。他们基于六位数的联邦标准职业分类代码,使用赫芬达尔—赫希曼指数(HHI)计算了各个通勤区劳动力市场的集中度。HHI 指数平均为 3 953,相当于每个市场上有 2.5 个招聘雇员的雇主。超过一半的劳动力市场高度集中,而且 HHI 指数高于第 2 章所提到的美国司法部与联邦贸易委员会指导方针中的临界值 2 500。高度集中市场占去了就业总人数的 17%。这几位作者考虑了其他合理的替代性市场的定义,对 HHI 指数重新进行了计算,发现高度集中的市场所占比例从未低于三分之一。

接下来的问题是:市场集中度是否起到了降低工资的作用? 这很难进行度量,但最近的研究论文显示,这可能是事实。经济学家埃弗拉伊姆·本梅莱赫、尼陶伊·伯格曼和金贤燮(音,Efraim Benmelech, Nittai Bergman, and Hyunseob Kim,2018)利用 1977—2009 年的人口普查数据,研究了地方劳动力市场的集中度与工资的关系。他们认为,当地雇主的市场集中度随着时间推移出现上升,且与工资存在负相关。这与高度集中的劳动力市场上雇主拥有买方垄断势力的观点相一致。此外,他们还发现,当工会覆盖率较低时,市场集中度越高,劳动力市场的集中度与工资的负相关关系就越显著。但当劳动力市场不那么集中时,工资增长与生产率增长的关系要更紧密一些。

有趣的是,他们还发现,随着中国进口竞争的加剧,劳动力市场越来越集中。产品市场竞争变得激烈,我们预期卖方垄断的租金会减少。不幸的是,这种市场集中可能会导致买方垄断势力增大,从而抵消自由贸易所带来的一些福利改善。这也是我在导论中所提观点的另一个例证。国内竞争和国际竞争存在差异。改善国内竞争应该是一个绝对没有争议的事情。而国际竞争更为复杂和不明确。

有关买方垄断权力的研究文献尚处于起步阶段,我们还需要学习更多。人们普遍认为,劳动力市场的垄断势力会损害劳动者利益,戴维·伯杰、凯尔·F. 赫肯霍夫和西蒙·蒙吉(David Berger, Kyle F. Herkenhoff, and Simon Mongey, 2019)估计,劳动力市场的垄断势力所造成的福利损失,占个人一生消费的比例约为 2.9%—8.0%。然而,关于劳动力市场集中度的变动,还没有形成一致结论。伯杰、赫肯霍夫和蒙吉发现,尽管全国劳动力市场的集中度整体上升,但过去 35 年,地方劳动力市场的集中度有所下降。让我们回到第 2 章讨论的问题。专栏 2.2 的分析表明,全国集中度指标与地方集中度指标不同,并可能会对经济产生误导。

你可能会认为,线上劳动力市场的存在,已经使得地方劳动力市场的集中度不那么重要了。阿林德拉吉特·杜布、杰夫·雅各布斯、苏雷什·奈杜和西达尔特·苏里(Arindrajit Dube, Jeff Jacobs, Suresh Naidu, and Siddharth Suri, 2018)对此进行了研究。他们对亚马逊劳务众包平台——最大的劳动力需求平台之一——进行了调查。线上平台使得找工作更容易,而且可以推测,它们会导致市场近乎完全竞争。但他们发现,即便是在如此庞大而多样化的线上劳动力市场,市场势力还是出人意料地高,这表明,线上劳动力市场平台所创造的大部分福利剩余,都被雇主所占有。

限制性合同

我们已经看到,大型医院如何使用限制性合同,降低了医疗保健市场的竞争性。与此类似,大型特许经营企业利用劳动合同中的约束条款,限制了劳动力市场中的竞争性。普林斯顿大学经济学家艾伦·B.克鲁格和奥利·阿申费尔特(Alan B. Krueger and Orley Ashenfelter, 2018),对大企业(如麦当劳、汉堡王、捷飞络和 H&R Block)常用的特许经营合同中的契约条款进行了研究。

这些条款旨在限制从同一特许经营链内的其他单位招聘和雇用雇员。换言之,该条款禁止一个特定地区的麦当劳特许经营店,从附近的特许经营店挖人。克鲁格和阿申费尔特发现,约 60% 的主要特许经营连锁企业的合同都包括这种"禁止挖人"的契约条款,这种协议在低工资和高人员流动率行业的特许经营中更为常见。它们明显减少了劳动力市场的竞争性,从而降低了工资增长。

好消息是,这些劳动力市场存在的问题似乎最终引起了一些关注。根据克鲁格和阿申费尔特的统计,已经有 20 个州的州总检察长正在对麦当劳特许经营合同中的非竞争性雇佣条款进行调查。

职业许可

过去三十年,美国人口的地域流动性持续下降。如今,州与大都市区间的劳动力流动的可能性大不如前。针对这种变动趋势,存在几种合理的解释。其中一个解释是,工作岗位要求持有某种执照或证书的劳动者数量稳步增加(Davis and Haltiwanger, 2014)。

莫里斯·M.克莱纳和艾伦·B.克鲁格(Morris M. Kleiner and Alan B. Krueger, 2013)基于多个不同数据,对职业许可的历史发展进行分析。他们发现,20 世纪下半叶,州职业许可相关立法所覆盖的美国劳动力比例增长了 4 倍，从 20 世纪 50 年代初的不足 5％提高到 2008 年的 25％。州职业许可占去了职业许可的绝大部分，但如果再加上地方和联邦许可的职业岗位，2008 年获得许可的劳动力比例达到了 29％。

有两个原因导致了职业许可的增加。首先，过去几十年，从事通常需要上岗许可的职业的雇员数量持续增长。医疗保健领域有很多这样的职业。但这也仅能解释增长的三分之一。同时，根据白宫经济顾问委员会 2015 年发布的一份分析报告，因实施新的职业要求，需要执业许可的职业数量出现暴涨。这种涵盖各种职业的许可要求的扩张，解释了剩余的三分之二。

根据"官方"说法，职业许可往往是出于对健康、安全和消费者保护的考虑。职业许可有时还得到法律认可。尽管如此，职业许可通常成为在职者保护他们利益的最佳方式。事实确实如此，在职者积极游说延长许可要求，因为他们明白这些是有效的进入壁垒。

我们早些时候已经看到，欧洲降低了许多行业的进入壁垒。其中一些就是减少不必要的许可。欧洲仍存在许多不合法的许可，但至少趋势是正朝着正确的方向发展，然而同一时期，美国劳动职业许可却在增加。

不平等：经济内部的分化

美国经济中的不平等越来越严重，很多途径都可以说明这一点。比如，我们可以看一下教育回报率。教育回报随着时间推移而持续上升。这意味着，教育程度较高的劳动者（例如拥有大学文凭）与受教育程度较低的劳动者（例如高中辍学）之间的收入差距，随着时间推移越来越大。

我们可以看看劳资之间收入分配状况。我们的研究结论表明，当企业的利润和股息提高时,劳动收入份额会出现下降。股权的集中度高于人力资本的集中度。当利润增加时,利润会不成比例地流向持有大量股票投资组合的少数家庭手中。因此,股权集中和市场势力加剧了不平等。

反映不平等加剧的另一种途径,就是企业内部和企业间的收入不平等。宋宰(音)、戴维·J.普赖斯、法提赫·居韦嫩、尼古拉斯·布卢姆和蒂尔·冯·瓦赫特(Jae Song, David J. Price, Fatih Guvenen, Nicholas Bloom, and Till von Wachter, 2019),基于美国庞大的雇主—雇员数据库,对1978—2013年收入不平等程度加剧的企业因素进行了分析。他们发现,收入差距上升的三分之一发生在企业内部,而剩余三分之二则可以归因于企业间的平均收入差异。

然而,这种企业间收入差距的增加,并不是由企业自身引起的,而是因为企业间员工构成差异越来越大。这种构成变化大致可以分成两种趋势的叠加:高工资的劳动者越有可能到高工资企业工作;高工资的劳动者也越有可能与其他高工资的劳动者一起工作。换言之,物以类聚,人以群分。

他们还发现,企业内部收入差距的上升中,有三分之二都是由大企业(10 000多名员工)引起的,与小企业相比,这些企业内部收入差距尤其大。

买方垄断势力的危害之处

我们可以看到,买方垄断势力存在于劳动力市场,也存在于在线平台之中。尽管大平台对消费者没有太多的买方垄断势力,但它们对供应商却拥有很大的买方垄断势力。

杰夫·贝佐斯(Jeff Bezos)曾提到："存在两种类型企业，一种是希望定价高的，另一种是希望定价低的。我们属于第二种。"他说得对：亚马逊确实没有向消费者收取高价。然而，亚马逊却利用庞大的业务规模，从供应商和送货服务那里获取折扣。这增加了亚马逊的市场势力，而如果其他企业不提供同样折扣，就很难参与业务竞争。买方垄断势力的宏观经济含义与卖方垄断势力并无本质不同。如果一个平台能够压低所购商品的价格，商品生产商也将不得不降低劳动者的工资。因此，监管机构应确保折扣以及其他形式的买方垄断租金，不会成为这些市场上的进入障碍。

结　论

我惊讶于自由市场的脆弱性。我们将其视为理所当然，但历史证明，自由市场更多地属于例外。自由市场本应约束私人企业，但如今，美国有许多私有企业占据了市场主导地位，以至于即使服务糟糕、价格高昂、对用户隐私缺乏保护，它们也不会受到惩罚。

为了保持原样，一切都得变。

朱塞佩·托马西·迪·兰佩杜萨

(Giuseppe Tomasi di Lampedusa)

在朱塞佩·迪·兰佩杜萨所著的小说《豹》[1]中，当加里波第将军率领部队横扫西西里岛时，法布里齐奥·萨利纳亲王的侄子坦克雷迪解释道："为了保持原样，一切都得变。"自由市场也亦如此。我们所面临的大多数问题都不是什么新问题，但为了保证市场自由竞争，我们必须持续适应新的经济环境。

我花费数百个小时撰写此书。你可能只需用几个小时来读它，或者像我经常做的那样，只是随意翻看，从数字跳到表格，只有在数据看起来有趣时才阅读文字。

至少，在经过这么多工作之后，我们能够学到一些东西。也就是说，我们在某些事情上可以转变一下思想。然后才有念头改善目前的事态。

我不想罗列出一套所谓的政策建议。相反，我要告诉你我知道了什么，什么使我惊讶，我又学会了什么。

什么让我惊讶

我惊讶于自由市场的脆弱性。我们将自由市场视为理所当然，但历史证明，自由市场更多地属于例外。自由市场本应约束私有企业，但如今，诸多私有企业在市场中逐渐居于主导地位，以至于即使其服务糟糕、价格高昂、对用户隐私缺乏保护，它们也能逃脱惩罚。仅仅二十年前，美国还是事实上的自由市场之地，是放松管制和反垄断政策的引领者。如果美国想在这个领域再次引领，它就必须牢记自己的历史，重温世界其他国家从它那里学到的东西。

过度集中确实会损害个体消费者的利益，但它的影响所涉及的范围要大得多。美国国防部前部长罗伯特·盖茨（Robert Gates）在《责任：美国前国防部部长罗伯特·盖茨回忆录》（*Duty：Memoirs of a Secretary at War*，2014）一书中提到，强化国防承包商之间的竞争，是个非常重要的课题。2015 年，五角大楼的采购主管弗兰克·肯德尔（Frank Kendall）解释道："可以预见，对于我们采购的每一种主要武器系统而言，国防部最多只有两三家大型供应商可供选择……国防部认为这并不是一个积极的变化，美国公众也认为如此。"罗德里戈·卡里尔和马克·达根（Rodrigo Carril and Mark Duggan，2018）为研究市场结构对竞争和成本的影响，对国防供应商之间的并购交易进行了分析。他们发现，过去三十年，国防产业的市场集中度出现上升，导致竞标的竞争性降低，越来越多的合同要求联邦政府向国防承包商支付所有产生的费用，而且还包含一定程度的成本加成。

我惊讶于支持竞争的证据是如此有力。众所周知，竞争会降低价格，提升实际工资和生活水平。但也有证据表明，竞争有助于增加投资，促进创新和生产率提高。然而，从理论上讲，可能存在竞争过度问题。那么，至少在某些国家某些时期的某些产业，我们可以预期能够找到竞争对创新产生不利影响的证据。但我们几乎找不到。为什么？这是一个"狗没有叫"的故事。我已经读到并讨论过许多论述竞争会促进经济增长的论文（Buccirossi et al.，2013）。我没有见到一篇论文真正能证明，通过专利、市场进入壁垒或任何其他策略保护在位企业，能提高生产效率。如果这在数据中能够得到反映，这种影响不被研究人员所发现，几乎是不可能的事情。"狗在夜里并没有叫"，这正是关键所在。但要找到那样的案例为何如此困难？我认为答案其实很简单。标准经济学理论不完善，因为它忽略了在位企业的政治动机，它们会通过游说削弱竞争，并设置市场进入壁垒。它们常常因为错误的原因而成功，这就是为什么自由市场是脆弱的。但是，在它们的论点确有价值的极少数情况下，它们的成功几乎是确定的。因此，产业的实际分布倾向于不充分竞争，而我们几乎从未观察到一个竞争会妨害创新的行业。

我惊讶于那些偏离其初衷的制度是如此有力和持久。在进行欧美对比时，我注意到了这一点。我在大西洋两岸生活了差不多一样长的时间。我认为欧洲面临的深层次挑战，可能比美国面临的更为严重和危险。此外，过去三十年，欧洲国家在好的创新经济政策方面，总体上没有起到引领作用。但是，与美国相比，欧盟实施了更为有力的竞争政策，其民众因而生活水平变得更高。这一切因归功于欧洲共同市场的设计，这种制度在很大程度上受到了当时世界上最成熟的自由市场的启发。真是讽刺。如今，欧盟的消费者比美国消费者富足的原因在于，欧盟采纳了美国的剧本，而美国自己却放弃了。

我惊讶于美国游说和竞选筹款的严重程度和复杂性。它们既明白可见，又难以捉摸。它们隐匿于光天化日之下，在纷乱嘈杂中可以貌似合理地被遮掩起来。体制与利益集团构成一个动态的经济系统。体制塑造了说客参与的博弈，它们本身也受到政治决策的影响。低经济效率往往与过度复杂的体制相伴随，并通过持续不断的游说来加以维持。医疗保健体系就是一个典型例子。作为一名患者，尤其是作为一名育有孩子的家长，我自然地注意到这个体系的复杂性、高支出以及显而易见的低效率。但当我开始研究相关数据时，我才完全明白问题的严重性。

我惊讶于自己关于互联网巨头的某些发现。我用某个版本 Word 撰写文件；我对自己的第一台 MacBook 记忆犹新；我清晰地记得第一次打开谷歌时其主页的巧妙设计；我在亚马逊购物平台订货；我在 Facebook、Instagram 和 WhatsApp 上，与我的朋友和家人进行实时联系和沟通。不管怎样，研究这些企业，有助于让我想清楚它们是否真的那么特别。这些企业的确非常优秀，但其经济影响力并没有我们想象的那么大。至少现在还没有。我最大的希望是，它们能将自己的聪明才智转化为比推文、定向推广和美颜照片更重要的东西。但我也深信，它们已经变得顽固不化，需要引入激烈竞争。

最后，我还惊讶于经济研究和经济政策之间的差距。作为经济学家，我们喜欢发牢骚说，政客如若听从我们，经济政策效果将会更好。这种想法有一定道理，但在我看来未免太自以为是了。首先，正如任何有过一些政策经验的经济学家会告诉你的那样，经济顾问的大部分时间，都被用于设法阻止明显错误的提议，而很少有机会去支持正确的提议。此外，有显著的有力证据表明，经济学家很少能及时提出政策建议。2008 年国际金融危机就是一个明显的例子。大多数金融经济学家未能及时觉察到金融风险，直到为时已晚。在 21 世纪最初十年的大多数学术会议上，主流观点是金融业正在促进创新和推动经济增长，极少有经济学家对此提出质疑。挑战共识固然刺激，但也有风险。我在 2008 年初撰写了一篇度量金融效率的论文，令我惊讶的是，我发现金融业实际效率并没有变得更高。我们在第 11 章对这个观点进行了探讨。这可能是我最著名的论文之一，但它花了七年时间才得以发表，之前被拒稿多次（见 Phil-ippon，2015）。

经济学家在研究和分析诸多产业日益上升的市场集中度时，也有类似惨痛经历。当然，如今，加成率、竞争和市场集中度已成为研究热点。但是，除了我在这本书中强调的少数例外，无人有先见之明，也没人在尚存争议、因而也愈加有价值的时候去挑战共识。

经济学的其他领域也存在同样的问题。贸易政策是一个典型例子。Trade Talks 播客节目同保罗·克鲁格曼（Paul Krugman）对谈的那一期，非常精彩，每个人都应该来听一听。[2] 克鲁格曼解释了贸易理论模型如何滞后于全球贸易发展。20 世纪 80 年代以前，大多数国际贸易发生于富国之间，涉及同一产业内的产品交易，而标准贸易理论模型并不能解释这样的模式：标准模型认为，各国会基于自己的比较优势进行贸易。基于专业化和规模经济的新贸易理论，可以解释富国间的国际贸易……而此时富国与穷国间的国际贸易增长，则可以被旧的比较优势理论所解释。20 世纪 90 年代，贸易和不平等问题凸显，但贸易模型预计其影响很小，经济学家也认为无可担心……此时正值中国加入世界贸易组织，这对就业和工资产生了重大影响。随着贸易冲击散去，已经不用再那么担心不平等问题了，但公众并不这么认为。

这给经济学家上了谦逊的一课。经济学家之所以失去公众的信任，不仅仅是因为民粹主义的误导，也是因为我们经常不能挑战共识，及时提出建议。

放弃竞争的代价：影响估计

本书中我的主要观点是,过去二十年,美国大多数行业的市场竞争性都出现了下降。在此,我将回答一个价值万亿美元的问题:这究竟有多重要? 更准确地说,假定可以降低市场进入壁垒,消除不良的并购交易,以某种方式恢复至 20 世纪 90 年代末的竞争水平,那么我们的经济状况会提升多少?

我们将用一个相对简单的经济模型来回答这个问题。当经济学家谈论"模型"时,我们指的是描述经济行为人行为的方程组。家庭为了谋生而工作:家庭供给劳动力,决定买多少和买什么,并作出储蓄与消费决策。企业相互竞争,生产家庭和其他企业所需的商品和服务。企业从其他企业雇佣劳动力、购买资本和中间投入产品。企业清楚需求具有弹性:如果价格定得太高,就会失去消费者。所有这些决策都能以数学形式加以表示。我们还可以将政府决策(税收、支出、管制)和中央银行(利率)纳入模型。

模型的优点在于,我们可以据此计算出所有这些决策的最终结果。我们将其称为宏观经济均衡。均衡概念很重要,因为决策相互影响,相互依赖。试想在劳动力市场,家庭供给劳动,而企业雇佣劳动。但是企业之所以雇佣劳动力,原因在于它们要售卖家庭用劳动收入购买的产品。同样,当我们提到家庭储蓄时,这意味着家庭将钱存入银行账户,或者投资于共同基金。但银行和共同基金是中介机构,并不是资金的最终使用者。储蓄最终会找到出路,流入信贷市场、债券市场和股票市场。这些资产的回报率依赖于企业的投资需求。因此,所有这些决策相互依存。其现实意义是,如果我们搞清楚竞争或缺乏竞争导致的后果,需要同时掌握这些市场的所有信息。这就是为什么我们需要建立一个经济模型。

模型一旦建立,关键问题就变成:竞争会引起多大变动?回顾前述证据。我们可以看到,税后利润率提高了约 4 个百分点(见第 3 章),劳动收入占 GDP 的比例降低了约 6 个百分点(见第 6 章)。在进行欧美对比时,我们发现,相对成本加成率上升了约 10%(见第 7 章),其中一部分可以归因于欧盟成本加成率的下降和美国成本加成率的上升。

然后,我把同上述证据相一致的一个实验,输入到经济模型中。让我们从一个可以代表 20 世纪 90 年代的经济状况开始。成本加成比总产出高出 5%,这意味着企业在劳动力、资本和中间投入成本的基础上增加了 5% 的利润。经济自由进入条件下,这些额外的利润正好弥补企业的筹建成本和经营成本。假定 GDP 为 100 美元,劳动总收入为 65 美元。劳动收入份额就为 0.65。

现在设想一下,竞争减弱,市场自由进入遭到破坏,企业的利润率可以从 5% 提高到 10%。然后会出现什么情况呢?对资本、劳动力和中间投入产品的需求减少。工资也降低。对就业的影响取决于低工资水平下家庭继续工作的意愿。我所构建的是较为保守的经济模型,即家庭愿意继续工作。[3] 作为结果,更高的成本加成率带来的主要后果就是更低的工资、更少的投资和更低的生产率,而就业率维持不变。让我们更加详细地分析一下上述数据。由于存在竞争,GDP 只有 95 美元,也就是说,降低了 5%。劳动收入降至 57 美元。新的劳动收入份额为 57/95,等于 0.6,与第 6 章的结论一致。资本存量减少 10%,与第 4 章所探讨的差距一致。

让我们看一下现实中的这些数据。美国 GDP 约为 20 万亿美元(2018 年)。假如我们的经济的竞争性与二十年前一样,那么在提高 5% 后,GDP 将达到 21 万亿美元。雇员报酬总额实际约为 11 万亿美元。在竞争性经济体中，这一数字将会变为 65/57×11 万亿美元，即 12.5 万亿美元。换句话说，我的计算表明，市场竞争性的降低使美国工人损失了 1.5 万亿美元的收入。这超过了 2012—2018 年实际报酬的累计增长总额。缺乏竞争使美国劳动者付出了整整六年的薪酬增长的代价。无论用何种标准，这都是一笔大损失。

衡量这一问题严重性的另一种方法，是将其与其他政策建议进行比较。在我写这些内容时，美国正进入 2020 年的选举周期。我不清楚各个候选人所提出的具体竞选纲领的详情，但如果有一个人提出的目标超过这个数字，我定会惊讶不已。

重回高度竞争的经济，绝非易事。那些受益于低竞争性的人，为保护他们的既得利益，必然会站出来反对。为帮助你在政策辩论中把握方向，我提出了以下几个原则。

适用于 21 世纪的几条经济原则

原则 1：市场随时随地可以自由进入

如果市场根本就不存在，那它也不可能自由，因此垄断总比市场消失。尽管如此，一旦市场存在，就没有理由认为，在位企业的垄断租金应该受到积极保护，而且有证据表明，垄断租金通常非常高。作为一个现实问题，增加市场竞争性可以改善社会福利。正如我所解释的那样，过度竞争并不存在。

如果你信奉自由市场理念，你就需要强硬地应对这一切。美国政客和监管机构使得限制市场进入的相关规章制度在联邦和各州一步步发展起来。在第 5 章、第 8 章、第 9 章和第 15 章，我们对此进行了探讨，但我们的数据也只是揭开了冰山一角。保守派关于美国需要更少的管制的提法是对的。我将这种观点限定为"这些管制阻碍了小企业的市场进入和成长"。

即使我们偏爱在位企业,也需要更加强硬地限制它们。今日的垄断企业正是过去的初创企业。企业创业过程精彩而刺激。成功企业家通常既是伟人,也是工商业巨头。史蒂夫·乔布斯(Steve Jobs)说,他想要"在宇宙中留下痕迹"。他做到了。但这不应妨碍我们调查苹果的垄断势力。竞争和反垄断措施至少在大多数情况下,都不是对道德过失的惩罚。它们是使更广泛的经济体系变得更有效率的解药。企业有权利尝试击败竞争对手,甚至把它们逐出所在产业。而监管者有责任确保它们不会破坏自由市场。但这并非针对具体个人,只是公事公办。

推论 1:在有效率的市场中,边际企业正好处于破产边缘

在竞争性市场中,边际企业正好处于破产边缘。这是自由进入的必然结果。企业会持续不断进入市场,直至它们正好实现收支平衡为止。经济困境不是一个坏信号,绝不应被当作放松反垄断裁决的借口。而且,破产不是清算。经营陷入困境的企业通常会被重组。当暂时性的经济困境被当作限制竞争的借口时,弊政几乎必然出现。航空公司假借其经济困境提高市场集中度,美国航空业已变成一个仅存有数家大企业的寡头垄断行业。

原则 2:政府也会犯错

我们生活在一个容忍银行、信用卡企业、社交媒体企业、电子邮件服务商和信用评级企业泄露数据的世界。但是在这样的世界上,监管者也可以犯错的观点是不可以接受的。当监管没有达到预期效果时,监管机

构就会受到媒体的抨击。这也难怪它们会谨小慎微，但本不必如此。面对新的问题，我们需要新的解决方案。这总会涉及犯错、试错和纠正。要求监管零失误，等于没有监管。法院会要求监管机构坚持高标准，但过于繁重的举证责任没有意义。

特别是在经济政策方面，完美可能是优秀的敌人。在全球化的世界里，我们还必须承认，兼顾不同辖区的监管机构的意见是有意义的。大众汽车排放造假丑闻是欧洲最严重的游说丑闻之一。它暴露出汽车产业的说客对欧洲监管机构严重的腐败行为。如果没有加利福尼亚空气资源委员会和美国环境保护署的努力，欧洲人将受到更为严重的污染的影响，而造假企业将不会受到惩处。但仔细想想：在美国，大众汽车排放造假丑闻能被发现，并非偶然；在欧洲，《通用数据保护条例》得以实施，也不是随机事件。在这两个案例中，国内的政客和监管机构都被俘获，但外国监管机构则没有。

原则3：保护信息透明度、隐私和数据权益

如果不考虑数据、信息和隐私，就无法探讨医疗保健、金融、交通以及其他诸多产业的竞争状况。我们一次次看到，寡头垄断企业维持高价、规避调查的手段，就是隐匿它们的收费。银行、信用卡企业、制药企业、医院、保险企业和互联网平台皆是如此。你需要知道你付了多少钱，以及为什么付钱。如果不付钱，你需要知道你的哪些东西会被出售。

尽管上述要求看起来令人生畏，但所有这些问题都存在相应的解决办法。我坚信，本书所探讨的这些经济议题都能被解决。然而要实现这一点，世界迫切需要美国决策者采取行动。由此来看，就21世纪最重要的两个监管议题（隐私和数据保护）而言，美国置身事外，不免令人气馁。欧洲决策者竭尽全力，但如没有美国同行的积极参与，他们不太可能取得

成功。坦白地说，就应对隐私和数据保护所带来的挑战而言，美国以外很少有机构能满足其所需的专业水准。

我所指出的这些经济挑战普遍存在。所有国家都要面对。美国与众不同的地方在于，它拥有更大的权力和责任。它也比其他国家更严重地迷失了方向，原因或许是其起点高。一个国家忽视了自己最初的伟大之处，这不是第一次。罗马帝国持续了几个世纪，但由于它的帝王们遗忘了帝国存续的原则，最终土崩瓦解。西班牙的黄金时代，因裙带关系以及政治和宗教上的偏狭而消亡。荷兰人打败了强大的西班牙帝国，在创新、企业家精神和国际贸易开放的推动下，他们的共和国成为 17 世纪最强大的海洋强国和经济强国。但是荷兰人在贸易上打了瞌睡，还与邻国开战，使英国成为外国投资和创新中心。故事仍在继续。大国崛起，变得自满（或贪婪），然后衰落。

对美国来说，好消息是：这一进程（至少从历史角度来看）才刚刚开始，现有的制度能够阻止衰落。美国的确忽视了自由市场，但它还有机会纠正自己的错误。围绕大数据和隐私产生的问题困难重重，但正如欧洲过去曾向美国学习改善市场竞争的办法一样，美国现在也可以向欧洲学习如何保护消费者的隐私。

最后，过度的政治献金以及来自特殊利益集团的过大压力，影响了立法者和监管者的判断。这可能会破坏我们恢复自由市场的解决方案。仅凭这一点，这就可能是我们所面对的最棘手的问题。但也有许多发达经济体，它们的议员每周并不需要花上 30 个小时去筹款。

美国战胜过许多重大挑战。一个多世纪以来，无论是私人技术创新，还是政治和社会创新，美国都处于创新前沿。美国市场能够而且应该重获自由。

注释

[1] 长篇小说《豹》于 1963 年被拍成电影，故事发生于 1860 年，正值意大利复兴运动和统一战争的尾声。加里波第攻占了两西西里王国。他想建立共和制，但最终不得不接受维托里奥·埃马努埃莱二世（意大利统一后的第一任国王）统治下的君主立宪制。

[2] Trade Talks ＃66，December 2018.这个播客会让你相信，无论你的政治派系如何，你都可以从无党派的视角享受美妙的经济分析。

[3] 在形式上，我假定劳动力供给弹性——即所谓的弗里希弹性（Frisch elasticity）——较低，为 0.1。理论上，因利润和分红（股息）收入增加而工资收入减少，一些家庭会理性地选择不再如以前一样努力工作。如果弗里希弹性较高，劳动力供给将会显著减少，这将进一步充实我们的研究结论：竞争弱化导致的 GDP、消费和劳动收入的损失将会更大。

附　录

A. 产业分类：北美产业分类体系和国际标准产业分类体系

如果我问你：谁是 Sears 百货的竞争对手？你很快就会提到沃尔玛、亚马逊和其他一些企业。但就这些吗？属于同一产业的所有企业都有哪些？经济学家和统计学家喜欢对产业进行分类。我们把企业归属为产业、产业归属为部门。本附录将说明这些名称的含义。

什么是产业？我们如何对不同产业的企业进行分类？如果想研究企业和产业，我们需要回答这些基本问题。例如，为计算一家企业的市场份额，我们首先需要搞清楚它在哪个产业开展经营活动（然后我们还需要考虑它的地理位置等等）。

当我们研究美国时，我们会使用北美产业分类体系（NAICS）。它是 1997 年由美国、加拿大和墨西哥联合开发的一种新的分类体系，以取代旧的标准产业分类体系（SIC）。北美产业分类体系将经济划分为 20 个部门，每个部门又分为多个产业。表 A.1 给出了美国经济中的一些重要部门。

表 A.1　北美产业分类体系对美国经济重要部门的划分

被选部门	编　码	定　　义	实　　例
公用事业	22	天然气、电力、暖气、水、污水的生产、输送和配送	22111 发电
建筑业	23	建筑物建造、维护保养施工	23731 公路、街道、桥梁施工
制造业	31—33	将材料、物质或成分转化为新产品	32541 医药和药品制造
批发贸易业	42	原材料与中间材料贸易、货物转售	42471 石油集散站和码头
零售贸易业	44—45	面向公众的零售商	44111 家庭新车经销商
运输与仓储业	48—49	客货运输、货物仓储	481111 定期旅客航空运输
信息业	51	信息和文化产品传播	51521 有线电视 51721 无线运营商
金融、保险业	51	金融资产和保险产品的开发和交易	52311 银行投资和证券交易
专业服务业	54	为组织提供科学技术服务	54181 广告代理
卫生保健与社会援助业	62	针对个人提供的卫生保健和社会援助	62121 牙医援助办公室

产业分类的目的是将具有使用相似生产加工流程的经济单位（制造厂、工厂、商店）归属在一起。例如，北美产业分类体系信息业部门包括转换和传播信息的经济活动：广播、出版（书籍、报纸、杂志）、电影等。NAICS 专业和科学技术服务业部门包括以专业知识（人力资本）为主要投入的经济活动：律师、建筑师和室内设计师、工程设计服务、广告代理等。制造业部门又进一步分为 86 个四位数代码的产业。零售贸易业部门分为 27 个产业，专业服务业部门分为 9 个产业。

沃尔玛被归为零售贸易业部门。根据 2012 年版的北美产业分类体系，沃尔玛的三位码为 452（大型综合商店），四位码为 4529（其他大型综合商店），这将它与 4521（百货商店）区分开来，亚马逊也属于零售贸易业部门,但它的编码分别是 454(非商店零售商)和 4541(电子购物和邮购商店)。

产业分类是困难且不完善的。IBM 一开始从事计算机制造业(334),但后来转向专业服务业(541)。然而,在一些数据库中,IBM 的编码自 1950 年以来一直未变。北美产业分类体系是如何处理这些大企业在不同产业运营的事实呢?从本质上讲,北美产业分类体系是对它们进行拆分归类的。北美产业分类体系是对机构(establishments,一个机构通常位于一个单一的地理位置)进行分类:工厂、商店、酒店、电影院、机场航站楼等。机构是投入(雇员人数、工资、材料、资本)和产出有完备记录的最小经营单位。其产出可以出售或提供给母公司。北美产业分类体系是一个相当先进的分类体系。例如,位于酒店的商店,是归属于零售业的独立机构;而酒店本身,则属于服务业。对运输企业或电信企业来说,机构是指常设的分公司、航空站和车站。一家企业通常拥有多个机构,因此会出现在多个北美产业分类体系划分的产业中。北美产业分类体系设置了可以处理纵向一体化(例如,既生产钢铁也生产钢铸件的钢铁厂)和联合生产(如销售和修理汽车的汽车经销商)的具体规则。

最后,当我们将美国与其他国家进行对比时,我们采用由联合国开发的国际标准产业分类体系(ISIC)。国际标准产业分类体系的分类原则与北美产业分类体系类似,而美国、加拿大和墨西哥也力图建立不会横跨国际标准产业分类体系所划分的两位数产业的产业定义。然而,特别是在细分产业的具体定义方面,两者仍然存在一定程度的差异。

B. 理解实际 GDP 增长

美国的名义 GDP 衡量的是当期价格条件下当年全部商品和服务的

市场价值。名义 GDP 存在的问题是，基准价格的选取具有随意性。2017年，如果采用美元进行衡量，美国名义 GDP 为 19.5 万亿美元。如果采用美分衡量，即为 1 950 万亿美分。尽管数字不同，但显然它都代表着相同的经济现实。因此，我们需要找到一种方法，将真实 GDP 的概念与以随意选取的核算单位衡量的 GDP 的概念进行区分。

假定有两种商品，a 和 b。t 年生产的数量是 $q_{a,t}$ 和 $q_{b,t}$，价格是 $p_{a,t}$ 和 p_{b,t^*}。那么名义 GDP 是：

$$Y_t = p_{a,t} q_{a,t} + p_{b,t} q_{b,t^*}$$

如果同样的商品和服务每年按相同的价格出售，我们能够用名义 GDP 进行有意义的比较。但一切都会发生变化：价格会变动；某些新产品会出现；某些旧产品会退出市场。在第 2 章，我们探讨了新产品问题。实际 GDP 的思想在于消除价格波动的影响。历史上，有两种方法可以解决这个问题。

固定权重的实际 GDP

界定实际 GDP 的传统方法是确定基准年份，并采用该年价格，该年为基准年份第 0 年。我们可以使用基准年份第 0 年的价格计算 t 年的 GDP：

$$Y_{t,0} = p_{a,0} q_{a,t} + p_{b,0} q_{b,t^*}$$

$Y_{t,0}$ 表示以第 0 年价格计算得到的实际 GDP。它度量的是，当所有商品和服务的价格与第 0 年保持一致时，第 t 年的 GDP。它被称为拉氏指数（Laspeyres index），其含义是指使用一组固定的价格或固定权重。

$Y_{t,0}/Y_0$ 是一种衡量第 0 年和第 t 年间真实经济增长率的一种方法。1996 年以前，美国一直采用这种计算方法。它的解释相当简单，但存在一个较大缺陷："实际增长率"的大小，受到基期年份的主观选择的影响。

例如,将 1995 年作为基期,1998 年美国经济增长率为 4.5％;但如果以
1990 年作为基期,其增长率为 6.5％;以 1980 年作为基期,其增长率为
18.8％;以 1970 年作为基期,其增长率为 37.4％(Whelan, 2000)。这种
现象被称为替代偏误,当相对价格随着时间推移发生较大变动时,就会出
现这种情况。

帕氏指数

采用基期的主要问题是其价格过时。那么,我们为什么不采用上一
年的价格呢? 这就是链式指数(chained indexes)的基本思想:

$$Y_{t, t-1} = p_{a, t-1}q_{a, t} + p_{b, t-1}q_{b, t*}$$

这是采用上一年价格计算得到的今年 GDP, t 年的经济增长率计算
如下:

$$g_t^{L} = Y_{t, t-1}/Y_{t-1}$$

经济增长率 g_t^{L} 是以上一年为基期计算得到的拉式经济增长率。这
几乎等同于以当前价格计算经济增长率。这种方法相对更为合理,细想
一下,当你计算$(t-1)$年和 t 年之间的经济增长率时,你希望能对称地处
理$(t-1)$年和 t 年。你可以用 t 年价格计算$(t-1)$年 GDP, $Y_{t-1, t} = p_{a, t}q_{a, t-1} + p_{b, t}q_{b, t-1}$。然后得到经济增长率为:

$$g_t^{P} = Y_t/Y_{t-1, t}$$

这被称为帕氏指数(Paasche index)。这两种经济增长率的估计方法
都具有合理性,那么为什么不使用它们的几何平均数呢? 这就是美国商
务部经济分析局用来计算真实经济增长率的费雪指数(Fisher index):

$$g_t^{F} = \sqrt{g_t^{L}g_t^{P}}$$

当经济分析局公布估计出的 GDP 经济增长率时,这就是你在新闻上听到的每个季度的增长数据。

C. 实际汇率与鲍洛绍—萨缪尔森效应

存在两种汇率:外汇市场汇率(FOREX)和基于当地价格的购买力平价汇率[国际比较项目(ICP)购买力平价或巨无霸购买力平价]。对比世界各地价格之前,我们需要停下来思考一下,汇率是如何决定的。购买力平价(PPP)理论认为,从长期看,汇率的调整将使得一价定律(LOOP)对于一篮子商品成立(见第 7 章)。购买力平价与一价定律之间存在什么联系? 一价定律用于单个商品(例如一双鞋)的价格对比,而购买力平价用于一般价格指数(一篮子商品的价格)的对比。显然,如果一价定律对每种商品都适用,那么购买力平价也适用于一篮子商品。虽然个别商品价格可能会变化,但购买力平价依然可能较好地对平均一篮子商品或服务进行描述。因此,我们可以先假定在欧洲和美国都可以买到具有代表性的一篮子商品,其中包括食品、汽车、电子产品等。设 P_{US} 表示用美国美元表示的一篮子产品和服务的成本,P_{EU} 表示用欧盟欧元表示的一篮子产品和服务的成本,那么购买力平价理论认为,欧元/美元汇率应该趋近于购买力平价的汇率:

$$E^{PPP} = P_{US}/P_{EU}$$

有支持购买力平价汇率理论的证据吗? 这是一个经典的令人沮丧的故事——杯子似乎有一半是空的。短期内,汇率的变动受到许多明显随机因素的影响,基本与相对价格无关。对于名义汇率的变动,本地产品和

服务的价格调整速度慢。只有从长期看,购买力平价作为一种汇率理论
才能成立。即便如此,相类似的一篮子商品和服务的价格,也还是可能会
在很长一段时间内依然保持明显不同,从这个意义而言,支持购买力平价
的证据较弱。

实际汇率

然而,有证据表明,汇率的变动能够被预测:如果一个国家物价高,其
货币会趋于贬值。为衡量偏离购买力平价汇率的程度,我们将欧元的实
际汇率(RER)定义为:

$$RER = E^{\text{MARKET}} / E^{\text{PPP}}$$

购买力平价汇率理论意味着,实际汇率 RER 长期应趋于 1。图 A.1

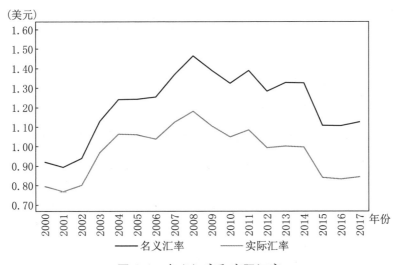

图 A.1　名义汇率和实际汇率

注:RER 是指名义汇率与 PPP 汇率之比。当 RER 利率低于 1 时,欧元相对便
宜。根据这一观点,2007—2008 年欧元相对昂贵,但 2015 年以后一直相对便宜。波
动率为汇率序列数据的样本标准差。

显示了欧元对美元的名义汇率和实际汇率，即美国和欧元区 19 成员国间的对比情况。2017 年 E^{PPP} 为 1 欧元兑 1.33 美元，市场汇率 E^{MARKET} 为 1 欧元兑 1.13 美元，因此实际汇率为 0.84。按照该理论，实际汇率将会上升，也就是说，欧元未来几年将会升值（相当于美元将会贬值）。

请注意，实际汇率的波动性并不比名义汇率小多少。市场汇率波动 0.17 美元，基于国际比较项目得到的实际汇率波动 0.12 美元。短期内，相对价格的变动并不能抵消市场汇率的大部分变动。

鲍洛绍—萨缪尔森效应

富国的工资高，因此当地物价也高。这种情况被称为鲍洛绍—萨缪尔森效应。许多商品无法进行国际贸易（例如，理发），而即使能够进行国际贸易的商品，也会产生本地的分销成本（劳动力成本和商业房租）。1964 年鲍洛绍（Balassa，1964）发表的论文所使用的数据显示，富国的汇率往往比穷国更昂贵——商品价格高于根据市场汇率得到的预测值。这与第 7 章开头所提到的理发例子相一致。

45 年后，安格斯·迪顿和艾伦·赫斯顿（Angus Deaton and Alan Heston，2010）对相同数据进行了研究，证实存在鲍洛绍—萨缪尔森效应。在大多数新兴市场，美元的市场汇率与购买力平价汇率之比介于 2—4，因为在低收入国家，尽管可贸易商品的价格（如机器）大抵相似，但不可贸易的商品和服务价格低廉。这些差异意味着，按购买力平价汇率衡量的发展中国家生活水平，要高于市场汇率衡量的生活水平。顺便提一句，这还意味着，从购买力平价汇率的视角看，世界不平等状况似乎并不那么严重。

首先，让我们对比一下各国物价与工资。

图 A.2 左图数据显示，正如预期，各国的名义价格和名义工资成正比例关系：见左图的回归线斜率为 1。右图数据显示，存在鲍洛绍—萨缪尔

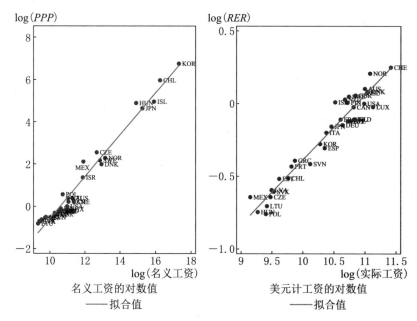

图 A.2　2015 年的价格与工资

注:左图显示的是购买力平价汇率的对数值与名义工资的对数值。右图变量按外汇汇率进行调整,据此绘制的是实际汇率的对数值与实际工资的对数值的关系图。

森效应:实际工资较高的国家,实际汇率也较高。一方面,正如基本定价理论所预测的那样,工资很明显可以解释相当大一部分的价格差异。另一方面,数据还显示,人均收入相近的国家间的实际汇率差异很大。这与第 7 章的法拉利案例一致,在这个案例中,成本加成率的不同解释了价格差异。需要注意的是,正如迪顿和赫斯顿(Deaton and Heston,2010)所探讨的那样,当使用价格指数比较各国的生活成本时,会出现许多问题。但当比较收入水平和发展水平不同的国家或气候差异极大的国家时,这些问题最严重,因为许多商品只在某些国家消费,而在其他国家基本不消费。例如,亚洲的典型一篮子食物包含大米,而非洲则没有。这使得我们很难确定通用的一篮子商品,也就难以计算相对价格指数和运用购买力平价方法。对于居住在冰岛雷克雅未克*和美国华盛顿特区的人而言，取暖成本和空调成本的相对重要性大相径庭。在本书中，我们关注于欧美间的对比，我们可以假定两者的偏好和所使用的商品基本相似。

更广泛地讲，经济学家的研究已经表明，依市定价（pricing to market）极其重要。例如，乔治·亚历山德里亚和约瑟夫·P.卡博斯基（George Alessandria and Joseph P. Kaboski，2011）发现："可贸易商品偏离一价定律，是各国绝对购买力平价失效的一个重要原因……在美国进出口边境，美国出口商以更低的价格将同样的货物销往低收入国家。在解释各国可贸易商品价格的差异时，这种依市定价的重要性，大约两倍于当地不可贸易的投入品（如分销成本）。"

D. 金融服务的质量调整

借款人特征的变化，要求对中介资产融资成本的原度量方法进行质量调整。例如，企业融资，既可以为蓝筹股公司发行商业票据，也可以为高科技初创企业筹集股本。两项活动涉及资金的监管要求显然不同。同样，在家庭金融方面，尽管向贫困家庭提供贷款的成本，要高于向富裕家庭提供贷款的成本，但近年来相对贫困的家庭依然获得了信用贷款。基于美国消费者金融调查数据，凯文·B.穆尔和迈克尔·G.帕伦博（Kevin B. Moore and Michael G. Palumbo，2010）分析发现，1989—2007年间，负有债务的家庭比例，由72%上升到77%。这一增长主要集中于最底层的收入组。对于收入百分位数处在0—40%的家庭而言，1989—2007年

---

* 雷克雅未克是全世界最北的首都，接近北极圈。——编者注

间,有一些未偿还债务的家庭比例,由 53％ 上升到 61％。当高质量借款
人和低质量借款人比例随着时间推移发生变动时,就会出现度量问题。

　　因此,根据我早先的研究(Philippon, 2015),我对中介资产的时间序
列进行了质量调整。图 A.3 显示了经质量调整后单位成本的时间序列。
经过质量调整后的资产要(微弱地)大于原中介资产,因此,通过构造,经
质量调整后的单位成本序列要低于未调整的原序列。当新企业进入市场
以及信贷在广延边际出现扩张(即新借款人)时,两个系列的差距出现扩
大。然而,即使进行了调整,我们可以看到,至少直到最近,中介资产的单
位成本随着时间推移并没有表现出显著下降。

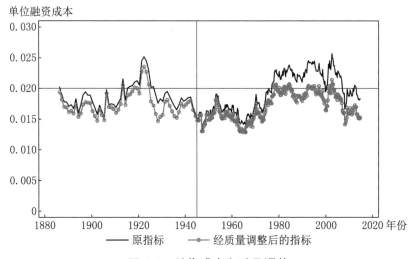

图 A.3　单位成本和质量调整

注:经质量调整的度量方法考虑到了企业和家庭特征的变化。数据时间范围为
1986—2015 年。
资料来源:Philippon(2015)。

　　因此,质量调整并不能解释为什么融资成本如此之高。纪尧姆·巴
佐(Guillaume Bazot, 2013)在其他主要国家(德国、英国、法国、日本)发
现的单位成本大致相同。

术语表

abuse of dominance　滥用市场支配地位：占支配地位的企业利用其市场势力，破坏竞争，淘汰现有竞争者，或阻止新的竞争者进入市场。这一概念复杂且有争议，在不同监管体系下，定义亦不相同。美国监管机构更倾向于谈论垄断（monopolization）。

adverse selection　逆向选择：某些市场参与者利用其他参与者未掌握的信息，使自己受益而使其他参与者受损的情形。信息可以是关于商品（如二手车）的真实质量，也可以是关于经济活动的真实风险或资产的真实价值。例如，当知情交易者比其他人事先知道了某家企业陷入困境的信息时，他们会试图卖掉自己所持有的股票。当逆向选择较强时，因为每个人都不再信任其他人的交易动机，市场最终可能瘫痪。

anti-steering　反引流：一种防止企业将客户引向某些产品的合同条款。信用卡企业禁止商家引导消费者购买手续费较低的信用卡。医院禁止保险企业引导病人转向更便宜的医疗机构。另一方面，在抵押贷款市场，反引流是指防止贷款人引导借款人借入高成本贷款的规定。

antitrust laws　反托拉斯法：促进竞争和防止垄断的联邦和州法律。19 世纪末，大企业组建为"托拉斯"（trust）以扼杀竞争。反垄断法主要涉及并购交易、卡特尔（定价），以及限制性协议（如捆绑销售或排他性合同）。美国的三大主要反垄断法分别是《谢尔曼法》（1890）、《联邦贸易委员会法》（Federal Trade Commission Act，1914）和《克莱顿法》（1914）。

在美国以外的其他地区，它们统称为"竞争法"（competition laws）或"反垄断法"（anti-monopoly laws）。

Balassa-Samuelson effect　鲍洛绍—萨缪尔森效应：可贸易商品的高生产率，倾向于提高其他部门的工资，引起富裕国家服务部门的价格上升。例如，这可以解释在挪威理发的价格为什么比在印度尼西亚高昂。

barriers to entry　进入壁垒：阻止新企业进入市场的障碍。这些障碍可能源于技术（关键资产）、法规（如许可要求）或在位企业的策略行为。见词条"进入难易度"。

concentration　市场集中度：新企业的进入和成长与在位企业的退出和合并形成均衡时的市场份额分布。市场集中度可以用前 n 名大企业所占的市场份额（CR_n，$n=4$，$8\cdots$）或赫芬达尔—赫希曼指数来衡量。

constant price GDP　不变价格 GDP：见词条"实际 GDP"。

consumption of fixed capital　固定资本消耗（CFK）：见词条"折旧"。

cost of goods sold　已售商品成本（COGS）：一种代表直接生产成本的会计科目。在制造业，它包括中间投入（如原材料和能源）以及生产工人的工资。它不包括研发支出，也不包括管理人员和研究人员的工资。

demand curve　需求曲线：一条向右下方倾斜的线，表示下述两个变量之间的关系：商品或服务的价格；以及购买者在该价格条件下能够或愿意购买的数量。

depreciation　折旧：用于生产的资本存量的损耗和报废的总和；也称为"固定资本消耗"（CFK）。

diversification　多元化：一种通过投资于不同的企业、产业和国家，以控制风险的方法；也就是"不要将所有的鸡蛋都放在同一个篮子里"的别称。

duopoly　双寡头垄断：存在两个主导企业的寡头垄断。

ease of entry　进入难易度：反垄断和并购交易批准中的一个概念，以度量未来竞争对手对合并后的公司施加有意义的限制的能力。它要求及时性（计划进入并对市场产生重大影响的时间，不超过两年）、可能性（以并购交易前价格计算的盈利性）和充分性（对市场有充分了解，且有足够的财力承受企业并购之后的激进定价）。

economies of scale　规模经济：平均生产成本随着某一商品或服务的产量增加而下降的情况。最简单的例子是固定成本：随着产量增加，固定成本在更多产品上进行分摊，平均单位成本下降。参看词条"网络外部性"。

economies of scope　范围经济：这是"规模经济"的概念，在商品和服务多样性上的应用。一个简单的例子就是提供多种商品的零售商店，比如同时销售咖啡的加油站。

efficiency(Pareto)　效率(帕累托)：当没有一个人或企业，能够在不降低另一个人或企业的福利的情况下，实现福利改善时，我们就称这种情况是帕累托有效〔以意大利经济学家维尔弗雷多·帕累托(Vilfredo Pareto)的名字命名〕。当一种均衡没有实现帕累托效率时，经济学家通常会焦躁不安，并试图进行调整。

elasticity　弹性：一个变量每增加一个单位引起的另一个变量的变动。例如，税收弹性就是指，GDP 每增加 1%，所引起的税收增加的百分比。

elasticity of demand　需求弹性：商品价格上升 1%引起的需求量下降的百分比。如果需求弹性为 2，那么当价格上升 10%时，消费者所购买的商品数量将减少 20%。

endogeneity bias　内生性偏误：当人们积极主动地对环境做出反应时，就会产生内生性偏误。例如，生病时，人们去看医生；对产品需求有信心时，企业进行投资；有所求或感觉受到威胁时，企业进行游说。内生性使得变量之间的相关性变得难以解释，有时根本无法解释。这是实证经济学所要面对的根本问题。

equilibrium　均衡：一定时期内保持稳定的状态，此时经济行为人的选择相互协调，且预算约束合理。均衡的简单例子就是价格调整最终实现市场的供给量和需求量相等。复杂的例子是劳动力市场，失业率受到企业、劳动者和消费者等诸多决策的影响。

externality　外部性：当事人的经济行为对他人施加的有益或有害的影响。英国经济学家阿瑟·塞西尔·庇古（Arthur Cecil Pigou）认为，政府应该通过征税纠正负外部性，比如征收碳排放税来解决气候变化问题。参看词条"网络外部性"。

fintech　金融科技：金融服务业的数字技术创新。

free entry　自由进入：新企业进入市场并生产和销售产品，而不受监管机构或市场主导企业干预的能力。

gross domestic product　国内生产总值（GDP）：一个国家一年内生产的全部最终产品和服务的价值总额。见词条"人均GDP""名义GDP""实际GDP"。

GDP per capita　人均GDP：GDP除以人口。以2018年为例，这一年美国GDP为20.5万亿美元，美国人口约为3.27亿。那么，美国人均GDP为62 700美元。

growth, real per capita　人均实际增长率：人均实际GDP的增长率。它是分析居民生活水平变化的基础。例如，美国2019年第一季度实际GDP增长率约为3%，名义GDP增长率为3.8%，通货膨胀率为0.8%。因美国人口增长率约为0.7%，人均实际经济增长率约为2.3%。见词条"名义GDP""实际GDP"。

Herfindahl-Hirschman index　赫芬达尔—赫希曼指数（HHI）：衡量

市场集中度的指标，通过计算特定市场上参与竞争的各企业所占市场份额的平方和得到。

horizontal merger　横向并购：生产和销售同类产品或服务的竞争企业之间的并购交易。因为参与并购企业的产品间竞争的消失，会产生单边效应；因为与同一市场上其他生产商竞争的减少，会产生协调效应。见词条"纵向并购"。

income　收入/利润：对于家庭来说，收入是指劳动收入和资本收入的总和。对于企业而言，利润的含义，见词条"销售利润率""资本利润率"。

Industrial Revolution　工业革命：由广泛的技术进步所推动，经济中在短期内发生的重大变革。第一次工业革命的标志，是由煤和蒸汽动力推动的机械制造，始于1780年英国的机械纺纱和后来的钢铁工业。第二次工业革命的标志，是科学进步和商品的规模化生产（想一想福特的T型车）。1870年前后，运输和通信网络（铁路、电报）逐渐铺开，公用事业（煤气、水和电力）也建立起来。主要发明包括电话、化肥和内燃机。第三次工业革命是数字革命：半导体（20世纪50年代）、大型计算机、个人计算机，以及互联网。许多观点认为，随着遗传学、医学和人工智能取得巨大进步，我们正在进入第四次工业革命。

labor share　劳动收入份额：劳动收入而非资本收入占GDP的份额。劳动收入份额通常处于0.6—0.7，具体数值则依赖于计算的详细方法。

law of one price　一价定律（LOOP）：该假说是指，如果将价格按同一种货币单位来表示，那么同样的商品在不同的国家应以相同的价格来出售。当运输成本和分销成本较低时，该假说更有可能实现。

liquid asset　流动性资产：可以转换为现金而不影响其价值的资产。

lobbying　游说：力图影响政客或公务人员的行为。游说有可能是良性的——当企业、监管机构和政客共享相关信息时——但也可能引起寻租,甚至导致腐败。

loss leader pricing　牺牲品定价:企业亏本销售商品的定价策略,目的在于吸引顾客,促进其他高盈利性商品和服务的销售。

market power　市场势力:企业将价格提升至超过边际成本(最后一单位产品的生产成本)的能力。市场势力以消费者利益为代价,提高企业利润,但可能是弥补其沉没成本所必需的。市场势力取决于需求弹性以及市场竞争的性质。

market share　市场份额:企业营业收入占其所在市场总销售额的比率。

mergers and acquisitions　合并与收购:导致两个或以上经济实体统合为一个的合法交易。收购是指一家企业购买另一个经济实体。企业成为新的所有者,被购买的经济实体消失。收购可以是友好的,也可以是恶意的。当两个规模相当的企业合为一体时,就会发生平等合并。这两家企业的股票会被新的合资企业新发行的股票所取代。见词条"横向并购""纵向并购"。

merger review　并购审查:对大企业间并购交易的联邦审查。在美国,通常由司法部或联邦贸易委员会负责实施;在欧盟,由欧盟委员会竞争总司负责实施。

monopoly power　垄断势力:垄断势力是一个通用术语,是指单个企业的市场势力,即使市场上还存在少数几个竞争者。参见并对比词条"完全垄断"。

monopsony power　买方垄断势力:买方拥有市场势力的情形,例如,当某家企业是某个城镇唯一的雇主时。

moral hazard　道德风险:提供了保险或保障措施,会导致努力水平降低或引起更高风险行为的情形。例如,失业或残疾保险会降低个人参加工作的积极性。

net asset value　资产净值(NAV):基金的资产价值减去其负债价值之差。浮动资产净值上下波动,而固定资产净值稳定不变。

net investment　净投资:投资支出减去折旧。净投资度量的是资本存量的增长幅度。

net present value　净现值(NPV):经过贴现和风险调整之后的未来现金流的价值。

net sales　净销售额:见词条"营业收入"。

network externality　网络外部性:这样一种协同效应的形式:当一个网络中的用户数量增加时,该网络的价值也随之增加。网络外部性会导致占市场主导地位的企业的出现。

nominal GDP　名义GDP:以当地货币(美元、欧元、人民币等)表示的GDP。可以利用汇率,将名义GDP换算为同一种货币(通常是美元)。

operating income　营业利润:度量企业从经营中的获利的一个基本指标,被定义为销售额(营业收入)减去已售商品成本(COGS)以及销售、管理及行政费用(SG&A)。与息税前利润(EBIT)一样,营业利润忽略了税金和利息支出。不过,息税前利润还包括营业外收入。

payout rate　股息支付率:股息及股票回购的流量占股本的比率。

predatory pricing　掠夺性定价:企业为了将竞争对手逐出市场而制定的不可持续的低价策略。

premerger notification　并购申请:由参与并购的各方提交的申请,由美国联邦贸易委员会和司法部对并购程序进行正式审查。

price discrimination　价格歧视:将相同的商品或服务以不同的价格出售给不同的顾客。

product market regulation index　产品市场监管指数(PMR指数):衡量商品和服务市场的监管程度的指标,包括企业进入市场、展开竞争的监管壁垒。

profit margin　销售利润率：企业利润额占总销售额的百分比。

profit rate　资本利润率：扣除折旧后的净利润与年初资本存量之比。

purchasing power parity　购买力平价（PPP）：利用一篮子商品和服务的价格，来比较各国生活水平的度量方法。购买力平价可以用于定义汇率和比较人均实际收入。巨无霸指数是利用巨无霸三明治价格的购买力平价指数。

pure monopoly　完全垄断：一个市场中只存在一家销售企业的情形，例如，当一家企业是某特定地区某特定商品的唯一供给厂商时，就是完全垄断。完全垄断的案例相对较少。

real GDP　实际GDP：经通货膨胀调整后的GDP。

regulatory capture　监管俘获：行业或利益集团对有意监管该行业的政府机构的影响或支配。

rent　租金：资产所有者收取的支付额中，超过再生产或再创造该资产的成本的部分。

restricted contract　限制性合同：企业间强化反竞争行为的合同。参看词条"反引流"。

revenues　营业收入：位于公司利润表第一行的会计科目。也称为"净销售额"。

skewness　偏态：随机变量在均值两侧概率分布的不对称程度的度量指标。对称分布的偏态系数为0。偏态系数为负，意味着均值左侧有肥尾：较大的负事件比正事件更有可能发生。偏态系数为正，意味着均值右侧有肥尾：较大的正事件比负事件更有可能发生。

total factor productivity growth　全要素生产率（TFP）增长：当所有的投入都处于给定水平时，产出扩张程度的度量指标。全要素生产率是最重要的度量技术进步的指标，是实现可持续增长的关键。

Tobin's *q*　托宾 *q*：公司市值与其股本的重置成本之比。

unit labor cost　单位劳动成本：每一单位产出的平均劳动成本。

vertical merger　纵向并购：处于生产链条上的互补阶段的企业之间的合并。见词条"横向并购"。

vertical restraints　纵向限制：处于同一生产或分销过程的不同阶段上的企业之间达成的限制性协议，与横向竞争对手之间的横向限制相对照。纵向限制包括最高或最低转售价格协议、接受产品退货协议、购买一种产品需同时购买另一种产品的搭售协议、不得从竞争对手处购买产品的排他性协议等等。过去几十年来，美国法院对此类限制变得更为宽容。

参考文献

Acemoglu, D., D. Autor, D. Dorn, G. H. Hanson, and B. Price (2016). Import competition and the great US employment sag of the 2000s. *Journal of Labor Economics* 34(S1), S141–S198.

Alesina, A., and F. Giavazzi (2006). *The Future of Europe: Reform or Decline*. Cambridge, MA: MIT Press.

Alessandria, G., and J. P. Kaboski (2011). Pricing-to-market and the failure of absolute PPP. *American Economic Journal: Macroeconomics* 3(1), 91–127.

Alpert, A., D. Powell, and R. L. Pacula (2018). Supply-side drug policy in the presence of substitutes: Evidence from the introduction of abuse-deterrent opioids. *American Economic Journal: Economic Policy* 10(4), 1–35.

Al-Ubaydli, O., and P. A. McLaughlin (2017). RegData: A numerical database on industry-specific regulations for all United States industries and federal regulations, 1997–2012. *Regulation & Governance* 11(1), 109–123.

Andrews, D., C. Criscuolo, and P. N. Gal (2015). Frontier firms, technology diffusion and public policy. OECD Productivity Working Papers, no. 2, OECD, Paris, 1–38.

Ansolabehere, S., J. M. de Figueiredo, and J. M. Snyder Jr. (2003). Why is there so little money in U.S. politics? *Journal of Economic Perspectives* 17(1), 105–130.

Arayavechkit, T., F. Saffie, and M. Shin (2014). Capital-based corporate tax benefits: Endogenous misallocation through lobbying. Working paper, University of Pennsylvania.

Ashenfelter, O., and D. Hosken (2010). The effect of mergers on consumer prices: Evidence from five mergers on the enforcement margin. *Journal of Law and Economics* 53(3), 417–466.

Ashenfelter, O., D. S. Hosken, and M. Weinberg (2011). The price effects of a large merger of manufacturers: A case study of Maytag-Whirlpool. NBER Working Paper No. 17476, National Bureau of Economic Research, Cambridge, MA, October.

Auerbach, A. J. (2002). Taxation and corporate financial policy. In *Handbook of Public Economics*, ed. A. J. Auerbach and M. Feldstein, vol. 3, 1251–1292. New York: Elsevier.

Autor, D. H., D. Dorn, and G. H. Hanson (2016). The China shock: Learning from labor-market adjustment to large changes in trade. *Annual Review of Economics* 8(1), 205–240.

Autor, D., D. Dorn, L. Katz, C. Patterson, and J. Van Reenen (2017). Concentrating on the fall of the labor share. *American Economic Review 107*(5), 180–185.

Azar, J. A., I. Marinescu, M. I. Steinbaum, and B. Taska (2018). Concentration in US labor markets: Evidence from online vacancy data. NBER Working Paper No. 24395, National Bureau of Economic Research, Cambridge, MA, March.

Azoulay, P., B. Jones, J. D. Kim, and J. Miranda (2018). Age and high-growth entrepreneurship. NBER Working Paper No. 24489, National Bureau of Economic Research, Cambridge, MA, April.

Bajgar, M., G. Berlingieri, S. Calligaris, C. Criscuolo, and J. Timmis (2019). Industry concentration in Europe and North America. OECD Productivity Working Papers, no. 18, OECD, Paris, January.

Baker, R. B., C. Frydman, and E. Hilt (2018). Political discretion and antitrust policy: Evidence from the assassination of President McKinley. NBER Working Paper No. 25237, National Bureau of Economic Research, Cambridge, MA, November.

Baker, T., and B. G. C. Dellaert (2018). Behavioral finance, decumulation and the regulatory strategy for robo-advice. Research Paper 18-19, Institute for Law and Economics, University of Pennsylvania, July.

Basu, S., J. G. Fernald, N. Oulton, and S. Srinivasan (2003). The case of the missing productivity growth. *NBER Macroeconomics Annual 18,* ed. M. Gertler and K. Rogoff, 9–63.

Baumgartner, F. R., J. M. Berry, M. Hojnacki, D. C. Kimball, and B. L. Leech (2009). *Lobbying and Policy Change: Who Wins, Who Loses, and Why.* Chicago: University of Chicago Press.

Bazot, G. (2013). Financial consumption and the cost of finance: Measuring financial efficiency in Europe (1950–2007). Working Paper, Paris School of Economics.

Bekkouche, Y., and J. Cagé (2018). The price of a vote: Evidence from France 1993–2014. CEPR Discussion Paper No. 12614, Centre for Economic Policy Research, London, January.

Benmelech, E., N. Bergman, and H. Kim (2018). Strong employers and weak employees: How does employer concentration affect wages? NBER Working Paper No. 24307, National Bureau of Economic Research, Cambridge, MA, February.

Berger, A., R. Demsetz, and P. E. Strahan (1999). The consolidation of the financial services industry: Causes, consequences, and implications for the future. *Journal of Banking and Finance 23*(2), 135–194.

Berger, D., K. F. Herkenhoff, and S. Mongey (2019). Labor market power. NBER Working Paper No. 25719, National Bureau of Economic Research, Cambridge, MA, March.

Bergman, M., M. Coate, M. Jakobsson, and S. Ulrik (2010). Comparing merger policies in the European Union and the United States. *Review of Industrial Organization 36*(4), 305–331.

Bergstresser, D., J. Chalmers, and P. Tufano (2009). Assessing the costs and benefits of brokers in the mutual fund industry. *Review of Financial Studies 22*(10), 4129–4156.

Bertrand, M., M. Bombardini, R. Fisman, and F. Trebbi (2018). Tax-exempt lobbying: Corporate philanthropy as a tool for political influence. NBER Working Paper No. 24451, National Bureau of Economic Research, Cambridge, MA, March.

Besley, T., and A. Case (2003). Political institutions and policy choices: Evidence from the United States. *Journal of Economic Literature 41*(1), 7–73.

Birnbaum, J. H. (1992). *The Lobbyists*. New York: Times Books.

Blanchard, O. (2003). Comment on Basu et al. *NBER Macroeconomics Annual 18*, ed. M. Gertler and K. Rogoff, 64–71.

Blanes i Vidal, J., M. Draca, and C. Fons-Rosen (2012). Revolving door lobbyists. *American Economic Review 102*(7), 3731–3748.

Blonigen, B. A., and J. R. Pierce (2016). Evidence for the effects of mergers on market power and efficiency. NBER Working Paper No. 22750, National Bureau of Economic Research, Cambridge, MA, October.

Bloom, N., C. I. Jones, J. V. Reenen, and M. Webb (2017). Are ideas getting harder to find? NBER Working Paper No. 23782, National Bureau of Economic Research, Cambridge, MA, September.

Bombardini, M., and F. Trebbi (2011). Votes or money? Theory and evidence from the US Congress. *Journal of Public Economics 95*(7–8), 587–611.

Bombardini, M., and F. Trebbi (2012). Competition and political organization: Together or alone in lobbying for trade policy? *Journal of International Economics 87*(1), 18–26.

Bork, R. (1978). *The Antitrust Paradox*. New York: Basic Books.

Brynjolfsson, E., A. Collis, W. E. Diewert, F. Eggers, and K. J. Fox (2019). GDP-B: Accounting for the value of new and free goods in the digital economy. NBER Working Paper No. 25695, National Bureau of Economic Research, Cambridge, MA, March.

Brynjolfsson, E., and A. McAfee (2014). *The Second Machine Age*. New York: W. W. Norton.

Buccirossi, P., L. Ciari, T. Duso, G. Spagnolo, and C. Vitale (2013). Competition policy and productivity growth: An empirical assessment. *Review of Economics and Statistics 95*(4), 1324–1336.

Bundestags-Drucksache (2013). Parliamentary paper no. 17/12340.

Byrne, D. M., J. G. Fernald, and M. B. Reinsdorf (2016). Does the United States have a productivity slowdown or a measurement problem? *Brookings Papers on Economic Activity* (Spring), 109–182.

Carree, M., A. Günster, and M. P. Schinkel (2010). European antitrust policy 1957–2004: An analysis of commission decisions. *Review of Industrial Organization 36*(2), 97–131.

Carril, R., and M. Duggan (2018). The impact of industry consolidation on government procurement: Evidence from Department of Defense contracting. NBER Working Paper No. 25160, National Bureau of Economic Research, Cambridge, MA, October.

Case, A., and A. Deaton (2015). Rising morbidity and mortality in midlife among white non-Hispanic Americans in the 21st century. *Proceedings of the National Academy of Sciences 112*(49), 15078–15083.

Case, A., and A. Deaton (2017). Mortality and morbidity in the twenty-first century. *Brookings Papers on Economic Activity* (Spring), 397–467.

Cette, G., J. Fernald, and B. Mojon (2016). The pre-Great Recession slowdown in productivity. *European Economic Review 88*, 3–20.

Chalk, M. N. A., M. Keen, and V. J. Perry (2018). The tax cuts and jobs act: An appraisal. IMF Working Paper No. 18/185, International Monetary Fund, August.

Chalmers, J., and J. Reuter (2012). Is conflicted investment advice better than no advice? NBER Working Paper No. 18158, National Bureau of Economic Research, Cambridge, MA, June, rev. September 2015.

Combe, E. (2010). Les vertus cachées du low cost aérien. In *Ouvrage Innovation Politique 2012*. Fondapol-PUF.

Corrado, C., D. Sichel, C. Hulten, and J. Haltiwanger, eds. (2005). *Measuring Capital in the New Economy*, Studies in Income and Wealth, vol. 65. Chicago: University of Chicago Press.

Council of Economic Advisers (2016). Benefits of competition and indicators of market power. CEA Issue Brief, Obama White House, April.

Covarrubias, M., G. Gutiérrez, and T. Philippon (2019). From good to bad concentration? U.S. industries over the past 30 years. *NBER Macroeconomics Annual 34*, ed. M. S. Eichenbaum, E. Hurst, and J. A. Parker.

Crawford, G. S., O. Shcherbakov, and M. Shum (2018). Quality overprovision in cable television markets. *American Economic Review 109*(3), 956–995.

Crouzet, N., and J. Eberly (2018). Intangibles, investment, and efficiency. *AEA Papers and Proceedings 108*, 426–431.

Cunningham, C., F. Ederer, and S. Ma (2018). Killer acquisitions. Working paper, August 28. http://dx.doi.org/10.2139/ssrn.3241707.

Darolles, S. (2016). The rise of fintechs and their regulation. Financial Stability Review 20, 85–92, Banque de France, April.

Davis, S. J. (2017). Regulatory complexity and policy uncertainty: Headwinds of our own making. Working paper, January. http://www.policyuncertainty .com/media/Davis_RegulatoryComplexity.pdf.

Davis, S. J., and J. Haltiwanger (2014). Labor market fluidity and economic performance. NBER Working Paper No. 20479, National Bureau of Economic Research, Cambridge, MA, September.

Deaton, A., and A. Heston (2010). Understanding PPPs and PPP-based national accounts. *American Economic Journal: Macroeconomics 2*(4), 1–35.

Decker, R., J. Haltiwanger, R. Jarmin, and J. Miranda (2014). The role of entrepreneurship in US job creation and economic dynamism. *Journal of Economic Perspectives 28*(3), 3–24.

Decker, R. A., J. Haltiwanger, R. S. Jarmin, and J. Miranda (2015). Where has all the skewness gone? The decline in high-growth (young) firms in the U.S. Working Papers 15–43, Center for Economic Studies, U.S. Census Bureau.

de Figueiredo, J. M., and B. K. Richter (2014). Advancing the empirical research on lobbying. *Annual Review of Political Science 17*(1), 163–185.

de Figueiredo Jr., R. J. P., and G. Edwards (2007). Does private money buy public policy? Campaign contributions and regulatory outcomes in telecommunications. *Journal of Economics and Management Strategy 16*(3), 547–576.

DellaVigna, S., R. Durante, B. Knight, and E. La Ferrara (2014). Market-based lobbying: Evidence from advertising spending in Italy. CEPR Discussion Paper No. 9813, Centre for Economic Policy Research, London, February.

Dellis, K., and D. Sondermann (2017). Lobbying in Europe: New firm-level evidence. ECB Working Paper No. 2071, European Central Bank, June.

De Young, R., D. Evanoff, and P. Molyneux (2009). Mergers and acquisitions of financial institutions: A review of the post-2000 literature. *Journal of Financial Services Research 36*(2), 87–110.

Djankov, S., T. Ganser, C. McLiesh, R. Ramalho, and A. Shleifer (2010). The effect of corporate taxes on investment and entrepreneurship. *American Economic Journal: Macroeconomics 2*(3), 31–64.

Djankov, S., R. LaPorta, F. Lopez-de-Silanes, and A. Shleifer (2002). The regulation of entry. *Quarterly Journal of Economics 117*(1), 1–37.

Dolfen, P., L. Einav, P. J. Klenow, B. Klopack, J. Levin, L. Levin, and W. Best (2019). Assessing the gains from e-commerce. NBER Working Paper No. 25610, National Bureau of Economic Research, Cambridge, MA, February.

Drechsler, I., A. Savov, and P. Schnabl (2017). The deposits channel of monetary policy. *Quarterly Journal of Economics* 132(4), 1819–1876.

Dube, A., J. Jacobs, S. Naidu, and S. Suri (2018). Monopsony in online labor markets. NBER Working Paper No. 24416, National Bureau of Economic Research, Cambridge, MA, March.

Duso, T., K. Gugler, and B. Yurtoglu (2011). How effective is European merger control? *European Economic Review, 55*(7), 980–1006.

Duval, R., D. Furceri, B. Hu, J. T. Jalles, and H. Nguyen (2018). A narrative database of major labor and product market reforms in advanced economies. IMF Working Paper No. 18/19, International Monetary Fund, January.

Economides, N. (1999). U.S. telecommunications today. In *IS Management Handbook,* ed. Carol V. Brown, 7th ed., 191–212. Boca Raton, FL: CRC Press, Taylor and Francis Group.

Egan, M., G. Matvos, and A. Seru (2016). The market for financial adviser misconduct. NBER Working Paper No. 22050, National Bureau of Economic Research, Cambridge, MA, February.

Elsby, M., B. Hobijn, and A. Sahin (2013). The decline of the U.S. labor share. *Brookings Papers on Economic Activity* (Fall).

Evans, W. N., E. M. J. Lieber, and P. Power (2019). How the reformulation of Oxy-Contin ignited the heroin epidemic. *Review of Economics and Statistics 101*(1), 1–15.

Faccio, M., and L. Zingales (2017). Political determinants of competition in the mobile telecommunication industry. NBER Working Paper No. 23041, National Bureau of Economic Research, Cambridge, MA, January.

Feenstra, R. C., and D. E. Weinstein (2017). Globalization, markups and U.S. welfare. *Journal of Political Economy 125*(4), 1040–1074.

Feinberg, R. M., and K. M. Reynolds (2010). The determinants of state-level antitrust activity. *Review of Industrial Organization 37*(3), 179–196.

Flandreau, M. (2001). The bank, the states, and the market: An Austro-Hungarian tale for Euroland, 1867–1914. OeNB Working Paper 43, Oesterreichische Nationalbank, Vienna.

Foncel, J., V. Rabassa, and M. Ivaldi (2007). The significant impediment of effective competition test in the new European merger regulation. In *The Political Economy of Antitrust,* ed. Vivek Ghosal and Johan Stennek, 349–367. Bingley, UK: Emerald Insight.

Fouirnaies, A., and A. B. Hall (2014). The financial incumbency advantage: Causes and consequences. *Journal of Politics 76*(3), 711–724.

Furman, J., D. Coyle, A. Fletcher, P. Marsden, and D. McAuley (2019). Unlocking digital competition. Report of the Digital Competition Expert Panel. UK Government Publishing Service, March.

Gates, R. M. (2014). *Duty: Memoirs of a Secretary at War*. New York: Knopf.

GBD 2016 Healthcare Access and Quality Collaborators (2018). Measuring performance on the Healthcare Access and Quality Index for 195 countries and territories and selected subnational locations: A systematic analysis from the Global Burden of Disease Study 2016. *Lancet 391*, 2236–2271.

Gerber, D. J. (1998). *Law and Competition in Twentieth Century Europe*. Oxford: Clarendon Press.

Goldin, C., and L. F. Katz (2008). Transitions: Career and family lifecycles of the educational elite. *American Economic Review 98*(2), 363–369.

Goldschlag, N., and A. Tabarrok (2018). Is regulation to blame for the decline in American entrepreneurship? *Economic Policy 33*(93), 5–44.

Gordon, R. J. (2016). *The Rise and Fall of American Growth*. Princeton: Princeton University Press.

Greenwood, J., and J. Dreger (2013). The transparency register: A European vanguard of strong lobby regulation? *Interest Groups & Advocacy 2*(2), 139–162.

Greenwood, R., and D. Scharfstein (2013). The growth of finance. *Journal of Economic Perspectives 27*(2), 3–28.

Grossman, G., and E. Helpman (1994). Protection for sale. *American Economic Review 84*(4), 833–850.

Grossman, G. M., and E. Helpman (2001). *Special Interest Politics*. Cambridge, MA: MIT Press.

Grullon, G., J. Hund, and J. P. Weston (2018). Concentrating on q and cash flow. *Journal of Financial Intermediation 33*, 1–15.

Grullon, G., Y. Larkin, and R. Michaely (forthcoming). Are U.S. industries becoming more concentrated? *Review of Finance*.

Gutiérrez, G., C. Jones, and T. Philippon (2019). Entry costs and the macroeconomy, NBER Working Paper No. 25609, Cambridge, MA, National Bureau of Economic Research, February.

Gutiérrez, G., and T. Philippon (2017). Investment-less growth: An empirical investigation. *Brookings Papers on Economic Activity* (Fall).

Gutiérrez, G., and T. Philippon (2018a). How EU markets became more competitive than US markets: A study of institutional drift. NBER Working Paper No. 24700, National Bureau of Economic Research, Cambridge, MA, June.

Gutiérrez, G., and T. Philippon (2018b). Ownership, governance and investment. *AEA Papers and Proceedings 108*, 432–437.

Gutiérrez, G., and T. Philippon (2019a). Fading stars. NBER Working Paper No. 25529, National Bureau of Economic Research, Cambridge, MA, February.

Gutiérrez, G., and T. Philippon (2019b). The failure of free entry. Working paper.

Guzman, J., and S. Stern (2016). The state of American entrepreneurship: New estimates of the quantity and quality of entrepreneurship for 15 US states, 1988–2014. NBER Working Paper No. 22095, National Bureau of Economic Research, Cambridge, MA, March.

Hamm, K. E., and R. E. Hogan (2008). Campaign finance laws and candidacy decisions in state legislative elections. *Political Research Quarterly 61*(3), 458–467.

Haskel, J., and S. Westlake (2017). *Capitalism without Capital.* Princeton: Princeton University Press.

Higham, S., and L. Bernstein (2017). The drug industry's triumph over the DEA. *Wall Street Journal,* October 15.

Hirshleifer, J. (1971). The private and social value of information and the reward to inventive activity. *American Economic Review 61*(4), 561–574.

Holburn, G. L. F., and R. G. Vanden Bergh (2014). Integrated market and non-market strategies: Political campaign contributions around merger and acquisition events in the energy sector. *Strategic Management Journal 35*(3), 450–460.

Hölscher, J., and J. Stephan (2004). Competition policy in central eastern Europe in the light of EU accession. *JCMS: Journal of Common Market Studies 42*(2), 321–345.

Hortaçsu, A., and C. Syverson (2015). The ongoing evolution of U.S. retail: A format tug-of-war. *Journal of Economic Perspectives 29*(4), 89–112.

Huckshorn, R. J. (1985). Who gave it? Who got it? The enforcement of campaign finance laws in the states. *Journal of Politics 47*(3), 773–789.

Hyatt, H. R., and J. R. Spletzer (2013). The recent decline in employment dynamics. *IZA Journal of Labor Economics 2*(5).

Hylton, K. N., and F. Deng (2007). Antitrust around the world: An empirical analysis of the scope of competition laws and their effects. *Antitrust Law Journal 74*(2), 271–341.

Jayachandran, S. (2006). The Jeffords effect. *Journal of Law and Economics 49*(2), 397–425.

Jones, C. (2017). Discussion: Long-term growth in advanced economies. Presentation at the ECB Sintra Forum on Central Banking, European Central Bank, June 28.

Jovanovic, B., and P. L. Rousseau (2001). Why wait? A century of life before IPO. *American Economic Review 91*(2), 336–341.

Kalemli-Ozcan, S., B. Sorensen, C. Villegas-Sanchez, V. Volosovych, and S. Yesiltas (2015). How to construct nationally representative firm level data from the ORBIS global database. NBER Working Paper No. 21558, National Bureau of Economic Research, Cambridge, MA, September.

Kang, K. (2016). Policy influence and private returns from lobbying in the energy sector. *Review of Economic Studies 83*(1), 269–305.

Khan, L. M. (2017). Amazon's antitrust paradox. *Yale Law Journal 126*(3), 710–805.

Kleiner, M. M., and A. B. Krueger (2013). Analyzing the extent and influence of occupational licensing on the labor market. *Journal of Labor Economics 31*(S1), S173–S202.

Kroszner, R. S., and T. Stratmann (2005). Corporate campaign contributions, repeat giving, and the rewards to legislator reputation. *Journal of Law and Economics 48*(1), 41–71.

Krueger, A. B. (2017). Where have all the workers gone? An inquiry into the decline of the U.S. labor force participation rate. *Brookings Papers on Economic Activity* (Spring).

Krueger, A. B., and O. Ashenfelter (2018). Theory and evidence on employer collusion in the franchise sector. NBER Working Paper No. 24831, National Bureau of Economic Research, Cambridge, MA, July.

Krugman, P. (1998). It's baaack: Japan's slump and the return of the liquidity trap. *Brookings Papers on Economic Activity 2*, 137–187.

Kumar, S. (2016). Relaunching innovation: Lessons from Silicon Valley. *Banking Perspectives 4*(1), 19–23.

Kwoka, J. (2015). *Mergers, Merger Control, and Remedies.* Cambridge, MA: MIT Press.

Kwoka, J. (2017a). A response to the FTC critique. Working paper, April 6. https://papers.ssrn.com/sol3/papers.cfm?abstract_id=2947814.

Kwoka, J. E. (2017b). U.S. antitrust and competition policy amid the new merger wave. Research report, Washington Center for Equitable Growth, July 27. https://equitablegrowth.org/research-paper/u-s-merger-policy-amid-the-new-merger-wave/.

Kwoka, J., and L. J. White (2014). *The Antitrust Revolution,* 6th ed. Oxford: Oxford University Press.

Leech, B. L., F. R. Baumgartner, T. M. La Pira, and N. A. Semanko (2005). Drawing lobbyists to Washington: Government activity and the demand for advocacy. *Political Research Quarterly 58*(1), 19–30.

Leucht, B. (2009). Transatlantic policy networks in the creation of the first European anti-trust law. In *The History of the European Union,* ed. W. Kaiser, B. Leuchter, and M. Rasmussen, 56–73. London: Routledge.

Leucht, B., and M. Marquis (2013). American influence on EEC competition law. In *The Historical Foundations of EU Competition Law,* ed. K. K. Patel and H. Schweitzer. Oxford: Oxford University Press.

Lewis, B., A. Augereau, M. Cho, B. Johnson, B. Neiman, G. Olazabal, M. Sandler, S. Schrauf, K. Stange, A. Tilton, E. Xin, B. Regout, A. Webb, M. Nevens, L. Mendonca, V. Palmade, G. Hughes, and J. Manyika (2001). U.S. productivity growth, 1995–2000. McKinsey Global Institute, October.

Lucca, D., A. Seru, and F. Trebbi (2014). The revolving door and worker flows in banking regulation. NBER Working Paper 20241, National Bureau of Economic Research, Cambridge, MA, June.

Lyon, S. G., and M. E. Waugh (2018). Redistributing the gains from trade through progressive taxation. *Journal of International Economics 115*, 185–202.

Mahoney, C. (2008). *Brussels versus the Beltway: Advocacy in the United States and the European Union.* Washington, DC: Georgetown University Press.

Mathews, A. W. (2018). Behind your rising health-care bills: Secret hospital deals that squelch competition. *Wall Street Journal,* September 18.

McGrath, C. (2006). The ideal lobbyist: Personal characteristics of effective lobbyists. *Journal of Communication Management 10*(1), 67–79.

Meyer, B., and J. Sullivan (2018). Consumption and income inequality in the United States since the 1960s. *VOX,* January 15.

Miller, M. H. (1998). Financial markets and economic growth. *Journal of Applied Corporate Finance 11*(3), 8–15.

Mishak, M. J. (2016). Drinks, dinners, junkets, and jobs: How the insurance industry courts state commissioners. Center for Public Integrity, October 3.

Monnet, J. (1978). *Memoirs.* London: Collins.

Moore, K. B., and M. Palumbo (2010). The finances of American households in the past three recessions: Evidence from the Survey of Consumer Finances. FEDS Working Paper No. 6, Finance and Economics Discussion Series, February.

Mullainathan, S., M. Noeth, and A. Schoar (2012). The market for financial advice: An audit study. NBER Working Paper No. 17929, National Bureau of Economic Research, Cambridge, MA, March.

Olley, G. S., and A. Pakes (1996). The dynamics of productivity in the telecommunications equipment industry. *Econometrica 64*(6), 1263–1297.

Olson, M. (1971). *The Logic of Collective Action: Public Goods and the Theory of Groups.* Cambridge, MA: Harvard University Press.

Papanicolas, I., L. R. Woskie, and A. K. Jha (2018). Health care spending in the United States and other high-income countries. *JAMA 319*(10), 1024–1039.

Perrone, M., and B. Wieder (2016). Pro-painkiller echo chamber shaped policy amid drug epidemic. The Center for Public Integrity, December 15.

Peters, R. H., and L. A. Taylor (2016). Intangible capital and the investment-q relation. *Journal of Financial Economics 123*(2), 251–272.

Philippon, T. (2015). Has the US finance industry become less efficient? On the theory and measurement of financial intermediation. *American Economic Review 105*(4), 1408–1438.

Philippon, T., and A. Reshef (2012). Wages and human capital in the U.S. finance industry: 1909–2006. *Quarterly Journal of Economics 127*(4), 1551–1609.

Philippon, T., and A. Reshef (2013). An international look at the growth of modern finance. *Journal of Economic Perspectives 27*(2), 73–96.

Pierce, J. R., and P. K. Schott (2016). The surprisingly swift decline of US manufacturing employment. *American Economic Review 106*(7), 1632–1662.

Pigou, A. C. (1932). *The Economics of Welfare,* 4th ed. London: Macmillan.

Piketty, T., and E. Saez (2006). The evolution of top incomes: A historical and international perspective. *American Economic Review 96*(2), 200–205.

Pinkham, R. (1999). European airline deregulation: The great missed opportunity? *SAIS Europe Journal* (1 April).

Rajan, R. G., and L. Zingales (2003). *Saving Capitalism from the Capitalists.* New York: Crown Business.

Reinhart, C. M., and K. S. Rogoff (2009). *This Time Is Different: Eight Centuries of Financial Folly.* Princeton: Princeton University Press.

Renkin, T., C. Montialoux, and M. Siegenthaler (2017). The pass-through of minimum wages into US retail prices: Evidence from supermarket scanner data. Working paper, November.

Ritter, J. R. (2019). Initial public offerings: Updated statistics, April. https://site.warrington.ufl.edu/ritter/files/2019/04/IPOs2018Statistics-1.pdf.

Robinson, J. (1952). The generalization of the general theory. In *The Rate of Interest and Other Essays.* London: Macmillan.

Schreyer, P. (2002). Computer price indices and international growth and productivity comparisons. *Review of Income and Wealth 48*(1), 15–31.

Schuur, J. D., H. Decker, and O. Baker (2019). Association of physician organization–affiliated political action committee contributions with US House of Representatives and Senate candidates' stances on firearm regulation. *JAMA Network Open 2*(2), e187831.

Sen, A. (1982). *Poverty and Famines: An Essay on Entitlement and Deprivation.* New York: Oxford University Press.

Shapiro, C. (2018). Antitrust in a time of populism. *Journal of Industrial Organization 61,* 714–748.

Snyder, J. (1989). Election goals and the allocation of campaign resources. *Econometrica: Journal of the Econometric Society 157*(3), 637–660.

Snyder, J. (1992). Long-term investing in politicians; or, give early, give often. *Journal of Law and Economics 35*(1), 15–43.

Song, J., D. J. Price, F. Guvenen, N. Bloom, and T. von Wachter (2019). Firming up inequality. *Quarterly Journal of Economics 134*(1), 1–50.

Srinivasan, D. (2019). The antitrust case against Facebook: A monopolist's journey towards pervasive surveillance in spite of consumers' preference for privacy. *Berkeley Business Law Journal 16* (1), 39–101.

Stigler, G. J. (1971). The theory of economic regulation. *Bell Journal of Economics and Management Science 2*(1), 3–21.

Stratmann, T. (1998). The market for congressional votes: Is timing of contributions everything? *Journal of Law and Economics 41*(1), 85–114.

Stratmann, T. (2019). Campaign finance. In *The Oxford Handbook of Public Choice*, ed. R. D. Congleton, B. Grofman, and S. Voight, vol. 1, 415–432. New York: Oxford University Press.

Stratmann, T., and F. J. Aparicio-Castillo (2007). Campaign finance reform and electoral competition: Comment. *Public Choice 133*(1–2), 107–110.

Syverson, C. (2004). Market structure and productivity: A concrete example. *Journal of Political Economy 112*(6), 1181–1222.

Syverson, C. (2017). Challenges to mismeasurement explanations for the US productivity slowdown. *Journal of Economic Perspectives 31*(2), 165–186.

Tabakovic, H., and T. G. Wollmann (2018). From revolving doors to regulatory capture? Evidence from patent examiners. NBER Working Paper No. 24638, National Bureau of Economic Research, Cambridge, MA, May.

Tirole, J. (2017). *Economics for the Common Good.* Princeton: Princeton University Press.

Tripathi, M., S. Ansolabehere, and J. M. Snyder (2002). Are PAC contributions and lobbying linked? New evidence from the 1995 lobby disclosure act. *Business and Politics 4*(2), 131–155.

Tseng, P., R. S. Kaplan, B. D. Richman, M. A. Shah, and K. A. Schulman (2018). Administrative costs associated with physician billing and insurance-related activities at an academic health care system. *JAMA 319*(7), 691–697.

Valletta, R. G. (2016). Recent flattening in the higher education wage premium: Polarization, skill downgrading, or both? NBER Working Paper No. 22935, National Bureau of Economic Research, Cambridge, MA, December.

Vassalos, Y. (2017). Le pantouflage financier à la commission européenne. *Savoir / Agir* (3), 49–57.

Vita, M., and F. D. Osinski (2018). John Kwoka's *Mergers, Merger Control, and Remedies:* A critical review. *Antitrust Law Journal 82*(1), 361–388.

Welch, W. P. (1980). The allocation of political monies: Economic interest groups. *Public Choice 35*(1), 97–120.

Whelan, K. (2000). A guide to the use of chain aggregated NIPA data. FRB Working Paper, US Federal Reserve Board, June.

Zeitz, D. (2009). Overview of microeconomic reforms undertaken by EU member states based on the MICREF database. Joint Research Center, European Commission. Luxembourg: Publications of the European Community.

Zingales, L. (2017). Towards a political theory of the firm. *Journal of Economic Perspectives 31*(3), 113–130.

Zucman, G., T. Tørsløv, and L. Wier (2018). The missing profits of nations. NBER Working Paper No. 24701, National Bureau of Economic Research, Cambridge, MA, June, rev. August.

图书在版编目(CIP)数据

大逆转：美国市场经济的深层困境 ／（法）托马斯
·菲利庞著；蒙长玉，段小力译. — 上海：格致出版
社：上海人民出版社，2024.1
ISBN 978 - 7 - 5432 - 3437 - 6

Ⅰ.①大… Ⅱ.①托… ②蒙… ③段… Ⅲ.①市场经
济-研究-美国 Ⅳ.①F737.12

中国国家版本馆 CIP 数据核字(2023)第 184192 号

责任编辑 王 萌
装帧设计 仙境设计

大逆转：美国市场经济的深层困境
[法]托马斯·菲利庞 著
蒙长玉 段小力 译
王文剑 校

出 版 格致出版社
上海人民出版社
(201101 上海市闵行区号景路 159 弄 C 座)
发 行 上海人民出版社发行中心
印 刷 上海商务联西印刷有限公司
开 本 720×1000 1/16
印 张 26.25
插 页 2
字 数 322,000
版 次 2024 年 1 月第 1 版
印 次 2024 年 1 月第 1 次印刷
ISBN 978 - 7 - 5432 - 3437 - 6/F · 1493
定 价 98.00 元